群众工作论

高祖林　著

苏州大学出版社

图书在版编目(CIP)数据

群众工作论 / 高祖林著. —苏州：苏州大学出版社，2013.4
ISBN 978-7-5672-0498-0

Ⅰ. ①群… Ⅱ. ①高… Ⅲ. ①中国共产党—群众工作—研究 Ⅳ. ①D252

中国版本图书馆 CIP 数据核字(2013)第 083002 号

群众工作论
高祖林 著
责任编辑 金振华

苏州大学出版社出版发行
(地址：苏州市十梓街 1 号 邮编：215006)
南通印刷总厂有限公司印装
(地址：南通市通州经济开发区朝霞路 180 号 邮编：226300)

开本 700 mm×1 000 mm 1/16 印张 13.5 字数 243 千
2013 年 4 月第 1 版 2013 年 4 月第 1 次印刷
ISBN 978-7-5672-0498-0 定价：28.00 元

苏州大学版图书若有印装错误，本社负责调换
苏州大学出版社营销部 电话：0512－65225020
苏州大学出版社网址 http://www.sudapress.com

目 录

群众工作:传统、现状、问题和对策(代序)

党的十八大报告指出:“只有根植人民、造福人民,党才能始终立于不败之地;只有居安思危、勇于进取,党才能始终走在时代前列。”我们党同人民群众的血肉联系是在艰苦卓绝的革命战争年代凝成的,经受过血与火的考验。在我们党掌握全国政权以后,这种联系一直绵绵延续,成为重要的执政资源和政治优势,奠定了执政的合法性基础。但我们也要清醒地看到,在长期执政的条件下,党同人民群众的联系也面临种种新的考验,党也存在着脱离群众的危险。当前,高度警觉并切实防范这种危险,已成为党的先进性建设和执政能力建设的一个重大命题。

一、人心向背——政党和政权兴衰存亡的规律

古人说,水可载舟,亦可覆舟。古今中外无数政党轮换、政权更迭的历史证明了一条基本规律:得民心者得天下,失民心者失天下,人心向背是决定一个政党、政权兴衰存亡的根本性要素。我们党强调,人民群众的拥护和支持是我们党的力量源泉和胜利之本,密切联系群众是我们党的最大政治优势。反之,如果我们一旦脱离群众,就会失去力量之源和政治优势,就无法取得胜利。正是从这个意义上说,我们必须从党和国家事业兴衰成败的高度来认识做好群众工作的重要意义。

在建国前的革命战争年代,环境非常险恶,战争非常残酷,中国共产党始终保持了无产阶级政党的本质,始终代表中国最广大人民群众的根本利益,坚持不懈地为人民群众办好事、谋利益,坚定不移地组织群众、依靠群众,党和党领导的人民军队与人民群众的鱼水之情和血肉联系纯洁无瑕,党为人民不惜牺牲一切,人民坚定不移地信任党、拥护党、支持党。正是人民群众的拥护和支持,给了我们党和军队源源不断、永不枯竭的力量,使我们党能克服各种艰难险阻,战胜强大的敌人,最终夺取政权,取得了革命的胜利。

解放战争是国共两党的一场决战,事关中国的前途命运。从战争爆发前的力量对比看,国民党占据着明显的优势。国民党不仅有数百万装备精良的军队,而且掌握着全国的主要资源。凭借着这种优势,国民党肆无忌惮地发

动了对解放区的进攻,企图彻底消灭共产党。但是,短短三年时间,国共力量对比却发生了根本性的逆转,国民党最终败退到台湾。这种逆转是如何发生的?我们看看国共两党的军队在战场上的不同遭遇就清楚了。

1946年底到1947年初,解放战争进行到最艰苦的阶段,陕甘宁晋绥联防军想把位于陕北与晋北交界处的佳县打下来,以缓解胡宗南大军进犯陕甘宁边区的压力,但临战却发现胡宗南部已将这一带抢掠一空,部队由于缺粮根本无法打仗。毛泽东计算了一下,如果仗打三天,部队就需要十二万斤粮食。他请来佳县县长张俊贤,让他想想办法。张县长说:"把全县坚壁的粮食挖出来,够部队吃一天;把全县地上的青玉米和谷子收割了,还可以吃一天;剩下的一天,就把全县的羊和驴都杀了!"战役打响了,佳县百姓的支前队伍扛着拉着从各家各户凑来的粮食、驴和羊,共产党官兵打到哪里,他们就一步不离地跟到哪里;而在战场的后方,佳县的百姓吃的是树叶和树皮;这些都吃光了,就吃观音土。战后很长时间里,这个县都看不到羊和驴。①

1947年10月,徐向前指挥的部队攻打山西运城时,听说攻城部队需要木料,运城周边几十里的百姓家家都把门板卸下来送上阵地。战后统计,老百姓送上阵地的门板总数达到十七万块之多。在战斗中,这些门板都被打烂了,百姓家家都不能闭户……②

淮海战役是人民解放军和国民党精锐部队在广阔平原上的一场决战。战争要消耗巨大的物质,包括粮食、弹药、柴草、马料、木料、被服、担架、医疗用品、通讯器材等。而这些作战物资的主要运力却是人,是在淮海战场那片广阔的土地上一心支持共产党的老百姓。东起黄海之滨,北到山东渤海,南至苏北江淮,西到豫西山区,支前的男女老少负载着规模巨大的战争所需要的每一样东西,一步不离地跟在解放军作战部队的身后,支援着前线每分每秒的攻击或者坚守。据战后的统计,淮海战役期间,山东、中原、华中和冀鲁豫四个地区共出动支前民工543万人,其中随军常备民工22万人,二线转运民工130万人,后方临时民工391万人。这些支前民工携带着20万副担架、80万辆大车小车、30万副挑子、76万头牲口奔走在前线与后方之间。③

窥一斑可见全貌。在整个解放战争期间,老百姓倾其所有支持人民军队的例子俯首可拾,以上仅举的几个实例,就足以让我们了解人民群众对我们党和党领导的人民军队的感情和态度。这样血肉相连的深厚感情正是中国共产党取得伟大胜利的根本所在!

---

① 王树增:《解放战争》上卷,人民文学出版社2009年版,第157页。

② 同上,第538页。

③ 同上,第344-345页。

而国民党军队遭遇的却是一种截然相反的境遇。淮海战役中被俘的国民党军第十二兵团第十八军军长杨伯涛被俘后看见的情景令他终生难忘,他的回忆道出了国民党失败的根源:“第十二兵团十一月由确山出发,经过豫皖边境时,老百姓逃避一空,几乎连个带路的向导都找不到……蒙城、永城一线,第十八军光顾过,真有‘军行所至,鸡犬为空’的摸样……这次我当了俘虏,被解放军由双堆集附近押送到临涣集集中,经过几十里的行程,举目四顾,不禁有江山依旧、面目全非、换了一个世界之感。但见四面八方,熙熙攘攘,车水马龙,行人如织……我从前也打这些地方经过,茅屋土舍,依稀可辨。只是那时门户紧闭,死寂无人。而这时不仅家家有人,户户炊烟,而且铺面上有卖馒头、花生、烟酒的……还看见一辆辆大车从面前经过,有的车上装载着杀好刮净的肥猪。我以前带着部队经过这些地方时,连一撮猪毛都没看见,现在怎么有了,真是怪事……”①

苏联共产党的失败也是脱离群众导致的直接后果。苏联共产党是世界上第一个马克思主义的执政党,执政期间也创造了种种业绩,但在执政 74 年后,社会主义事业的大厦轰然倒塌,国家解体,党也丧失了执政地位。其中的原因很多,学术界也众说纷纭,但有一个现象令人深思。1917 年,“阿芙乐尔号”巡洋舰一声炮响,就汇聚起工人和士兵并形成为一股攻打东宫的强大洪流,葬送了资产阶级的临时政府,取得了十月革命的胜利。但是,时隔 74 年,当俄罗斯的领导人宣布共产党为非法的时候,莫斯科红场上却没有一点抗议的声音。人民群众对同一个党为何持如此截然不同的两种态度? 这就是人心,成也在此,败也在此。失去人民群众的支持,失败就成为一种必然。

政党是从事政治活动的组织。政党创立以来的几百年历史证明,一个政党能否执政且长期执政,其根本性因素在于政党是否能获得多数民众的支持。目前,世界上形形色色的政党很多,有马克思主义的政党,也有非马克思主义的政党,有无产阶级的政党,也有资产阶级的政党,但不管是什么性质的党,都在努力寻求获得尽可能多的人的支持。这也是政党活动的一条基本规律。

以马克思主义为指导的中国共产党,历尽艰难险阻,终于取得了全国政权。但是,党的先进性和执政地位不是与生俱来的,也不是一劳永逸的。今天,我们党已经是一个长期执政的党,面临着种种新的挑战和考验,也会遇到种种危险,其中最大的危险就是脱离群众。如果丧失人民群众的信任和支持,就是鱼离开了水,丧失了生命力,就不可能有任何力量,执政地位也有可

---

① 王树增:《解放战争》上卷,人民文学出版社 2009 年版,第 346 - 347 页。

能丧失。因此,为了党和国家的事业永远立于不败之地,我们必须有强烈的忧患意识,深刻地汲取历史的经验和教训,深刻地认识始终保持党同人民群众血肉联系的重要性,深刻地认识脱离群众的严重后果,努力做好新形势下的群众工作,切实防范和化解脱离群众的危险,巩固党的执政基础和执政地位。

二、新时期群众工作面临的新情况新问题

在民主革命时期,我们党的群众工作就形成了优良的传统,积累了丰富的经验,我们必须继承和吸收。同时,我们也必须看到,在改革开放的新时期,群众工作也面临着诸多新情况、新问题、新挑战,我们必须从新的实际出发,积极应对,加强和改进群众工作。

(一)我国的社会生活已经发生了广泛而深刻的变化

从1978年开始的改革开放,是一场惊天动地的革命,引发了中国社会巨大的变革。三十多年来,我们国家实现了一系列重大转变。基本经济制度从单一的公有制转变为公有制占主体、多种经济成分共同发展,经济体制从计划经济转变为社会主义市场经济,分配方式从平均主义转变为按劳分配为主体的多种分配方式。经济基础的这些剧烈变革必然导致生产关系、生活方式、思想观念的剧烈变化和利益关系的重新调整。

目前社会呈现出一种明显的多样性特征。具体表现有:一是社会阶层的多元性。改革开放前,我国社会基本上是"两大阶级一大阶层"(工人阶级、农民阶级、知识分子阶层),目前已经明显分化,出现了包括民营企业的创业人员和科技人员、受聘于外资企业的科技管理人员、个体户、私营企业主、中介组织的从业人员、自由职业者等新的社会阶层,社会阶层的类别明显增加,各阶层之间的流动性比较活跃,总体呈正向流动趋势,大多数人口的经济社会地位得到提升,贫困人口大幅下降。但也有部分社会成员在改革中利益被牺牲,一部分成为社会困难群体。二是利益主体和利益诉求的多样性。随着社会阶层的分化,不同的利益主体和利益集团逐渐形成,而不同的利益群体由于占有社会资源的不同和利益的差别,必然萌生不同的利益诉求。传统社会的利益诉求主要表现为经济利益诉求,随着物质生活水平的不断提高,人们对政治权利、文化生活以及生态、环保等的保障要求日益提升,民权的呼声越来越高,维权的意识越来越强。三是思想观念的差异性。所有制结构、分配方式的多样性,市场主体的多元性,利益诉求的多样性,决定着思想观念的多样性和差异性。加上在对外开放和信息化、网络化条件下,外来思想文化相继涌入,各种社会思潮相互激荡,影响人们思想行为的因素和渠道越来越复

杂,人民群众思想观念和生活方式的独立性、选择性、多变性、差异性明显增强。四是社会矛盾的高发性。急剧的社会变迁往往会催发各种社会矛盾。改革开放以来,我国社会由传统社会向现代社会急剧变迁,目前仍处于这样的变迁之中。随着工业化、城市化、现代化进程的加快,各种社会矛盾凸显,并且处于多发、高发期。其中,既有各阶级和阶层内部的矛盾,也有各阶级和阶层之间的矛盾,既有表现为经济领域的矛盾,也有表现在政治领域和思想文化领域的矛盾,而集中表现为利益主体之间的矛盾和冲突,总体上呈现一种错综复杂的状况,稍有不慎,就会引发冲突,酿成群体性事件,危及社会的和谐与稳定。其中特别值得注意的是,我国是一个政府主导型社会,各种矛盾和冲突的导火索往往会指向党和政府,容易导致党群关系、官民关系的紧张。如此种种背景,给新时期党的群众工作提出了诸多新的课题,也增加了许多困难。

(二)党自身的地位发生了深刻的变化

新中国建立后,中国共产党成为执政党,如今已经从一个领导全国人民为夺取全国政权而奋斗的党,发展成为领导人民掌握全国政权并长期执政的党;从一个在外部封锁和实行计划经济条件下领导国家建设的党,发展成为在对外开放和实行社会主义市场经济条件下领导国家建设的党。党自身地位和所处历史方位的变化,一方面,党可以运用手中所掌握的资源更好地为人民谋福祉,推动国家的发展,实现党的根本宗旨和国家的繁荣富强;另一方面,"执政党的地位,使我们面临着新的考验"①。这种考验主要体现在两方面:一是国家建设和治理的责任风险。权力意味着责任,执政就是要承担起推动国家建设发展、满足人民群众不断增长的物质文化需要的责任。这方面,我们党经受住了考验,在六十多年的执政过程中,我们党所创造的业绩是辉煌的,人民群众总体上是满意的。同时,我们也要看到,中国这样一个大国,不同区域情况差异很大,各种诉求众口难调,各种矛盾错综复杂,治国理政的难度是可想而知的,失误也在所难免。另外,党执政了,人民群众就会把解决各种诉求的期待寄托在党和政府身上——满意了,会感激党和政府;不满意的话,也会把账算到执政者头上。在长期执政的情况下,一些工作中的失误会积累,一些矛盾会积累,一些怨气会积累,种种消极因素的累积会削弱执政威信。二是权力异化的考验。由于我国的政治体制还不完善,特别是制约、监督的机制还不完善,加上一些意志薄弱的党员干部经不起各种诱惑的考验,权力异化的现象就会出现。在一些党员干部中,有的高高在上,做官当

① 《邓小平文选》第一卷,人民出版社1994年版,第214页。

老爷,官僚主义、形式主义严重,脱离了群众;有的侵犯群众利益,与人民群众争利,甚至以权谋私、权钱交易、贪脏枉法,出现腐败现象。

(三)党的队伍特别是干部队伍成分结构发生了深刻变化

党的组织是有党员组成的,党的战斗力和党的形象也是由党员来体现的。人民群众看待党,往往从身边的党员看起。建党九十多年来,我们党的队伍不断壮大,至今已有八千多万党员,党员的素质和作用发挥总体是好的,特别是一大批年轻的、知识层次比较高的新鲜血液源源不断地充实到党的肌体中来,进一步增强了党的生机和活力。同时,我们也要清醒地看到,在和平年代,党的队伍不可能经受战争年代那样的血与火、生与死的考验,尤其是在执政的条件之下,难免会有一些人会抱有个人的某种动机而进入党的组织,也有一些人会蜕化变质。事实上,目前在党的队伍里,确实出现了这样那样一些不良现象,影响了党的队伍的纯洁性,损害了党在人民群众心目中的美好形象。尤其必须关注的是党的干部队伍。目前,我们党的干部队伍已进入整体性新老交替的时期。当前及今后一个时期,改革开放后成长起来的一代将逐步成为干部队伍的主体。他们具有自己独特的优势,如年纪比较轻,闯劲比较足,学历层次高,现代科学知识比较丰富,视野比较开阔,思想比较活跃,等等。但与建国前参加革命和"文革"前成长起来的干部相比,他们在与人民群众密切联系方面存在着"先天不足"。他们中的相当部分人是从家门到校门再到机关大门的"三门"干部,缺乏基层工作经历,缺乏艰苦生活的磨练,与人民群众密切联系不够,对人民群众的感情不深,有的甚至连群众的话都听不懂。还有些人受官场不良风气的影响,眼睛只向上不向下,心中没有群众,身子也沉不到群众之中,就可能脱离群众。

(四)党的阶级基础、群众基础及其诉求发生了深刻的变化

任何一个政党都有自己的阶级基础和群众基础,这是执政党最重要的执政资源。认清、把握这种基础并制定合适的政策,巩固阶级基础,扩大群众基础,才能巩固执政地位。改革开放前,中国基本上是传统社会的形态,党以工人阶级为领导、以工农联盟为基础,人民群众的结构层次比较单一,党和政府制定政策也比较容易把握。如今,在剧烈的社会变革中,人民群众的结构层次明显增加,而且呈现种种新的特点。比如,在工人阶级内部,已经逐步产生了普通工人群体、知识分子群体、机关公务员群体、企业经营管理者群体和包括下岗工人在内的特殊困难群体等不同的利益群体。农民的变化更大,农民个体工商户、农民私营企业主大量涌现,特别是大批的农民工已经涌入城市,他们在城市工作生活但户籍不在城市,他们离开了农村但在农村还有家、有亲属、有土地,他们不是城市的居民也不是传统的农民。从素质情况看,人民

群众的受教育程度明显提高,知识和阅历更加丰富,技能明显提高,法制观念和维权意识明显增强,而思想观念日益多元化,一部分人的政治信念和对党组织的信任度明显淡化。在群众中还出现了一些维权带头人,他们能得到一部分群众的支持和呼应,常常会介入到各种矛盾和纠纷的处理之中。群众的利益诉求不仅具有多样性,而且不同利益群体的诉求常常互相对立和冲突,而解决的途径往往是向党和政府讨要说法;一旦不满意,又往往会诉诸非理性手段。所有这些,都给我们的政策制定和协调处理工作增加了复杂性,也对我们的党员干部的素质能力水平和群众工作的方式方法提出了更高的要求。

(五) 网络化条件下舆情民意表达方式的深刻变化

网络的诞生所引发的信息革命至今方兴未艾,随着各种网络交流平台的建立,特别是微博、微信的出现,使信息的传播更加便捷,人与人之间的联系和交流更加便捷,社会进入“人人都有麦克风”、“人人都是传播者”的多维立体传播时代。我们必须充分注意到以下一些情况:一是我国的网民已经超过5亿,开通微博的人群已经超过2亿,而且呈不断增加的趋势,其中青年人居多。网民就是群众,青年是党和国家的未来,如果我们不能做好他们的工作,就会犯历史性的错误。二是网络时代舆论自由的空间被大大地拓展,它既为执政党了解舆情民意,加强党群之间、官民之间的沟通交流开启了一条全新的渠道,也给各级领导干部带来了一系列新的挑战。在网络舆论的拷问下,一些领导干部的理念错误、素质不高、能力不足的问题已暴露无遗。三是网络已成为舆情民意表达的一条重要渠道,人民群众的各种诉求、民生民权的呼声、对一些特定人和事件的态度都会快捷地反映出来,可以使我们及时了解和掌握民声民意,发现和纠正执政中的一些失误和问题。同时,网络的虚拟性、平等性、自由性、难控性等因素决定了网络舆论的杂乱性,网络上各种情况反映和舆论发布往往是真假混杂、良莠共生,各种虚假信息(包括谣言、流言)、偏激情绪都可能通过网络集结和扩散,甚至快速发酵、放大,也容易被别有用心者所利用,如果我们不能及时应对和正确引导,就可能酿成网络事件。所以,如何加强与网络群众的联系,如何用好网络,发挥网络在群众工作中的积极作用,如何加强对网络舆情的分析研判和热点难点问题的引导,如何加强对网络的监督、管理并切实占领网络思想舆论阵地,等等,都有待进行有效的探索并积累经验。网络工作应该成为群众工作的重要组成部分而纳入我们的视野。

三、高度重视影响党群关系的突出问题

党的十八大报告指出:“新形势下,党面临的执政考验、改革开放考验、市

场经济考验、外部环境考验是长期的、复杂的、严峻的。精神懈怠危险、能力不足危险、脱离群众危险、消极腐败危险更加尖锐地摆在全党面前。”这是党对自身建设所面临的严峻态势的清醒的认识,表现了强烈的忧患意识,也是再一次给全党敲响的警钟,以激励全党高度警觉并防范各种危险,增强落实党要管党、从严治党各项任务的紧迫感。

脱离群众的危险来自哪里?保持党同人民群众血肉联系的主体责任在党,任何把党群关系、干群关系存在问题的原因推向客观、责任推给群众的想法和做法都是错误的,也是十分有害的。因此,应认真分析党内脱离群众的突出问题。

(一)损害群众利益的问题

从毛泽东开始,我们党的历代领导人就一再告诫全党,群众利益无小事,群众利益高于一切。但是,在实际生活中,损害群众利益的情况还时有发生。如在国有企业的改制、拆迁征地过程中,一些领导干部的屁股不是和群众坐在一起,而是和资本共舞,损害了一些下岗工人、农民和城市居民的权益,造成了他们的生活困难,结下了不少“民怨”,引发了诸多的矛盾和冲突。又如最近几年备受社会关注的药品、食品安全、环境保护问题,一些政府部门监管不力、责任缺失的问题也难辞其咎。还有一些领导干部热衷于数字工程、形象工程,为了自己的政绩干一些劳民伤财、违背群众意愿的事,直接或间接地损害了群众利益,人民群众十分不满。

(二)消极腐败的问题

在长期执政和市场经济条件下,随着经济活动和市场交易的活跃,一些领导干部经不起权力的考验和利益的诱惑,贪污受贿、以权谋私、官商勾结、权钱交易等腐败现象滋生蔓延,多发高发的势头至今尚未遏止。从这几年查处的一些案件情况看,有的腐败分子官位较高,有的贪腐数目惊人,有的腐败行为与道德败坏及其他刑事犯罪活动掺杂一起,性质非常恶劣,政治影响极坏,令人触目惊心。需要指出的是,人民群众最痛恨腐败,腐败最容易造成公众的不满和社会的激愤,因此腐败问题必然会对党的形象、对党和人民群众的血肉联系造成极大的伤害。“如果腐败得不到有效惩治,党就会丧失人民的信任和支持。”①“大量事实告诉我们,腐败问题越演越烈,最终必然会亡党亡国!”②

(三)作风不正的问题

我们党具有优良的作风传统,但在长期执政的情况下,一些领导干部正

① 胡锦涛:《在庆祝中国共产党成立90周年大会上的讲话》,《新华文摘》2011年第17期。

② 习近平:《习近平:腐败问题越演越烈 最终必然会亡党亡国》,新华社北京11月18日电。

渐行渐远，党内生活庸俗化、官场风气不正的问题比较突出。有的形式主义、官僚主义严重，习惯于以会议贯彻会议，用文件传达文件，走不出“文山会海”，很少下基层调研，偶尔下去也是前呼后拥、走马看花、蜻蜓点水，看的是“盆景”，听的是“美言”，不去深入了解群众真实的情况和要求；有的图享受、摆阔气，沉溺于各种应酬之中，送往迎来，杯觥交错，骄奢淫逸，铺张浪费，而对群众利益漠不关心，对群众疾苦麻木不仁；有的沾染庸俗习气，对上级阿谀奉承、惟命是从，对群众盛气凌人、目中无人，甚至强迫命令；有的热衷于形象工程、数字工程，报政绩造数据、注水分，弄虚作假，讲问题轻描淡写、一带而过；有的在党内和班子内部生活中不是批评与自我批评，而是表扬与自我表扬，甚至互相吹捧，维持表面的一团和气；有的个人主义和官本位意识严重，刚提拔就想着下一个台阶，几年没有“进步”就牢骚满腹，热衷于拉关系、找靠山、搞小圈子，甚至投机钻营、跑官要管、买官卖官。

（四）能力不足的问题

改革开放三十多年，随着经济成分、利益主体、社会组织和生活方式日趋多样化，社会利益关系更加错综复杂，社会意识更加错综复杂，社会矛盾更加错综复杂，群众工作的难度明显加大。新的形势和任务对各级领导干部的群众工作能力、方式方法提出了新要求。而在实际工作中，一些领导干部思路不对、方法不当、能力不足的问题时有暴露，不会做、做不好的问题突出。如在处理一些矛盾冲突和群体性事件中，有的认为“摆平就是水平”，不是将其纳入法制的轨道，而是“用钱买太平”，治标不治本，掩盖矛盾，甚至按了葫芦浮了瓢，引发更多的矛盾；有的动不动就动用警力，采取强制手段，使矛盾激化，引发更大的冲突；有的不会做思想工作，不会说群众“听得懂”的话，正如习近平在浙江工作时所说：“与新社会群体说话，说不上去；与困难群众说话，说不下去；与青年学生说话，说不进去；与老同志说话，给顶了回去。很多场合，我们就是处于这样一种失语状态，怎么能使群众信服呢？”①

四、切实防范、化解脱离群众的危险

防范和化解脱离群众的危险也只有在加强党的自身建设中才能实现。为此，必须切实加强党的先进性、纯洁性建设和执政能力建设，落实党要管党、从严治党的各项任务。

（一）保持党的先进性和纯洁性，切实维护党在人民群众心目中的美好形象

“打铁还需自身硬。”党的形象，是保持党同人民群众血肉联系最重要的

① 引自栗战书：《群众工作九法》，《新华文摘》2011 年第 20 期。

基础。形象好,威信高,人民群众才会发自内心地信任、拥护和支持。党的形象不是抽象的,而是具体的,必须由党的组织和党员、干部的实际行动来体现。建党九十多年来,我们党始终高度重视党的自身建设,保持党的纯洁性。至今,党的队伍总体上是纯洁、团结、有战斗力的。同时,也必须看到,在长期执政的情况下,随着党的队伍越来越壮大,一些党员、干部思想不纯、组织不纯、作风不纯和不能保持清正廉洁的问题也日益突出。正如习近平总书记所说:"新形势下,我们党面临着许多严峻挑战,党内存在着许多亟待解决的问题。尤其是一些党员干部中发生的贪污腐败、脱离群众、形式主义、官僚主义等问题,必须下大气力解决。全党必须警醒起来。"

要加强思想建设,教育引导广大党员、干部坚定理想信念,坚守共产党人的精神家园,解决好一些党员干部信念缺失的问题;把好党员入口关,加强对党员的教育管理,同时要疏通出口,对不合格党员进行严肃处理,不断吐故纳新,提高党员队伍的质量;完善干部选拔任用机制、考核评价机制和退出机制,解决干部能上不能下、能进不能出的问题,真正任用那些党和人民信得过的干部,切实支持那些干得好的干部,决不姑息那些干不好、出问题的干部;力戒形式主义、官僚主义、奢侈浪费等党内不正之风,鞭策和激励党员、干部继承发扬党的优良传统,深入基层,深入群众,了解民生疾苦,体察民情民意,贴近与人民群众的思想感情;完善惩防体系建设,特别要完善关键制度,加大对腐败现象的打击力度,坚决遏制腐败现象易发多发的势头,以反腐败的实际成效取信于民,做到干部清正、政府清廉、政治清明。

(二)切实保障和改善民生,实现好、维护好、发展好最广大人民的根本利益

习近平总书记说:"我们的人民热爱生活,期盼有更好的教育、更稳定的工作、更满意的收入、更可靠的社会保障、更高水平的医疗卫生服务、更舒适的居住条件、更优美的环境,期盼着孩子们能成长得更好、工作得更好、生活得更好。人民对美好生活的向往,就是我们的奋斗目标。"①全心全意为人民服务是党的根本宗旨,提高人民物质文化生活水平,是改革开放和社会主义现代化建设的根本目的,保障和改善民生是赢得民心民意的基础。只有始终为人民谋利益,党才具有强大的凝聚力和号召力。在民主革命时期,我们党想人民群众所想,急人民群众所急,把人民群众的利益作为制定政策和行动的最高准则,给群众看得见的利益,从而赢得人民群众真诚的拥护和支持。今天,社会已经发生巨大变革,人民群众的成分结构和利益诉求已经多元,任

---

① 习近平:《人民对美好生活的向往就是我们的奋斗目标》,《人民日报》海外版2012年11月16日。

何一项利好政策的覆盖面都有一定的限度，但办好事、谋利益，让人民群众满意，是党永恒不变的追求。

保障和改善民生，就是要多谋民生之利，多解民生之忧，解决好人民最关心、最直接、最现实的利益问题。要千方百计增加居民收入，改善人民的生活，实现居民收入和经济发展同步，劳动报酬增长和劳动生产率提高同步，真正体现发展成果由人民共享；加快健全社会公共服务体系，尽快形成较为完善、城乡统一的国民教育、医疗卫生、养老保障、公共就业、最低生活保障、社会救助等方面的服务制度，解决好就业、读书、看病、住房、征地拆迁、社会保障、环境保护、食品药品安全等涉及大多数人切身利益、为社会广泛关注的热点难点问题，在学有所教、劳有所得、病有所医、老有所养、住有所居上持续取得新进展；运用各种政策杠杆调节收入分配，缩小贫富差距，防止两极分化，促进共同富裕，体现社会的公平正义；在兼顾不同阶层群众利益的政策前提下，加大对农村、老少边穷等困难地区的财政转移支付、公共财政投入、援助帮扶力度，加大对城乡困难群体、社会特殊人群的关怀和帮助，解决他们在就学、就业、就医和生活、家庭等方面的实际困难，保障他们的基本生活和权利，让他们享受到党和政府的关怀和社会主义大家庭的温暖，真正做到各得其所。

（三）切实转变领导作风，拓展联系群众的渠道，密切与群众的感情

“只有我们把群众放在心上，群众才会把我们放在心上；只有我们把群众当亲人，群众才会把我们当亲人。”①群众工作的本质是做人的工作，深厚的感情是做好群众工作的基础。党员干部对群众要有感情，群众与党员干部也要缔结感情。有了感情，很多事情就好办，而深厚的感情只有在交往交流中才能缔结。“党群关系要密切，党员干部要下去。”许多基层党员干部以自己的切身体会、用朴实的语言说出了密切党群关系的要害所在。

要建立牢固的联系群众工作制度，搭建干部与群众密切接触、经常联系的工作平台，让党员干部特别是各级领导干部走出文山会海，摆脱送往迎来的应酬接待，用更多的时间深入基层调查研究和接待群众，花更多的精力深入群众，多做宣传群众、让群众了解党和政府的路线方针政策的事，多倾听群众的心声，了解群众的疾苦，解决群众的困难，为群众办实实在在的事；拓展社情民意反馈渠道、群众利益诉求反馈渠道，在工人、农民、知识分子和其他群众中广交朋友，鼓励他们反映真实情况，发现处于萌芽状态的问题；带头参加结对帮扶困难群众、主题实践、设岗定责、社会公益等活动，在各种活动中了解群众，也让群众了解自己。总的来说，要深得下去，扎得住根，把得住脉，

---

① 胡锦涛：《在庆祝中国共产党成立90周年大会上的讲话》，《新华文摘》2011年第17期。

听得见群众的心声，培养起与群众的感情，解决好群众关心的问题。

最近几年，在中央的大力倡导和推动下，中央机关、各地、各条线都相继出台了“走、转、改”的干部制度和规定，领导干部下基层活动正在蓬勃展开，也创造了诸多好的做法和经验，特别是党的十八大以后，新一届中央领导集体推出改进作风的新举措并以身作则、带头执行，党的群众工作在全国出现了新气象、新面貌和新成效。不过，此时此刻我们也应特别注意，改进作风不能刮一阵风，不能追求表面效应，特别不能劳民扰民，演变为新的形象工程。

（四）努力化解各种社会矛盾，让全体人民各尽所能、各得其所又和谐相处

当前，我国社会的矛盾不仅数量在累积，而且有从具体的矛盾冲突向抽象的矛盾冲突、从分散的矛盾冲突向集聚的矛盾冲突、从非对抗性矛盾冲突向对抗性矛盾冲突转化的苗头和趋势，如果不能及时化解，不仅会严重影响党群关系，也会严重影响稳定，影响现代化建设的大局。

努力防范和化解社会矛盾，首先要预见和预防矛盾。要深入实际，了解实情，增强对矛盾的预见性，做到未雨绸缪，建立以党和政府为主导的利益协调、矛盾调处和权益保障等机制，推进决策科学化、民主化，增强事关群众切身利益问题重大决策的透明度和公众参与度，在征地拆迁、企业改制、环境保护等工作中多做民主协商工作，建立良性的利益博弈机制，把可能影响群众利益和社会稳定的问题和矛盾解决在决策之前，从源头上避免和减少矛盾，或将矛盾化解于萌芽、化解于基层。其次，要勇于面对矛盾。矛盾问题往往牵涉群众的切身利益，有的比较复杂，处理也非常棘手，但不管什么情况，领导干部都要直面矛盾，亲赴一线，及时处置，不能惧怕和回避。再次，要正确处理矛盾。要综合运用政策、法律、经济、行政等手段和教育、协调、调解等方法，依法及时合理地处理群众反映的各种问题。当前，特别要善于运用法治思维和法治方式处理改革、发展、稳定中的问题，下大力气将矛盾冲突纳入法治化轨道来解决。在处置各种社会矛盾和突发性事件时，既要依法坚决维护群众的合理诉求和合法利益，也要防止对违法行为和不合理要求的随意让步，防止头痛医头、脚痛医脚，甚至按了葫芦浮了瓢的做法，摆脱“摆平就是水平”的人治化模式。正像习近平所说的那样，我们要通过不懈努力，在全社会牢固树立宪法和法律的权威，让广大人民群众充分相信法律、自觉运用法律，使广大人民群众认识到宪法不仅是全体公民必须遵循的行为规范，而且是保障公民权利的法律武器。

第一章 唯物史观是群众史观

第一节 群众主体论

一、人民群众的含义诠释

正确认识人民群众与社会历史的关系是坚持历史唯物主义的关键,正确理解"人民群众"概念的内涵和外延对于准确把握群众史观意义深远。"人民群众"是历史范畴,在不同历史时期其内涵和外延发生着变化。从广义上讲,"人民群众"是指一切对社会历史起推动作用的人们;从量化角度来讲,"人民群众"是指对社会历史起推动作用的人们的总和,其主要的组成部分、最基本的稳定的构成部分是劳动群众。在阶级社会中,"人民群众"包括了一切对历史发展起着促进作用的阶级、阶层和社会组织。"人民群众"这个概念在不同的国家和各个国家的不同历史时期有着不同的内容。"人民群众"是历史唯物主义的基本范畴,在历史唯物主义视野里,不论在任何情况下和任何历史时期,"人民群众"内涵的主体,始终都是从事物质资料生产的劳动群众和劳动知识分子。

中国共产党的领导人在不同文章和一些重要论述中多次使用"人民群众"一词。"人民,只有人民,才是创造世界历史的动力。"①"共产党人的一切言论行动,必须以合乎最广大人民群众的最大利益为广大人民群众所拥护为最高标准。"②从量的角度理解"人民群众",在中西方文化上达成了共识,即都是指人民中的大多数。从词源角度理解,"群"是指大多数,与"寡"相对。它是一个群体概念,不单指某个个体。单个个体不能称为"群众",单个个体可以称为"群众"的一员。从质的方面去理解"人民群众",也就是把握"人民群众"的内涵,"人民群众"往往是指对社会历史变化起决定性作用的群体。在历史唯物主义语境中,"人民群众"是指一切对社会历史有推动作用的人们

---

① 《毛泽东选集》第三卷,人民出版社 1991 年版,第 1031 页。

② 同上,第 1096 页。

的总和。从这个角度理解“人民群众”,就是把握住了其本质。“人民群众”的本质规定也就界定了其外延,也就指明了一切阻止社会历史进步的人包括历史人物、英雄人物都不属于群众范畴。

在西方关于人民群众内涵的规定中,人民群众往往与无组织、无制度联系在一起。正确把握“人民群众”一词,就要把握其本质,也即正确把握“人民群众”与其他词的差别。第一,人民群众具有历史性属性。所谓人民群众具有历史性,是指在一个地区、一个国家的不同时期,人民群众的内涵有所不同,不同地区、不同国家同一时期人民群众的内涵不同,不同地区、不同国家不同时期人民群众的内涵不同。而随着社会历史的变迁,“人民群众”是有“寿命”的。随着国家制度的消失,组成人民群众的个人不会消失,但由个人组成的人民群众团体会消失,由于没有了阶级的界定,人们之间的阶级身份消失而个体依旧存在。第二,人民群众具有整体属性。人民群众作为个体人的组合,在量和质两个层面都具有整体属性。群众和个体是多与一的关系,是辩证关系,相互之间相互对立又相互依存。人民群众不是某个个体人,某个个体是人民群众存在的基础。从整体和部分关系角度理解人民群众,可以准确区分人民群众与公民、国民之间的差别。公民是以一国国籍作为划分标准的。从内涵角度讲,公民一词的内涵比人民群众大,我国的公民不仅包括人民群众,还包括人民群众的对立面阶级敌人。第三,国家属性。人民群众带有很强的国家属性。人民群众的存在一般与具体的主权国家相连。人民群众一般只存在于某个主权国家内。马克思虽然号召全世界无产阶级联合起来,但没有全世界人民群众联合的说法。因为国与国之间,人民群众的内涵差距甚远。奥尔特加·加塞特把人民群众定义为“群氓”,同时又把政治精英定义为群众。有着美国宪法之父的汉密尔顿则把群众定义为“巨兽”。在我国语境中,人民群众一般从两方面去理解,一是劳动人民的群体,二是狭义的没有参加任何党组织的人的群体。

二、人民群众是人类社会实践的主体

“全部的社会生活在本质上是实践的。”①马克思主义关于实践的解释和诠释确立了历史唯物主义的基石。在马克思主义实践观诞生之前,很多哲学家对什么是实践都有不同解释。中国古代思想家王守仁提出“知行合一”,其本质上讲是把实践归结为纯粹的主观精神活动。与此相比,有一些哲学家对实践的理解偏向形而上学,往往把科学实验以及人类对某种自然现象、规律

① 《马克思恩格斯选集》第一卷,人民出版社1995版,第56页。

的把握理解为实践,没有对实践本质加以概念化。近代德国著名哲学家费希特规定了“自我”和“非我”,把实践规定为精神的“自我”产生、设定“非我”即客观世界,其本质上属于客观唯心主义实践观。马克思主义实践观系统地分析了实践的矛盾本性,认为实践是主观与客观的统一,是人类有目的的发挥其主观能动性改造和探索物质世界和精神世界的一切社会性的客观物质活动。历史唯物主义认为人类社会历史是人民群众实践活动的总和。历史唯物主义强调的“人”不是单个个人,不是某个英雄,而是人民群众。人民群众才是人类社会实践的主体。

人类社会实践活动构成了全部人类社会的历史。科学的实践观是马克思主义哲学的基石。马克思主义哲学的伟大变革发生在对哲学研究对象理解的变革,马克思、恩格斯首次对人类社会实践活动尤其是社会物质资料的生产和人类本身的生存给予了充分肯定。“全部的社会生活在本质上是实践的。”①马克思认为,人们只有首先吃了、喝了、住了、穿了,才能参与一国的政治、科学、宗教、艺术。从广义上讲,人类的认识都源于这个基础。从狭义上讲,人民群众直接的物质资料生产构成了一国某个时期、一个民族某个时期存在和发展的经济基础。法律、道德、宗教、艺术等上层建筑都源于经济基础,都源于人民群众直接的物质资料生产。马克思、恩格斯在揭示人民群众直接的物质生产是人类社会生活的决定因素的基础上,同时阐述了人民群众在人类社会实践过程的主体地位。马克思在批判青年黑格尔派的代表人物鲍威尔的“自我哲学意识”时得出结论,认为“历史活动是群众的事业,随着历史活动的深入,必将是群众队伍的扩大②”。

我党领导人十分重视人民群众在实践中的主体地位。毛泽东同志指出:“人民,只有人民,才是创造世界历史的动力。革命战争史是群众的战争,只有动员群众才能进行战争,只有依靠群众才能进行战争。”③毛泽东同志对战争和群众的关系的观点是历史唯物主义关于人民群众是人类社会实践主体的体现。我党群众路线的确立、从群众中来到群众中去的作风,都是历史唯物主义实践的具体体现。“在我党的一切实际工作中,凡属正确的领导,必须是从群众中来,到群众中去。”④毛泽东同志对人民群众在战争和社会变革中发挥主体作用的理论是对历史唯物主义的丰富和继承。邓小平同志指出:“社会主义发展生产力,成绩是属于人民的。”社会主义生产力的发展,人民群

---

① 《马克思恩格斯选集》第一卷,人民出版社 1995 版,第 56 页。

② 《马克思恩格斯全集》第二卷,人民出版社 1957 年版,第 104 页。

③ 《毛泽东选集》第一卷,人民出版社 1991 年版,第 136 页。

④ 《毛泽东选集》第三卷,人民出版社 1991 年版,第 899 页。

众是主体。群众是社会主义生产力的来源,是解决生产力和生产关系矛盾的决定力量,是社会主义初期生产力变革的决定力量。江泽民同志也指出:“一切为了群众,一切相信群众,一切依靠群众,我们党就能获得取之不尽的力量源泉。”胡锦涛在庆祝中国共产党成立90周年大会上明确指出:“每一个共产党员都要把人民放在心中最高的位置,尊重人民主体地位,尊重人民首创精神,拜人民为师,把政治智慧的增长、执政本领的增强深深扎根于人民的创造性实践之中。”①胡锦涛同志的讲话是对我党不同时期领导人坚持群众路线,坚持马克思主义实践观,践行历史唯物主义关于人民群众是人类社会实践的决定力量的总结。继承和发扬人民群众是人民社会实践的主体理论是新时期我党坚持马克思主义的必然要求,充分尊重人民的主体地位是马克思主义执政党保持先进性的必然要求。

三、正确把握人民群众主体论

坚持人民群众是社会实践的主体需要把握几个关系。一是人民群众史观与英雄史观的关系。历史唯物主义告诉我们,历史是由人的活动构成的。从人民群众量的角度考虑,“人”的主体是“人民群众”,人民群众的生产实践决定着社会一定时期的物质生产水平和历史进步的速度与方向。从表面看,历史活动中有着无数个体,他们从事实践活动的目的往往不同,而历史本身就是这些无数目的不同的活动的总和。但是,历史过程同时又是独立于个体意识的,是不以个体意识而转移的。一些理论家有英雄创造历史的说法,青年毛泽东同志曾经也有这样的想法,认为历史是由少数英雄个人、帝王将相创造的。在马克思主义诞生之前,英雄主义历史观主宰着历史观。在古代中国,历代王朝都有“圣人”之说,韩愈说“有圣人者立”,孔子视周公为救国之圣人,后人又视孔子为圣人。在西方,“群众”被踩在“英雄”脚下,唯心主义者肆无忌惮地宣传英雄史观。卡莱尔更是直白地讲历史就是英雄人物的传记。唯心主义英雄史观存在的根本原因在于阶级的对立,在于唯心主义哲学家们没有认清阶级关系,没有看到人民群众才是英雄得以名留青史的“无名英雄”。二是理解人民群众是社会实践的主体,要把握“自在”和“自为”的辩证关系。人民群众虽然不是一个阶段概念,但它确实是由身处在不同阶级的个体人组成的。在参与社会实践的过程中,他们的目的不尽相同,每个个体的实践活动都是“自在”的,都是按照个体意愿在活动。然而,马克思却指出,人民群众既是历史的创造者,又是历史的剧中人,也就是站在人民群众社会实

---

① 胡锦涛在庆祝中国共产党成立90周年大会上的讲话,《人民日报》2011年7月2日第2版。

践本身讲,个体的实践活动受着当时社会整体实践活动的制约。每个人民群众个体在创造自己历史的同时,也在创造着人类社会的历史,而人民群众创造人类历史的活动又是“自为”的。群众活动赋予历史主体以主体性,个体的社会实践活动只有在群众的社会实践活动中才能形成,强调人民群众是社会实践的主体,其本质是强调人类整体参与创造自己的历史。三是在看到人民群众是人类社会实践主体的同时,不能忽视其他人对于社会实践的作用。人民群众是实现社会变革的决定力量,是推动历史进步的客观力量。然而,个人在历史中也存在着重要意义。作为个体存在的人的实践活动及其作用始终与历史进程的偶然性紧密联系。个体的实践活动影响可以分为普通人对历史的影响和历史人物对历史的影响。由于每个个体都受着当时社会关系的制约,其社会实践活动也就必然和当时的社会关系紧密结合。人民群众的实践活动决定着个体的实践水平。然而,历史人物的社会实践活动在历史关键时期发挥着主要的作用,其影响的大小体现了必然性和偶然性的统一。

第二节　群众利益论

一、群众利益含义诠释

正确理解群众利益的前提是正确理解利益的内涵。利益一般是指人们通过社会关系表现出来的不同需要,本质上属于社会关系范畴。利益是人类生存的必然条件,其主要内涵是指物质生活条件,从广义上讲是指事物价值的具体形态。利益对于人们的行为具有很强的驱动力量,站在利益的角度可以准确地理解人类行为。利益表现为人的多方面需求,因此有多种多样的利益。概括而言,利益包括物质利益、文化利益、政治利益。基于生产关系体系中的地位而形成的对物质产品的占有关系,是物质利益,也称为经济利益。除此之外,还有政治利益和精神生活方面的利益。通常讲的利益主要指物质利益。从不同的角度还可以对利益作不同的区分,例如,从个人、阶级、集团与社会的角度,可以把利益区分为阶级利益、民族利益、国家利益和个人利益;从整体与局部的角度,可以区分为整体利益和局部利益;从时间的角度,可以区分为长远利益和眼前利益;等等。群众利益是利益的组成部分。

把握历史唯物主义群众史观,需要深入理解群众利益的内涵。人民群众是一个历史性概念,在不同时期,人民群众的内涵不同。群众利益是指在阶级社会里,建立在人民群众当家做主的基础上,一定历史时期人民群众在政治、经济和文化等方面利益的总和,并由各种现实利益、具体利益所构成。群众利益的根本是群众的根本利益。所谓群众的根本利益，是指群众利益中最基本、最关键的利益。在群众利益体系中，群众根本利益具体表现为与人民群众息息相关的生活基础、人文环境、教育条件、就业状况等。一般而言，群众利益具有以下几个特征：

（一）从其表现形态上讲，群众利益一般表现为政治、经济、文化利益三个方面

群众利益表现为政治利益、经济利益和文化利益的统一体。从三者逻辑关系而言，群众利益首先表现为经济利益，也就是首先满足人们生存和生活的基本条件，人民群众通过自己的劳动创造着经济利益，而政治利益是建立在经济利益基础之上的，政治利益主要体现的是建立在经济利益基础之上人们的社会关系，主要是指人民对当家做主、直接或间接参与国家和社会公共事务管理的需要。政治利益是经济利益的集中表现，受经济利益决定。在一定社会形态下，经济利益的社会基础是生产关系。政治利益与经济利益关系密不可分，政治利益依靠经济利益保障，政治利益集中体现着经济利益。此外，在新时期，群众的文化利益诉求越发凸显。文化利益一般而言是指人们在文化方面所拥有和获得的权利、收益和实惠等，主要表现为精神文化方面的获取和满足。随着时代的进步，群众的利益诉求不再局限于物质利益和政治利益，而越发关注文化的发展，越发追求在精神文化方面的体验和消费。我党提出的"三个代表"重要思想，就是我党执政理念的一次升华，是对群众利益更高要求的满足。政治利益、经济利益和文化利益有机的统一，构成了群众利益关系系统的有机结构体系。

（二）从群众利益的时代特征上讲，群众利益体系是传承性和现代性的有机结合

群众利益的传承性是指在不同历史时期人民群众利益的继承关系。人民群众的历史活动赖以进行的前提条件对每一代人来讲是既定的，既定条件就是前辈活动的结果，当纳入这一代人的活动并作为这一代人实践的对象和手段时开始发挥作用。从这个角度讲，传承性是人民群众利益维系的基础。群众利益的现代性是指在不同历史时期人民群众利益的创新。人民群众的实践行为虽然是基于前辈实践基础之上开始的，但由于人类实践行为本身具有时代性，人类的认识活动总是为各个时代社会实践的特定需要服务的，因此，在特定时期创造的群众利益包含着当代社会的明显特征。群众利益的传承性体现了不同时期群众利益诉求的共性，群众利益的现代性体现了特定历史时期群众利益的差异。两者交织组成了复杂的群众利益体系。

在不同国家，群众利益的内涵既有共同之处，也有差异。在同一国家的不同时期，群众利益的含义也不尽相同。群众利益的时代特征有鲜明的传承

性和现代性。就物质利益而言,群众的物质利益始终表现为人民群众生存和生产的基本条件,如马克思所言:“为了生活,首先就需要吃喝住穿以及其他一些东西。因此第一个历史活动就是生产满足这些需要的资料,即生产物质生活本身,而且这是这样的历史活动,一切历史的一种基本条件,人们单是为了生活就必须每日每时去完成它。现在和几千年前都是这样。”①从物质利益上讲,不同时期的物质利益体现了鲜明的传承性,这也是人类物质文明传承相对稳定的原因。但是,站在群众政治利益角度而言,不同时期的政治利益诉求有鲜明的差异,体现了时代的差异性,有很强的时代特征,是一个动态发展的过程。比如,中国人民群众在新民主主义革命时期,对政治利益的诉求是推翻“三座大山”,实现民族独立和人民解放。而在当下,群众的政治诉求表现为对政治民主的参与,政治利益的主体内涵随着时代背景的变迁凸显出鲜明的时代特征。

(三)从社会进步角度上讲,群众利益是社会历史进步的决定力量

历史唯物主义的基本原理认为,最广大人民群众的社会实践行为决定着社会历史进步的方向和发展的速度,群众利益趋向必然决定和体现历史发展的方向。历史唯物主义区别于其他唯物主义的一个重要方面在于用实践来解释人类社会进步的原因,而且旗帜鲜明地和唯心主义历史观、机械唯物主义历史观划清界限,肯定地认为“从前的一切唯物主义——包括费尔巴哈的唯物主义——的主要缺点是:对对象、现实、感性,只是从客体去理解,而不是把它们当作人的感性活动,当作实践去理解”②,认为人民群众是实现社会变革、历史进步的决定力量。人民群众在生产和再生产物质生活资料的同时生产人与人的社会关系,形成人类社会生活的各个方面。人民群众的生产社会实践是促进生产工具改进的动力,是提高生产能力的直接动力,生产力的不断向前发展必然引起经济基础的变化,建立在经济基础之上的政治制度、文化制度也随之变化,直至引起社会形态的全面变革。在社会变革的关键时期,人民群众决定社会发展方向。正如列宁所言:“人民群众在任何时候不能够像在革命时期这样以新社会秩序的积极创造者的身份出现。”从根本上讲,在社会变革的关键时期,是人民群众解放了社会生产力。社会制度变革的历史趋势表现为人民群众自发或自觉的实践需求。

二、群众利益是无产阶级政党执政理念的价值取向

(一)执政理念内涵诠释

执政党执政都有执政理念,执政一般是指掌握和行使国家权力,是执政

---

① 《马克思恩格斯选集》第一卷,人民出版社1995版,第79页。

② 同上,第58页。

党取得政权的终极目标。执政理念一般是指执政党在为掌握和行使国家权力的实践活动中所形成的对执政的基本认识和把握，是执政党用以指导执政实践活动的根本原则，反映了执政党执政活动的价值取向和目标追求。它解决的核心问题是"为谁执政、靠谁执政、如何执政"。执政理念对于一个政党十分重要。包括我国在内的世界大多数国家都是政党执政，于是就产生了执政党的执政理念问题。在不同的阶级社会，执政党的执政理念差异很大。2004年，胡锦涛多次提到我党的执政理念问题，并分别从执政理念、执政基础、执政方略、执政体制、执政方式、执政资源和执政环境七个方面系统地论述了无产阶级政党执政能力建设的问题。

一般而言，执政理念具有几个鲜明的特点。一是鲜明的阶级属性。执政党由于其阶级基础不同，执政理念也不同。政党是阶级的组织，是特定阶级利益的代表者、实践者和维护者。没有阶级的存在，政党就无法生存；没有积极的组织，就建立不了政党。政党无法超越阶级而独立存在。"群众是划分为阶级的，至少在现代的文明国家里，阶级是由政党来领导的。"①列宁指出了政党和阶级之间的关系。阶级是政党的基础，政党是阶级存在的领导力量。执政理念反映的是执政党的执政宗旨和执政价值导向，毫无疑问带有鲜明的阶级属性。资本主义国家无论一党执政还是多党轮流执政，其执政理念都带有鲜明的资产阶级属性，集中地反映了资产阶级的利益诉求。二是传承性和时代性的统一。在主权独立的国家，执政党的执政理念具有鲜明的传承性。从我国几代领导人关于我党执政宗旨的阐述中我们可以明显地归纳出其传承性。在党的七大开幕式上，毛泽东就提出"全心全意为中国人民服务"，邓小平继而也提出"人民群众是历史的创造者"，更是直接指出无产阶级政党要"执政为民"。在此基础上，党的第三代领导人江泽民传承了毛泽东、邓小平的思想，创造性地提出"三个代表"重要思想。胡锦涛提出要把"立党为公，执政为民"的执政理念提到新高度，更是凸显了新时期我党"以人为本"的执政理念。不难看出，我党在不同历史时期的执政理念，都继承和弘扬了马克思在《共产党宣言》中关于无产阶级执政党的经典论述："共产党人同其他无产阶级政党不同的地方只是：一方面，在无产者不同的民族斗争中，共产党人强调和坚持整个无产阶级共同的不分民族的利益；另一方面，在无产阶级和资产阶级的斗争所经历的各个发展阶段上，共产党人始终代表整个运动的利益。"②三是鲜明的价值导向性。所谓价值导向，是指社会或群体、个人在自身的多种具体价值取向中，将其中的某种取向确定为主导的追求方向的过程。

---

① 《列宁选集》第四卷，北京人民出版社1995年版，第51页。
② 《马克思恩格斯选集》第一卷，人民出版社1995版，，第285页。

执政理念一旦以理念的方式存在,其本身就对执政党执政的价值取向具有强烈的指向性。从实践和理念的关系看,理念对于实践的导向作用是毋庸置疑的。执政党的执政理念本身是理性认识,其本身的价值不仅仅局限于理论层面,而且还在于指导具体的执政实践,本身带有鲜明的价值取向,如为了谁执政反映的就是执政理念的价值导向作用。政党的执政理念是一种对于如何执政的理性认识,是对执政经验的科学归纳总结,是对执政规律的理性认知。执政理念的价值在于指导执政实践的方向性。

（二）群众利益最大化是无产阶级政党执政理念的价值导向

"过去的一切运动都是少数人的或者为少数人谋利益的运动。无产阶级的运动是绝大多数人的、为绝大多数人谋利益的独立的运动。"马克思在《共产党宣言》中关于无产阶级运动的经典阐述是无产阶级政党执政理念的指导性纲领。从量的角度出发,群众是无产阶级的主要组成部分,无产阶级的运动主体是人民群众,无产阶级政党执政的价值取向就是群众利益。在我国,不同时期的领导人对于这一观点都是十分肯定的。"我们共产党区别于其他任何政党的又一个显著标志,就是和最广大的人民群众取得最密切的联系。全心全意地为人民服务,一刻也不脱离群众,一切从人民的利益出发,而不是从个人或小集团的利益出发。"①毛泽东早年鲜明地指出了我党的执政理念和人民利益之间的关系。在改革开放初期,邓小平深刻体会毛泽东的人民创造历史、人民利益至上等思想,并把"人民拥护不拥护"、"人民答应不答应"、"人民高兴不高兴"作为制定我党的基本路线的基本依据,作为各项方针政策的出发点和归宿。党的第三代领导人江泽民在总结前辈思想的基础上,继承和发扬了党"执政为民"的理论,提出了"三个代表"重要思想。江泽民在关于"三个代表"重要思想的经典论述中指出:"全心全意为人民服务,同人民群众保持血肉联系,是无产阶级从政道德的最高原则和最高境界,是共产党人执政的最高价值追求和根本意义之所在。80 余年的实践启示我们,必须始终紧紧依靠人民群众,诚心诚意为人民谋利益,从人民群众中汲取前进的不竭力量。始终保持同人民群众的血肉联系,是我们党战胜各种困难和风险、不断取得事业成功的根本保证。在任何时候任何情况下,与人民群众同呼吸共命运的立场不能变,全心全意为人民服务的宗旨不能忘,坚信群众是真正英雄的历史唯物主义观点不能丢。必须始终把体现人民群众的意志和利益作为我们一切工作的出发点和归宿,始终把依靠人民群众的智慧和力量作为我们推进事业的根本工作路线。"②从我党三代领导人关于无产阶级政党执政理念

① 《毛泽东选集》第三卷,人民出版社 1991 年版,第 1044 页。

② 江泽民:《论"三个代表"》,中央文献出版社 2001 年版,第 151－152 页。

的论述中,我们可以概括出这样的结论:在不同历史时期,无产阶级政党具体的执政实践虽然有所不同,但其出发点和归宿——群众利益却殊途同归。

第三节 群众动力论

一、社会动力论的发展形态

社会动力论是人们对于社会发展动力的认识。人们对社会发展动力的认识受社会本身的发展程度、社会发展的动力机制和规律体系的展开程度以及主体的认识能力和认识方法制约。在很长一个历史时期内,单一动力论是在诠释社会历史发展动力方面占统治地位的理论。认清和坚持历史唯物主义社会发展动力论在当下是一个理论热点,也是在不同社会历史时期哲学家、政治学家讨论的热点问题。一般而言,社会发展动力论大体上经历了三个阶段:一是单一维度动力论,二是多维度动力论,三是历史唯物主义系统动力论。

(一) 单一维度动力论

所谓单一维度动力论,是指某些哲学家把社会进步的动力归结为某个单一的因素。由于社会历史发展的局限性,在很长一段时间里,人们都把社会进步的原因归结于单一因素。单一维度动力论是历史唯物主义群众动力论的萌芽。比如说,客观唯心主义哲学家把客观精神或者某种精神解释为社会历史进步的唯一原因。而与之相对的主观唯心主义哲学家试图从人的主观精神世界中探寻社会发展动力的根源,还将人的理性、情感、意志解释为社会发展的动力所在。在马克思主义诞生以前,一些朴素唯物主义者也指出科学或技术是决定社会进步的动力。著名的“地理环境决定论”相对比较科学地认为地理环境是决定不同区域和不同民族发展的决定力量。无论是客观唯心主义哲学家还是主观唯心主义哲学家,或者是“地理环境决定论”者,他们的关于社会动力论都有一个共同点,即采用单一的原因或动力,来解释社会发展并以此审视历史。单一维度动力论虽然找出了某个时期、某些能够推动社会发展的因素,并将其视为某个特定社会时期推动社会发展的动力,但它却不能解释不同社会时期社会进步的动力以及同一历史时期不同区域、不同民族进步的动力,不能如实全面地揭示整个人类社会发展的动力。

(二) 多维度动力论

所谓多维度动力论,是指与单一维度而言,随着社会历史的进步,理论家发现了单一维度动力论的局限性，开始关注社会进步动力的多元动力，试图从多元角度解释社会历史动力。多维度动力论又称为“因素论”。多维度动力论克服了单一维度动力论的机械性和局限性，但其本身也有致命局限，比如“自然动力论”、“神性动力论”、“人性动力论”、“竞争动力论”、“民本动力论”等。多维度动力论结合系统论，指出社会进步是多种原因结合的结果。多维度动力论致命的缺陷在于解释社会动力因素时，认为因素之间没有差异，没有主次之分，认为系统中构成系统的因素之间或者大系统和子系统之间在作用效益方面地位是平等的，从而认为自在的任何客观存在都是社会历史进步的原因。多维度动力论还认为决定社会历史进步的“政治”、“经济”、“文化”、“精神”、“意识”等要素是一同产生的，相互之间没有决定与被决定的关系，没有作用与反作用等关系，否认社会动力有机结构论。在一段时期内，人们受着多维度动力论的影响，在看待社会历史进步时多数停留在社会现象前，而没有把握社会现象进步之后的“本质原因”。

（三）历史唯物主义系统动力论

马克思和恩格斯总结和发展了单一维度动力论和多维度动力论的优点和缺点，创造性地提出了社会动力系统论，理论界将其总结为历史唯物主义系统动力论。历史唯物主义系统动力论认为社会发展动力是个有机系统，不是单一维度，也不是多维度，而是多个因素、多个系统组成的有机系统，主要包括源动力、根本动力、直接动力、主体动力、合力等，这些动力在内在逻辑上的一致性，表现为各种层次动力的交互作用并形成“合力”，和谐地推动社会的进步。“无论历史的结局如何，人们总是通过每一个人追求他自己的、自觉预期的目的来创造他们的历史，而这许多按不同方向活动的愿望及其对外部世界的各种各样作用的合力，就是历史。”①“在现代历史中，国家的意志总的说来是由市民社会的不断变化的需要，是由某个阶级的优势地位，归根到底，是由生产力和交换关系的发展决定的。”②马克思和恩格斯关于社会历史动力的论述明显地告诉我们，社会历史的进步动力因素是多元化的，诸如政治、经济、民族传统、地理环境都是构成社会进步动力的原因，但在这些因素中是有逻辑关系的，是有主次差别的，是存在决定和被决定关系的。在推动社会进步的诸多因素中，经济因素是决定因素，是社会历史进步的主要原因，是理解系统动力论的前提。理解了系统动力论，我们就可以给历史唯物主义系统动力论下个结论：所谓历史唯物主义系统动力论，

① 《马克思恩格斯选集》第一卷，人民出版社 1995 版，第 248 页。

② 同上，第 251 页。

指社会发展动力是一个由各种要素构成的有机系统，具体而言就是指在社会发展动力体系中，人的需要是源动力，物质生产力是根本动力，阶级斗争是直接动力，人民群众是主体动力，诸多动力相互作用，共同构成“合力”，推动社会发展。而推动系统动力变革的决定力量和主体来源于人民群众的实践。

二、人民群众是人类社会历史的真正创造者

科学的实践观是历史唯物主义系统动力论的基础。马克思在唯物主义发展史上首次对人类社会实践尤其是社会物质实践活动给予高度重视，得出了“全部社会人类生活在本质上是实践的”①伟大结论。从历史唯物主义系统动力论角度讲，人民群众是社会实践的主体，正是人民群众创造了人类社会历史。坚持历史唯物主义系统动力论，实质上是坚持人民群众才是人类社会历史的开拓者和守护者。马克思和恩格斯在合著的《神圣家族》一书中集中并科学地阐述了人民群众在社会历史发展中的作用。在《神圣家族》书中，马克思主要批判了青年黑格尔派的代表鲍威尔，同时清算了黑格尔的唯心主义历史观。鲍威尔用“自我意识”解释人类社会历史，认为“自我意识”是人类社会历史的创造者和主体，把人类社会历史解释成为“精神”的历史，把人民群众比喻为社会历史发展的“消极的”物质因素，并荒唐地认为是积极的“精神”主导着“消极”的物质因素“人民群众”去创造历史。这种本末倒置的社会历史观，究其本源，在于没有找到科学的社会实践观。马克思在批判鲍威尔唯心主义历史观的同时，得出自己的结论：“历史活动是群众的事业，随着历史活动的深入，必将是群众队伍的扩大。”②人民群众在社会发展中的决定性作用在时代发展过程中愈发体现出来，广大人民群众的意识代表了时代的精神，体现着时代发展的方向。随着社会的不断前进，人民群众社会实践创造历史的自觉程度不断提高，人民群众的意愿和要求与历史的必然性必将高度吻合。

第四节 群众目的论

一、群众目的含义诠释

目的通常是指行为主体根据自身的需要，借助意识、观念的中介作用，预

---

① 《马克思恩格斯选集》第一卷，人民出版社 1995 年版，第 56 页。

② 《马克思恩格斯全集》第二卷，人民出版社 1957 年版，第 104 页。

先设想的行为目标和结果。作为观念形态，目的反映了人对客观事物的实践关系。人的实践活动以目的为依据，目的贯穿实践过程的始终。一般而言，目的的内容包括物质层面的目的和精神层面的目的。结合目的的概念，群众目的是指人们群众作为行为主体，在社会特定的历史时期，在特定的社会意识指导和社会观念引导下社会实践的目标和最终的实践结果。在一定时期，人民群众的社会实践目的决定着社会发展的速度和趋势。

一般而言，群众目的具有以下几个特征：一是时代性。在不同历史时期，人民群众实践追求的目的就有很强的时代特征，它受制于特定历史时期人民群众的生产方式。在前农业文明时代，人们的目的停留在如何生存上，即如何在生产力水平极其低下，自然界中充满着人类生存威胁的情况下保全生命。在原始社会，人们为了生存，不得不随时去冒险。比如，强大的敌对部落、肆虐的洪水、凶猛的野兽等，都是人们实现生产目的的阻碍。在强大的自然力面前，人们为了实现生存的目的，面临强大的挑战，人类的命运主要受制于自然的支配。“自然界起初是作为一种完全异己的、有无限威力的和不可制服的力量与人们对立的，人们同自然界的关系完全像动物同自然界的关系一样。”①马克思在《德意志意识形态》中的论述表明了在前农业文明时期人们目的的时代性。这种外部自然界约束人们目的的实现的时代性一直延续到农业文明时期。文艺复兴的到来和启蒙运动的兴起，人类的理性得以启蒙，人类科学技术得以发展，人类的实践方式主要表现为工业实践活动，人们的实践目的发生了巨大改变。一方面是人民群众创造了逐渐丰富的物质和精神财富，另一方面是人民群众实践目的的实现也带来了新的风险，人们实践的负作用体现了这个时期群众目的的时代性。著名德国社会学家乌尔里希·贝克在其著作《从工业社会到风险社会》一书中指出：“自从20世纪中期以来，工业社会的社会机制已经面临着历史上前所未有的一种可能性，即一项决策可能会毁灭我们人类赖以生存的这颗行星上的所有生命，仅仅这一点就足以说明，当今时代已经与我们人类历史上所经历的各个时代都有着根本的区别。”②可以看出，由于时代不同，群众的目的表现方式不同，人民群众为实现目的而面临的挑战也不尽相同。二是实践性。人民群众目的的实现一定依赖于人民群众本身的实现行为，离开人民群众的社会实践行为，人民群众目的的实现就是无源之水、无本之木。人民群众的目的在一定程度上引导着人民群众的社会实践方向，但人民群众的社会实践行为制约着人民群众目

① 《马克思恩格斯选集》第一卷，人民出版社1995年版，第76页。

② 引自《从工业社会到风险社会》上篇，王武龙编译：《马克思主义与现实》2003年3期，第32页。

的的实现,两者是相互促进的辩证统一关系。历史唯物主义认为,实践作为人们有目的的创造性的客观存在,既包括外部自然界的改造,又包括对人自身的改造。在农业社会和工业社会的不发达时期,人民群众目的的实现依赖于人类实践行为对人与自然关系矛盾的解决程度。在高度发达的今天,人类实践活动解决的不仅仅是人与自然界之间的矛盾,其主要方面也转移到解决人与人之间的社会矛盾。人民群众目的的实现受制于两方面的矛盾,这也是人类实践行为的二重矛盾。三是人民群众的目的体现了个别与一般的辩证统一。一方面,作为个体存在的人,其社会行为首先是以实现个人目的及个人利益为出发点的,但在一定阶级的人民群众中,其个人利益与社会利益之间存在辩证统一关系。个人利益的实现是社会利益存在的基础,社会利益的实现是个人利益实现的保障。同样,作为个体存在的人的目的实现,是作为群体存在的人民群众目的实现的基础。人民群众目的的实现是个人目的存在的保障。在社会主义时期,人民群众目的的实现与个人目的的实现以及执政党的执政目的之间保持高度的一致性。在我国,执政党的执政目的应该以最大化地实现人民群众的目的为出发点和归宿。

二、人民群众的全面发展是社会发展的目的

探讨一个社会发展的目的是历史唯物主义必不可少的组成部分,关于人的全面发展和社会关系发展之间的关系,马克思和恩格斯曾有过经典的论述:“个人的全面性不是想象的或设想的全面性,而是他的现实关系和观念关系的全面性。”马克思主义这段论述表明了人的全面发展与社会关系发展之间的关系。马克思主义哲学以人类的自由解放、全面发展为最终归宿,无产阶级政党的执政理念在马克思主义的指导下以实现全体人民群众利益为出发点和归宿。人的全面发展同“人”所处的特定社会关系的变化发展具有同步性。社会发展的动力来源于人民群众的实践活动,人民群众的实践活动规定了社会关系的变化发展方向,这种发展方向是向着全面性的方向发展的。人民群众在创造全面性的社会关系的同时,也在使其自身得到全面性发展。

在关于人的发展的理解上存在着不同的理解方式。人道主义在理解人的本质发展时,往往把人的本质抽象出来,把人的发展过程归纳为“全面的人——片面的人——全面的人”,其实是把人的发展抽象地描述成为人性的,更多的是人的自然属性和道德属性的异化和回归。人道主义者在论述人的发展上其实是脱离了人的本质存在的基础——现实的社会关系,抽象地讨论人性,脱离人的发展与社会关系发展之间的必然联系,而抽象地探讨人类的发展和自由是不科学的。与人道主义不同,历史唯物主义认为人的丰富性、

人发展的全面性完全取决于“人”所处特定时期社会关系的发展性和全面性。人类要想实现自身发展的全面性，其基础在于社会关系的全面性。只有在全面性的社会关系中，人民群众才能在全面的活动及全面的实践中去建立人与人之间的普遍联系，在普遍的相互交往中实现自身的全面发展。社会关系的全面发展建立在人民群众的实践发展基础之上，并不是人性复归的结果，人对其本制度全面占有不是人的全面性本质的失而复得，人民群众的社会实践活动才是创造全面社会关系，实现人的全面发展的关键和决定力量。马克思根据社会关系的发展和人的发展之间的内在辩证关系，把人的发展历程分为三个历史阶段。第一个历史阶段是人的依赖关系占主导地位的历史阶段。在这个历史时期，人是作为个体存在的，但人本身没有独立性，个人的存在主要依附于特定的社会群体，比如部落、氏族等。人们的社会关系具有很强的局限性，局限在特定的社会共同体内，只能在局限的区域发生地方性联系。在这个时期，无论是人的发展还是社会关系的发展，都不是自由的，都是不充分的。第二个历史阶段是以物的依赖为基础的人的独立性历史阶段。随着人类实践能力的增强和实践领域的不断扩展，在这一时期，人与人之间形成了较为普遍的物物交换关系、较为平衡的人类—自然物之间的对立关系，形成了人的全面发展和社会关系全面发展的能力体系。但是，由于人类实践能力没有被彻底解放，社会关系本身的存在是以对立面——物的关系同个人对立的，人的全面发展依然受到社会关系的普遍约束和制约。马克思也指出，这个时期产生了与自我对立的普遍的人的异化，但同时，这个时期也产生了个人全面发展的普遍性和全面性。第三个历史阶段是建立在第二个历史阶段之上的，马克思称之为人的全面发展时期。这个时期也是社会进步发展的根本目的。在这个时期，社会关系不再是作为异己的力量去支配人的发展，而是处于人们的共同操控之下。人民在自觉的实践活动中实现了社会关系的全面发展，同时实现了人本身的全面发展和人的全面自由，人成为全面发展自由的人。

马克思在论述人的全面发展及人类必然从必然王国进入自由王国的同时，也指出人类社会走向自由王国是一个相当漫长而又艰巨的历史过程。今天，我国已经全面建立社会主义，社会主义制度的建立是实现人类走向自由王国的重大转折点。在否定了资本主义发展路线的基础上，马克思给予社会主义发展道路极大的理论鼓舞，同时提出社会主义制度的完成并未直接将人类送进了“自由王国”，要完成这样一个艰巨的历史任务，还需要继续深化社会主义制度改革，还必须不断提升人民群众的实践能力，深化改革，去推动社会关系的全面改造和全面发展。恩格斯把人类从必然王国走向自由王国的过程比喻为“解放世界的事业”，并且认为实现这个历史过程的主要力量是现代无产阶级，是广大人民群众。作为社会主义执政党应当明白，只有满足人民群众的目的利益诉求并将其作为工作的出发点和归宿，才是在实践中体现了历史唯物主义，才是无产阶级政党科学执政理念的体现，才是沿着马克思主义正确的道路走向人类全面发展的自由王国。

第二章　中国共产党群众工作的历史回顾

人民群众是中国共产党存在和发展的根本所在，是中国共产党的力量源泉和胜利之本。九十多年来，通过卓有成效的群众工作，中国共产党取得了新民主主义革命的胜利和社会主义建设事业的伟大成就。在做好群众工作的过程中，中国共产党积累了丰富的经验。认真回顾和总结这些经验，对于在新的历史条件下保持党同群众的血肉联系，推进和谐社会建设具有重要意义。

第一节　中国共产党群众工作的发展历程

中国共产党历来高度重视群众工作，将党和群众的关系比之如鱼水，喻之为血肉，视之为种子与土地。早在民主革命时期，党随着逐步壮大成熟，形成了具有中国革命特点的群众路线和群众工作方式方法。建国以后，党成为执政党，随着党的地位、所处环境、中心任务发生变化，党的群众工作在实践的发展中进一步深化。九十多年来，党的群众工作大体经历了三个发展阶段。

一、民主革命时期(1921—1949 年)的群众工作

中国共产党本质上是马克思主义理论与群众运动相结合的产物，这就使中国共产党一成立就具有鲜明的群众特色。在建党之初，我们党就认识到党的活动是同广大人民群众密不可分的，要把领导群众斗争变成党的自觉行动。党的“一大”通过的《关于当前实际工作的决议》中，对开展工人运动的组织工作和宣传工作做了具体的规定。以此为指导，早期共产党人采取多种方式，有计划地开展对工人的宣传和组织，出版刊物，揭露资本家的压迫和剥削，诉说工人的要求，并注重提高工人文化，启发工人的阶级觉悟，注重培养工人骨干。① 党的“二大”《关于共产党的组织章程决议案》指出：“我们既然是为无产群众奋斗的政党，我们便要到群众中去……党的一切运动都必须深

① 中共中央党史研究室：《中国共产党历史》第一卷，中共党史出版社 2002 年版，第 87 页。

入到广大的群众里去。"党的"四大"发表的《中共第四次全国大会宣言》也明确指出:"要使中国不陷于奴隶的地位,完全靠着中国劳苦群众的努力。"这一时期,党认识到:工人阶级是中国革命的领导力量;农民是中国革命的主力军;党的任务是为中国广大人民群众的利益而奋斗;进行革命活动要联系群众,发动群众,开展群众运动。1924 年国共合作形成以后,以工人、农民、学生、妇女为主体参与的各类群众运动在全国迅速开展起来。1925 年 10 月,中央扩大执委会的决议指出,中国革命运动的将来命运,全看中国共产党会不会组织群众,引导群众。

土地革命时期,以毛泽东为代表的中国共产党人在井冈山的革命斗争中深刻认识到密切党群关系和做好群众工作的根本在于解决农民的土地问题。基于这种认识,中国共产党提出了土地革命的路线,这就是"依靠贫雇农,联合中农,限制富农,消灭地主"。在这一时期,中国共产党人将马克思主义群众观点转化为领导方法和工作方式,逐步形成了群众路线。1929 年 9 月,周恩来同志主持起草的《中央给红四军前委的指示信》中,第一次明确提出了"群众路线"的概念,专门论述了红军与群众的关系,指出没收地主豪绅财产是红军给养的主要来源,但一定要经过群众路线。1929 年 12 月,毛泽东同志起草的中国工农红军第四军第九次党代表大会决议提出:"红军决不是单纯地打仗的,它除了打仗消灭敌人军事力量之外,还要负担宣传群众、组织群众、武装群众、帮助群众建立革命政权以至于建立共产党的组织等项重大的任务。""党对于军事工作要有积极的注意和讨论。一切工作,在党的讨论和决议之后,再经过群众去执行。"①1933 年,毛泽东在《必须注意经济工作》一文中,严厉批评官僚主义,提倡用"群众化的方式"克服官僚主义的领导方式,表明党对群众路线这一工作方法已经有了一定认识。1934 年 1 月,毛泽东在江西瑞金召开的第二次全国工农兵代表大会上提出了一个十分经典的论述:"革命战争是群众的战争,只有动员群众才能进行战争,只有依靠群众才能进行战争。"②充分肯定了人民群众的巨大力量,表明依靠人民群众才是取得战争胜利的关键。1934 年 8 月,毛泽东在传达党员干部如何做经济工作时指出:"动员群众的方式,不应该是官僚主义的。官僚主义的领导方式,是任何革命工作所不应有的,经济建设工作同样来不得官僚主义。要把官僚主义方式这个极坏的家伙抛到粪缸里去,因为没有一个同志喜欢它。"③"从群众中来,到群众中去。下决心长期下去蹲点,就能听到群众的呼声,就能从

---

① 《毛泽东选集》第一卷,人民出版社 1991 年版,第 86 - 88 页。

② 同上,第 136 页。

③ 同上,第 124 页。

实践中逐步地认识客观真理，变为主观真理，然后再回到实践中去，看是不是行得通。如果行不通，则必须重新向群众的实践请教。"①

抗日战争全面爆发后，中国共产党认识到"民族战争不依靠人民，毫无疑义将不能取得胜利"②。正是认识到群众的巨大力量，中国共产党在整个抗战期间，建立了包括工人、农民、小资产阶级、民族资产阶级、中小地主和部分大地主在内的抗日民族统一战线。在陕甘宁边区，为了适应抗战的需要，建立了"三三制"政权，形成了当时历史条件下群众工作的新模式。"三三制"政权，是指政权机关的人员中，共产党员、非党的左派进步分子、中间分子和其他分子各占三分之一。"三三制"民主政权的实质是倡导更广泛的民主政治，建立一个包容性更强、代表性更广泛的政权，以适应抗日民族统一战线的需要，为抗战的彻底胜利奠定了坚实的社会基础。为了克服经济困难，党还领导解放区群众开展大生产运动，为抗战胜利提供了物质保障。在这一时期，为了巩固统一战线，争取抗战力量，中央于1939年做出了《关于深入群众工作的决定》。这是党的历史上第一个关于群众工作的决定。邓小平在1943年的中共中央太行分局高级干部会议上，提出了党必须掌握的四条指导群众运动的规律：第一是发动群众，在发动群众中组织群众；第二是发动群众之后，立即注意整理和健全群众组织生活；第三是在发动与组织群众中注意群众的政治教育，把群众运动提高到民主政治和武装斗争的阶段，使群众形成一个自为的阶级力量，去参加统一战线，去参加群众性的游击战争，以巩固既得的政治经济权利；第四是把群众的经济斗争政治斗争约束于统一战线范围之内。③ 中国共产党只有了解并掌握革命战争年代群众运动的规律，才能有效指导各地的群众运动，才能保证群众运动与党的革命斗争方向一致，才能确使群众的根本利益得到保护。

在这一时期，以毛泽东同志为核心的党的第一代中央领导集体全面阐述了群众观点和群众路线，强调为群众谋利益是共产党员革命的出发点和归宿，群众的意见和经验是党制定政策的基础，既要反对命令主义又要反对尾巴主义。尤其是在领导群众进行实际工作时，必须坚持从群众中来，到群众中去，实行领导和群众相结合，一般号召和个别指导相结合。这就是1943年毛泽东在为党中央所写的《关于领导方法的若干问题》中所指出的："在我党的一切实际工作中，凡属正确的领导，必须是从群众中来，到群众

---

① 《毛泽东著作选读》下册，人民出版社1986年版，第844－845页。

② 《毛泽东选集》第二卷，人民出版社1991年版，第347页。

③ 祝灵君、齐大辉：《新形势下做好群众工作的艺术与方法创新》，中共中央党校出版社2011年版，第55页。

中去。这就是说,将群众的意见(分散的无系统的意见)集中起来(经过研究,化为集中的系统的意见),又到群众中去作宣传解释,化为群众的意见,使群众坚持下去,见之于行动,并在群众行动中考验这些意见是否正确。然后再从群众中集中起来,再到群众中坚持下去。如此无限循环,一次比一次地更正确、更生动、更丰富。"①"从群众中集中起来又到群众中坚持下去,以形成正确的领导意见,这是基本的领导方法。"②在这个文件中,毛泽东科学地总结了党的群众工作的经验,完整地提出和阐释了群众路线包括的内容和实施的具体步骤,是马克思主义认识论基本原理在实际工作中的具体运用和生动表现。1945 年,党的七大把群众路线的基本精神正式写入了党章的总纲。

毛泽东在七大的政治报告《论联合政府》中提出:"我们共产党人区别于其他任何政党的又一个显著标志,就是和最广大的人民群众取得最密切的联系。全心全意地为人民服务,一刻也不脱离群众;一切从人民的利益出发,而不是从个人或小团体的利益出发;向人民负责和向党的领导机关负责的一致性。这就是我们的出发点。"③刘少奇在修改党章的报告中提出党的群众路线"就是要使我们党与人民群众建立正确关系的路线,就是要使我们党用正确的态度与正确的方法去领导人民群众的路线,就是要使我们党的领导机关与领导人与被领导的群众建立正确关系的路线"④。他还提出了一切为人民群众的观点、一切向人民群众负责的观点、相信群众能自己解放自己的观点、向人民群众学习的观点。

抗战胜利后,以蒋介石为首的国民党统治集团顽固坚持独裁、内战。在这种情况下,中国共产党紧密依靠并团结群众,对国民党反动派进行了有力的军事打击,同时,通过开展土地改革,发展解放区生产,领导和推动国统区爱国民主运动,有力地支援了人民解放战争,在形成包括工人、农民、城市小资产阶级、民族资产阶级在内的人民民主统一战线的基础上建立了新民主主义的新中国。

二、社会主义革命和社会主义建设时期(1949—1978 年)的群众工作

社会主义革命和社会主义建设时期指的是 1949 年至 1978 年这段时期。其中,社会主义革命时期是指 1949 年至 1956 年。社会主义革命就是建立社会主义制度。1949 年 10 月中华人民共和国成立以后,中国进入社会主义过

---

① 《毛泽东选集》第三卷,人民出版社 1991 年版,第 899 页。

② 同上,第 900 页。

③ 《毛泽东选集》合订本,人民出版社 1968 年版,第 995 页。

④ 《刘少奇选集》上卷,人民出版社 2004 年版,第 318 页。

渡时期，到1956年底对农业、手工业和资本主义工商业的改造完成，标志着社会主义制度在中国的确立，完成了社会主义革命。社会主义建设是指社会主义制度确立以后的探索性建设，即1956年至1978年，主要包括了全面建设时期、十年“文革”和“文革”后的徘徊期。

新中国成立初期，国内一穷二白，物价飞涨，人民生活异常困难，而同时，国民党反动派残余军事力量还盘踞着西南、华南的一些省份及沿海岛屿，大量土匪、特务以及其他反革命分子以各种方式进行破坏和捣乱，企图复辟；在国际上，以美国为首的帝国主义在政治上不承认新生的共和国，在经济上实行封锁禁运，在军事上实行包围。面对这些困难，面对中国共产党成为在全国范围内执政、领导国家建设的党这一实际，中国共产党人通过开展扎实有效的群众工作，对广大群众进行有力的社会主义思想教育，不断提高各个民族和阶层的政治觉悟，广泛调动广大群众参与新生政权建设的积极性，通过发动群众开展土地改革运动、镇压反革命运动等，进一步解决了历史遗留问题，保护了人民群众的根本利益，确保了国民经济的迅速恢复和地方各级政权的巩固。在社会主义改造中，中国共产党采取广泛宣传的办法，向农民、手工业者和私营工商业者讲清社会主义改造的必要性，通过树立典型、以点带面，在试点的基础上不断扩大规模，积极引导农民、手工业者和私营工商业者进行社会主义改造。在社会主义建设的探索过程中，中国共产党对执政时期的群众工作有了新的认识和理解。1956年1月召开的知识分子问题会议，充分肯定了知识分子在中国社会主义建设中的地位和作用，肯定知识分子中的绝大多数已经是工人阶级的一部分，号召全党同党外知识分子团结一致。1956年4月毛泽东的《论十大关系》的报告和1957年2月的《关于正确处理人民内部矛盾的问题》的讲话对新时期的群众工作做了新的总结，提出群众工作的重心是为了保护和发展生产力、发展经济，群众工作的方法是民主，群众工作的重点是统筹安排，兼顾国家、集体、个人三者利益。同时，针对前苏联的经验教训，毛泽东同志在1956年深刻指出：为避免陷入独断专行、脱离群众、脱离集体领导、破坏党和国家民主制度的泥坑，我们“就更加要充分地注意执行这样一种群众路线的领导方法”，并且“需要建立一定的制度来保证群众路线和集体领导的贯彻实施，而避免脱离群众的个人突出和个人英雄主义，减少我们工作中的脱离客观实际情况的主观主义和片面性”。①

在这一时期，中国共产党还建立了群众工作的重要载体——人民信访制度。毛泽东在1951年5月16日就信访问题在对《中共中央办公厅秘书关于

---

① 《毛泽东文集》第七卷，人民出版社1999年版，第19页。

处理群众来信的报告》的批语中指出："必须重视人民通信，要给人民来信以恰当的处理，满足群众的正当要求，要把这件事看成是共产党和人民政府加强和人民联系的一种方法，不要采取掉以轻心置之不理的官僚主义的态度。如果人民来信很多，本人处理困难，应设立适当人数的专门机关或专门的人，处理这些信件，如果来信不多，本人或秘书能够处理，则不要另设专人。"①这份批示直接影响了人民信访制度的创建。1951 年 6 月，政务院颁发了《关于处理人民来信和接见人民工作的决定》，标志着人民信访制度的初步形成。1957 年 11 月颁布了《国务院关于加强处理人民来信和接待人民来访工作的指示》，使信访制度得到了进一步的完善。

但不可否认的是，在社会主义探索时期，中国共产党在"反右倾"、"大跃进"、人民公社化运动以及后来发生的"文化大革命"中，群众工作存在严重的"左倾"错误，出现了一些问题，一是以单纯的群众运动代替群众路线，把发动和动员群众变成了"运动"；二是不顾生产力发展规律，忽视了人民群众的物质利益；三是存在着一些脱离人民群众、不尊重人民群众的主体地位以及打击和压制人民群众积极性等现象，如英雄主义、命令主义、形式主义、官僚主义等。这些群众运动不仅不能真正反映群众的意见和要求，反而损害了群众的积极性，损害了党的威信。

三、社会主义建设新时期(1978 年至今)的群众工作

十一届三中全会以后，党的群众工作进入到了新阶段。十一届六中全会《关于建国以来党的若干历史问题的决议》将群众路线与实事求是、独立自主概括为毛泽东思想"活的灵魂"，赋予了群众路线科学的明确定义，即"一切为了群众，一切依靠群众，从群众中来，到群众中去"，为在党的各项工作中更好地贯彻落实群众路线提供了基础和方向。

在深刻总结了我们党走群众路线的经验教训的基础上，邓小平强调必须继承和发扬党的群众路线。他指出，群众路线作为党的领导方法的重要性，在改革开放和社会主义现代化建设中的积极作用，以及群众路线与党的思想路线的辩证关系，极大地丰富和发展了群众路线理论。邓小平指出，党在新时期坚持和贯彻群众路线要尊重人民群众的意愿和选择，让人民群众"大胆地试，大胆地闯"，发挥他们的首创精神。对群众的领导不能搞强迫命令，而应通过说服、教育和等待，让群众去认识、去理解，通过切身体验去判断和选择，把改革开放方针的贯彻执行建立在尊重人民的意愿和选择的基础上，变

---

① 中共中央文献研究室：《建国以来重要文献选编》第二册，中央文献出版社 1992 年版，第 265 页。

为群众的自觉行动。正是基于这一指导思想,中国共产党十分重视群众的首创精神,在总结群众实践经验的基础上推广联产承包责任制,形成了农村的基本经营制度,开启了中国经济体制改革的大幕。1982 年,我国第一个关于农村工作的一号文件正式出台,明确指出包产到户、包干到户都是社会主义集体经济的生产责任制。1991 年中共十三届八中全会通过的《中共中央关于进一步加强农业和农村工作的决定》,提出把以家庭联产承包为主的责任制、统分结合的双层经营体制作为我国农村集体经济组织的一项基本制度长期稳定下来,并不断充实完善。正如邓小平在 1992 年南方谈话中所说的那样:"我们改革开放的成功,不是靠本本,而是靠实践,靠实事求是。农村搞家庭联产承包,这个发明权是农民的。农村改革中的好多东西,都是基层创造出来,我们把它拿来加工提高作为全国的指导。"①"不仅是农村,改革开放中许许多多的东西,都是由群众在实践中提出来的……绝不是一个人的脑筋就可以钻出什么新东西来,是群众的智慧,集体的智慧。我的功劳是把这些新事物概括起来,加以提倡。"②邓小平还提出"三个有利于"标准,其实质就是一切以群众利益为出发点和归宿,全心全意为人民服务。

在新的历史阶段,以江泽民为核心的党的第三代领导集体反复强调群众路线是党的根本工作路线,高度重视党群关系问题,把党群关系提升到政治高度来认识,并在继承和发扬党的群众路线的基础上,提出要把最广大人民的根本利益作为党的群众工作的根本出发点和落脚点,强调通过加强党的作风建设进一步破除官僚主义和形式主义,在坚决消除腐败的基础上密切党群、干群关系。十三届六中全会通过的《关于加强党同人民群众联系的决定》就明确提出:"人民群众是我们党的力量源泉和胜利之本。能否始终保持和发展同人民群众的血肉联系,直接关系到党和国家的盛衰兴亡。"江泽民强调"干部的权力是人民赋予的",要求"每个党员都要牢记,在任何时候、任何情况下,都必须全心全意为人民服务,坚持理论联系实际、密切联系群众和自我批评的优良作风。各级领导机关和领导干部要深入基层,调查研究,体察群众意愿,关心群众疾苦,听取群众批评,精简会议和文件,办实事,求实效,把党的根本宗旨、优良作风和群众路线落实到实际行动中去"。③ 领导干部必须坚定地保持党性纯洁,主动走近群众,倾听他们的呼声,尽力为群众多做好事、实事。在建立社会主义市场经济体制的过程中,党紧紧围绕人民根本利

① 《邓小平文选》第三卷,人民出版社 1993 年版,第 382 页。

② 中共中央文献研究室:《邓小平年谱(1975—1997)》下册,中央文献出版社 2004 年版,第 1350 页。

③ 江泽民:《论党的建设》,中央文献出版社 2001 年版,第 69 页。

益实现的基本要求，坚持不懈地推动政治经济社会体制改革，制定了一套有利于实现、维护和发展人民群众利益的路线、方针和政策。"三个代表"重要思想本身就是群众路线的最好体现，是对群众路线的全新阐释。

进入到新世纪，以胡锦涛为总书记的党中央，深刻认识到社会转型当中群众工作的艰巨性和复杂性，提出要深刻认识和把握新的历史条件下人民内部矛盾的特点和规律，完善处理人民内部矛盾的方式方法，注重从源头上减少人民内部矛盾的发生。在上任之初到西柏坡考察学习时，胡锦涛提出全党尤其是领导干部要坚持做到"权为民所用、情为民所系、利为民所谋"。新一届党中央始终强调"相信谁、依靠谁、为了谁，是否始终站在最广大人民的立场上，是区分唯物史观和唯心史观的分水岭，也是判断马克思主义政党的试金石"①，与时俱进地提出了"以人为本"为核心的科学发展观。这些重要观点和论述极大地丰富和发展了党的群众路线理论，为新形势下党和国家各项工作的顺利开展提供了坚实的思想基础。在这一时期，各地按照中央的精神，创新民主决策机制、诉求表达机制、干群联系机制、利益协调机制，不断提高做好新形势下群众工作的能力和水平。党中央还进一步完善了既有的信访工作机制，于2005年出台了《信访条例》，推动了信访工作的法制化。针对群众反映强烈的城市拆迁等问题，2011年初出台了《国有土地上房屋征收与补偿条例》，为党做好群众工作创造了良好的制度环境。

第二节　中国共产党群众工作的主要成就

中国共产党九十多年的奋斗史就是一部不断实现人民群众利益的历史。党始终坚持群众利益至上，注重解决群众的实际困难，回应群众的利益诉求，党的群众工作不断开创新的局面，取得了一系列新成果，为实现执政、巩固执政奠定了坚实的群众基础。

一、形成了体现马克思主义唯物史观的群众观点

在长期的革命、建设和改革的历程中，在党的群众工作的生动实践中，中国共产党形成并提炼了关于群众的根本观点。刘少奇在1945年5月召开的党的七大所作的《关于修改党章的报告》中，对党的群众观点第一次作了集中的阐述："一切为了人民群众的观点，一切向人民群众负责的观点，相信群众自己解放自己的观点，向人民群众学习的观点，这一切，就是我们的群众观

① 徐学庆：《相信谁、依靠谁、为了谁——判断马克思主义政党的试金石》，《社会主义研究》2004年第1期。

点，就是人民群众的先进部队对人民群众的观点。"[①]全面地概括了群众观点的基本内容和精神实质。1990年3月中国共产党十三届六中全会所作出的《中共中央关于加强党同人民群众联系的决定》，对党的群众观点作了新的理论表述："要牢固树立人民群众是历史创造者的观点，向人民群众学习的观点，全心全意为人民服务的观点，干部的权力是人民赋予的观点，对党负责与对人民负责相一致的观点，党要依靠群众又要教育和引导群众前进的观点。"这一新的关于群众观点的理论表述，是对刘少奇同志的表述的继承和发展，是党的群众观点在新的历史条件下、新的实践基础上的深化和发展。党的群众观点充分体现了马克思主义的历史唯物主义基本原理，深刻阐明了工人阶级政党同群众的根本关系，明确规定了正确处理党同人民群众关系的立场、方法和作风，是中国共产党运用马克思主义原理同中国革命、建设实践相结合的重要理论成果，是党做好群众工作的思想基础。

二、走出了具有中国实践特色的群众路线

中国共产党在坚持马克思主义群众观点的基础上，走出了以"一切为了群众，一切依靠群众，从群众中来，到群众中去"为主要内容的群众路线，其中"一切为了群众，一切依靠群众"是群众路线的核心内容，是坚持群众观点的本质体现，是党做好群众工作的根本出发点；"从群众中来，到群众中去"是实现"一切为了群众，一切依靠群众"的领导方法。十一届六中全会通过的《关于建国以来党的若干历史问题的决议》，将党的群众路线表述为"一切为了群众，一切依靠群众，从群众中来，到群众中去"[②]。"一切为了群众"，是我们党最根本的立场和宗旨；"一切依靠群众"，是我们党进行革命事业的根本观点和行动准则；"从群众中来，到群众中去"，是我们党全部实践活动中最基本的认识方法和工作方法。这些立场、观点和方法内在地、有机地联系在一起，构成了我们党的群众路线。党的群众路线是中国共产党在与人民群众共同战斗的历史实践中总结出来的，是党的事业不断取得胜利的重要法宝，也是党始终保持生机和活力的重要源泉。

三、积累了调动群众积极性、创造性的群众工作方法

中国共产党根据革命斗争的形势和社会主义建设的需要，积累了一系列卓有成效的群众工作方法，为革命胜利和社会主义建设的成功打下了坚实的

---

① 《刘少奇选集》上卷，人民出版社1981年版，第354页。

② 《中国共产党中央委员会关于建国以来党的若干历史问题的决议》，人民出版社1981年版，第48页。

基础。一是民主的方法。党成立之后，在蓬勃兴起的工人运动和农民运动中，成立了工会和农会等组织，实现了工人和农民的民主。在土地革命时期，成立了根据地苏维埃政府，对地方民主政权进行了初步尝试。在抗战期间，根据统一战线需要建立的“三三制”民主政权，调动了广大爱国人士抗战的积极性。全国解放前夕，党又将新民主主义和人民民主统一起来，创立了中国特色的社会主义民主模式。进入改革开放时期，随着社会主义法治国家的建立，民主已成为党治国理政的重要方式。二是为群众办实事的方法。党在中央苏区执政期间，红军带领农民打土豪、分田地，使农民有了安身立命的物质基础。红军既是工作队，又是生产队，深入基层，了解实情，关心群众疾苦，解决群众痛痒，紧紧团结群众、依靠群众，与人民群众同呼吸、共命运，极大地激发了人民群众投身革命的热情，建立了鱼水情深、血肉相连的军地军民关系。广大群众义无反顾地参加斗争，倾其所有支援红军，支援革命战争。在陕北期间，面对陕甘宁边区土地贫瘠、经济落后、群众生活非常贫困那种极端艰苦的条件，我们党在政治上实行“三三制”政策，推行民主政治；在经济上“给人民以看得见的物质福利”；在文化上主张文化要为工农大众服务。这些实实在在的惠民政策的实施，得到广大群众的真心拥护，为党在延安时期的发展壮大、走向胜利奠定了坚实的群众基础。诚如毛泽东同志所强调指出的：“要得到群众的拥护吗？那么，就得发动群众的积极性，就得关心群众的痛痒，就得真心实意地为群众谋利益。”①“我们应该深刻地注意群众生活的问题，从土地、劳动问题，到柴米油盐问题。”②无论是在革命战争年代还是在社会主义建设时期，中国共产党始终把群众的安危冷暖放在首位，实现了执政与为民的统一。三是思想政治教育的方法。中国共产党高度重视对群众的思想政治教育，形成了“因人施教”、“以理服人”的理念，并在各个历史时期不断创新，起到了统一思想、凝聚人心、化解矛盾、激励意志的重要作用，成为化解人民内部矛盾、构建和谐社会的重要途径。四是示范引导的方法。中国共产党在做群众工作的实践中，善于言传身教，用榜样示范带动面上参与，为群众提供可行、管用的经验和知识，从而引导群众积极投身于革命和社会主义建设。

四、建立了密切党群、干群关系的群众工作机制

群众工作是政治性、思想性、政策性和实践性都很强的工作。九十多年来，中国共产党在革命斗争和社会主义建设的过程中，建立了一套密切联系群众的群众工作机制，并不断加以完善，形成了党委统一领导、相关部门齐抓

---

① 《毛泽东选集》第一卷，人民出版社 1991 年版，第 138 – 139 页。

② 同上，第 136 页。

共管、全社会广泛参与的群众工作格局。一是建立了利益表达机制。在革命战争年代初步形成的人民来信来访机制在社会主义制度建立以后进一步法制化、规范化,成为党的群众工作的重要载体,并在实践中不断发展完善,形成了领导干部定期接访、机关干部下访机制,建立了中央、省、市、县、乡五级信访工作网络。随着形势的发展,一些地方党委积极拓展联系群众的其他渠道,如上海的“一线工作法”、重庆的“三进三同”制度、河南邓州的“4+2工作法”、北京朝阳区望京街道和谐家庭俱乐部的“三工、三一”模式、浙江温岭的民主恳谈会、四川巴中的“干部回家”、浙江省的“百千工程”、四川成都的“城管妈妈”、山东泰安的“群众聊天室”,等等。这些新型渠道丰富了党和人民群众联系的方式,扩展了党群联系的渠道,紧跟时代的潮流,充分利用各种有效途径来增进党和人民的交流,最大限度地拓宽了广大人民群众的利益诉求路径。为适应当前网络社会发展的形势,党还建立了各具特色的网络表达渠道。2010年9月,人民网推出了“直通中南海”留言板,为畅通人民群众的网络表达树立了典范。二是建立了利益协调机制。在做好传统思想政治工作的基础上,通过社会舆论引导、法律约束和收入分配调节,形成了多维利益协调机制。三是建立了矛盾调处机制。在做好人民调解的基础上,逐步建立了从中央到地方的矛盾排查调处网络,并建立健全了矛盾排查责任追究机制。

第三节 中国共产党群众工作的历史经验

总结中国共产党在各个不同历史时期群众工作的经验,可以看出,不同历史时期的群众工作既有特定的历史背景、工作任务、历史使命,也存在一些本质属性和共同规律。尤其是在世情、国情、党情和众情都出现新变化的形势下,这些经验为提高当前群众工作的针对性和实效性提供了有益的启示。

一、增进同人民群众的深厚感情是党做好群众工作的前提基础

群众工作的本质是做人的工作,是党与群众互动的过程。对人民群众的深厚感情是密切联系群众的基础,是做好群众工作的粘合剂。党员干部只有对群众怀着深厚感情,才会真正尊重群众、贴近群众、深入群众、依靠群众,自觉与群众打成一片,沉到基层去串百家门、问百家情、解百家愁、暖百家心,真情关心群众疾苦,真诚倾听群众呼声,真心实意为群众办实事,尽心竭力为群众解难事,坚持不懈为群众做好事。回顾党九十多年的奋斗历程,党的建立、发展、壮大,无不得益于群众的支持、拥护。在长期的革命斗争和社会主义建设进程中,党群之间建立了深厚的感情,成为党执政的宝贵资源。实践表明,

党员干部对群众动真情，群众就会为真情所动，就会把党员干部当作自己的亲人、最信赖的人，我们党就能够赢得群众的理解、信任和拥护、支持，许多问题就会迎刃而解。党各个历史时期涌现出的英模人物，如张思德、焦裕禄、孔繁森、王瑛、沈浩、杨善洲等，他们身上的先进事迹虽各有不同，但他们所诠释的同人民群众的深厚感情是一致的，所做群众工作的成效是突出的，都密切了党同人民群众的联系。在社会转型期，群众工作中出现的党员干部同群众的矛盾，与党员干部同群众感情疏远有直接的关系。党要避免被群众抛弃的危险，赢得群众持续的支持和拥护，就必须高度重视同人民群众感情的问题。党员干部对人民群众充满感情，不是恻隐之心，而是政治责任；不是策略安排，而是历史使命；不是权宜之计，而是根本要求。

二、全心全意为人民服务是党做好群众工作的价值取向

中国共产党是无产阶级的政党，她的性质决定了她代表着中国工人阶级及广大群众的利益。一切为了人民、全心全意为人民服务是中国共产党的唯一宗旨，也是党做好群众工作的根本出发点和立足点。毛泽东 1944 年在《为人民服务》的讲演中明确指出："我们的共产党和共产党所领导的八路军、新四军，是革命的队伍。我们这个队伍完全是为着解放人民的，是彻底地为人民的利益工作的。"①除了人民大众的利益以外，共产党及其领导的军队没有任何特殊利益。全心全意为人民服务的观点，深刻揭示了党的群众观点的目的，是党的性质和宗旨在群众观点中的具体体现。坚持全心全意为人民服务的观点，必须把最广大人民的根本利益作为党全部工作的出发点和落脚点，保证党始终与人民群众共命运。九十多年来，中国共产党始终坚持全心全意为人民服务的宗旨，始终为人民谋利益、谋幸福，才使党不断扎根于群众心中，形成了强大的凝聚力和号召力，不断把社会主义事业推向前进。在全面建设小康社会的伟大征程中，人民群众的需求不再是单一的吃饱饭、穿暖衣，而是在关注自身物质利益的同时，对民主政治、社会公正、文化享受、生态环境等有了全方位要求。中国共产党必须正视这些期待并予以积极回应，从人民群众最关心、最直接、最现实的利益问题入手，根据现有发展水平和条件，围绕保障和改善民生，不断满足群众需要，真正实现党的十七大所提出的"学有所教、劳有所得、病有所医、老有所养、住有所居"的目标。

三、创新工作方式方法是党做好群众工作的根本出路

重视群众工作是党的优良传统，善做群众工作是党的看家本领。毛泽东

---

① 《毛泽东选集》第三卷，人民出版社 1991 年版，第 1004 页。

同志曾经指出："领导工作不仅要决定方针政策，还要制定正确的工作方法。有了正确的方针政策，如果在工作方法上疏忽了，还是要发生问题。"①在长期的革命、建设和改革开放的生动实践中，中国共产党积累了一系列群众工作的方式方法，凝聚和激励各族人民共同前进。这些群众工作的方式方法在今天仍然发挥着不可替代的作用。今天，面对现实生活中经济成分的多元化、思想观念的多样化和社会组织形式的多样化，必须承认党的群众工作中的一些方式方法已不能适应当前工业化、信息化、城镇化、市场化、国际化的快速发展的需要，甚至出现了"老办法不管用，新办法不会用"的问题。党的十六届四中全会通过的《中共中央关于加强党的执政能力建设的决定》强调指出："各级党委和政府要积极研究和把握新形势下群众工作的特点和规律，探索新途径、新方法，不断提高组织群众、宣传群众、教育群众、服务群众的本领。各级领导干部要深入基层，倾听群众呼声，关心群众疾苦，以群众关心的热点和难点问题为工作重点，善于运用说服教育、示范引导和提供服务等方法把群众工作做深、做细、做实，凝聚和激励群众共同前进。"②这无疑为探索和创新新形势下群众工作的方式方法提供了依据，指明了方向。因此，做好新时期群众工作，必须在继承党的群众工作的优良传统的同时，根据时代发展的要求和群众思想行为的新特点，善于借助新兴媒体的优势，持续创新群众工作的方式方法，综合运用法律、政策、经济、行政等手段和教育、协商、疏导等办法以及现代科技手段，用群众喜闻乐见的形式来做好联系群众、组织群众、宣传群众、服务群众和团结群众的工作。

近年来，党的群众工作新方法的探索取得了一些成绩，如已实行的听证会、民主测评、公推公选等形式就是很好的探索，但还要继续拓展和深化。主要是：一要坚持传统和现代的结合。如一方面要深入基层，同群众面对面地做好思想政治工作；另一方面要善于利用现代媒体宣传导向，增强教育和宣传的效果。二要调动各方面力量，拓展做群众工作的途径。党是群众工作的主体，但随着现代社会的发展，政府职能的转变，公共管理的模式开始变化，许多管理的内容将由社会承担。因此，要善于通过一些中介组织、社团组织等开展群众工作。三要由单一内容变为多项内容。走群众路线，不仅仅局限于某些重大决策的内容，而是包括经济、政治、文化、社会发展等方方面面，都应该体现群众路线的要求。在此过程中，要着力做好五个结合：一是把做思想政治工作与解决实际问题结合起来；二是把依法办事与带着感情做工作结合起来；三是把言传与身教结合起来；四是把发扬优良传统与不断开拓创新结合起来；五是把

① 《毛泽东选集》第四卷，人民出版社 1991 年版，第 1440 页。

② 《中共中央关于加强党的执政能力建设的决定》，《人民日报》2004 年 9 月 27 日。

体制和机制结合起来,建立健全群众工作的领导体制与工作机制。①

四、建立健全群众工作体制机制是党做好群众工作的基本保障

党在长期的奋斗中,十分注重群众工作经验的总结,并用制度的形式固定下来,形成长效机制,使党的群众工作有章可循,形成于井冈山革命斗争时期、后经丰富和完善并传唱至今的"三大纪律八项注意"就是典型。1928 年春,工农红军在井冈山时,毛泽东从建立新型的人民军队着眼,从加强革命战争时期的群众工作着手,规定了"三大纪律":行动听指挥,不拿工人、农民一点东西,打土豪要归公。同年夏天,又提出了"六项注意":上门板,捆铺草,说话和气,买卖公平,借东西要还,损坏东西要赔。1929 年以后,毛泽东又将"三大纪律"中的"不拿工人、农民一点东西"改为"不拿群众一针一线";"打土豪要归公"改为"筹款要归公",后来又改为"一切缴获要归公"。对于"六项注意",增加了"洗澡避女人"和"不搜俘虏腰包"两项内容,从而成为"三大纪律八项注意"。1947 年 10 月,中国人民解放军总部重新颁布了"三大纪律八项注意"。"三大纪律"是:一切行动听指挥;不拿群众一针一线;一切缴获要归公。"八项注意"是:说话和气;买卖公平;借东西要还;损坏东西要赔;不打人骂人;不损坏庄稼;不调戏妇女;不虐待俘虏。②

新的历史条件下要做好群众工作,制度更具有长远性和决定性。进入改革开放以后,党在 1990 年 3 月党的十三届六中全会上作出了《中共中央关于加强党同人民群众联系的决定》,把积极疏通和拓宽党和人民群众联系的渠道作为一个重要的问题提了出来,明确了加强同人民群众联系的方向。《决定》要求通过人民代表大会制度联系各族人民,了解广大群众的意见和要求;通过共产党领导的多党合作和政治协商制度,密切同各民主党派和各族各界人士的联系,倾听民主党派和无党派人士的意见和建议;通过工会、共青团、妇联和其他群众团体,加强与相应群众的联系;领导干部要在工人、农民、知识分子和其他群众中结交一些敢于反映真实情况的朋友,鼓励他们反映真实情况,发现处于萌芽状态的问题;对正确意见要虚心接受,对不同的意见要认真考虑,对不正确的意见也要作出解释并加以引导,不允许对群众的意见采取听而不闻、视而不见的态度,更不允许压制批评、打击报复等。随着社会的发展,在党群联系方面,党专门设计了领导接待日制度、领导实地调查制度、领导与群众直接对话制度、听证会制度、信访制度、"两公开、一监督"制度、群众评议制度、民主选举制度、民主监督制度等;在党内联系方面,建立了民主

---

① 张荣臣:《党的群众工作:经验、问题和对策》,《理论学刊》2010 年第 9 期。

② 《党的群众工作大辞典》,中共中央党校出版社 1992 年版,第 102 页。

生活会制度、通讯咨询制度、报告请示制度、检查评估制度、政府问责制度等。附着形势的发展，党在2006年6月又印发了《关于做好党员联系和服务群众工作的意见》，要求以马克思列宁主义、毛泽东思想、邓小平理论和“三个代表”重要思想为指导，全面落实科学发展观，忠实践行党全心全意为人民服务的根本宗旨，密切党同人民群众的血肉联系，拓展党员联系群众的途径，丰富党员服务群众的内容，畅通群众表达意愿的渠道，把帮扶困难群众作为重点，努力解决群众生产生活中的实际问题，团结带领群众共同实现党提出的各项任务。《意见》明确了党员联系和服务群众的六种方式，即结对帮扶困难群众，参加主题实践活动，参加设岗定责活动，参加社会公益活动，深入基层调研，做好接待群众工作。

在当前和今后一个时期，必须加大群众工作制度建设力度，及时将群众工作的理论创新、实践创新成果转化为制度成果，建立和实行更加严密、科学、适用的群众工作制度，使群众工作更加科学、更有活力、更富实效。一是健全服务群众制度，充分发挥党组织和党员在服务群众中的带头、推动、督促、保证作用；二是健全联系群众制度，密切党同人民群众的血肉联系；三是健全信访制度，拓宽社情民意反映渠道；四是健全党和政府主导的维护群众权益机制，不断实现好、发展好最广大人民的根本利益；五是健全正确处理人民内部矛盾的工作机制，完善矛盾纠纷排查化解机制，引导群众依法表达合理诉求。在此基础上，进一步建立健全社会稳定风险评估机制、群众工作督查考核机制、突发事件和群体性事件群众工作机制，实现以群众工作体制机制的完善来推动社会管理水平的提高。推进群众工作制度建设，不仅要在总结实践经验、建立规章制度上下功夫，而且要在落实规章制度、解决实际问题上下功夫，切实提高群众工作制度化、规范化水平。在完善群众工作制度过程中，既要考虑当前工作是否急需、条件是否具备，又要考虑今后工作可能出现的新情况、新问题；既要使各项具体制度协调配套，又要简便易行。必须加强对群众工作执行情况的检查监督，无论是哪级组织，无论是什么人，只要违反制度，都要进行严肃批评和处理。要加强群众工作制度的宣传教育，引导各级党员干部增强贯彻执行群众工作制度的自觉性和坚定性，为我们党始终保持同人民群众的血肉联系提供可靠的制度保证。①

五、加强党风廉政建设是党做好群众工作的关键环节

党的作风问题，实质上是党和人民群众的关系问题。党的作风关系着党

---

① 罗文东、张钊、李艳艳：《党开展群众工作的历史经验及其创新》，《重庆社会科学》2011年第5期。

的形象，关系着人心向背，关系着党和国家的兴衰。江泽民曾指出："党风是关系到党的生死存亡的问题，如果听任腐败现象发展下去，党就会走向自我毁灭。"①"反腐败斗争是关系党心民心、关系党和国家前途命运的严重政治斗争。"②不论是在革命战争年代，还是在社会主义建设时期，人民群众更多地是通过党员干部的作风来认识党的。"苏区干部好作风，自带饭包去办公。日着草鞋分田地，夜走山路访贫农。"这首七十多年前中央苏区群众称赞苏区干部的山歌，正是苏区干部好作风的形象概括和真实写照。从这个意义上讲，党的作风是人民群众对党信任的基石，也是做好群众工作的基本保障。优良的党风、纯洁的队伍是中国共产党长期保持强大凝聚力、战斗力、创造力的关键，是党团结和带领群众从胜利走向胜利的成功经验。当前，党风从整体上讲是好的，但也应该看到，某些领域、某些地方出现的官僚主义、形式主义，处事不公、与民争利以及失职渎职、贪污腐败等现象，极大地损害了党在群众中的形象，影响了党在社会中的公信力，引发了群众的不满。只有坚决惩治腐败，从严治党，从制度上加强党风廉政建设，才能取信于民，巩固党同人民群众的血肉联系。

六、发挥群众组织的作用是党做好群众工作的重要抓手

在马克思主义理论中，"群众"的涵义有三个基本特点：一是无差异性，即认为群众是由那些具有共同信仰、共同价值观念和共同利益需求的人组成的，因而群众的利益容易被统合与代表；二是无距离感，即认为群众大都属于被压迫、被剥削的劳动阶级，彼此具有同质性，没有距离，"群众是天生的平等派"；三是组织性，即认为群众必须被组织起来参与到群众运动中去，离开了运动，群众就变成了单纯的利益个体，难以形成一股合力。离开了群众的合力，共产党领导的一切事业都有失败的可能。列宁曾指出："把千百万群众组织起来，这是革命最有利的条件，这是革命胜利最深的泉源。"③群众的力量有赖于组织。中国共产党自成立以来，为把群众力量有机组织起来，做了大量的工作。1937 年 5 月 8 日，在延安召开的党的全国代表会议上，毛泽东同志强调指出："无产阶级、农民、城市小资产阶级的广大群众，有待于我们宣传、鼓动和组织的工作。"④1943 年，在中共中央招待陕甘宁边区劳动英雄大会上，毛泽东同志明确指出："把群众力量组织起来，这是一种方针。还有什么

---

① 江泽民：《论党的建设》，中央文献出版社 2001 年版，第 35 页。
② 同上，第 236 页。
③ 《列宁全集》第三十一卷，人民出版社 1984 年版，第 69 页。
④ 《毛泽东选集》第一卷，人民出版社 1991 年版，第 278－279 页。

与此相反的方针没有呢?"[①]在江西瑞金,中国共产党领导农民建立了形形色色的合作经济组织,如"耕田队"与"犁牛合作社";在陕甘宁边区建立了"变工组"等各种劳动互助组织。此外,民众的绝大多数还参加了民众团体,如95%的各业工人加入工会,农民全体加入农会,70%以上的妇女加入了妇女救国会,青年绝大多数加入了青年救国会,商人也组织了商会,儿童组织了儿童团,另外还有各种抗日救亡团体及文化技术性质的组织。边区的人民至少每个人加入了一种组织,有的还加入两个以上的团体。[②] 这些民众组织一方面起着联系党与群众的桥梁作用,另一方面广泛动员边区民众参加抗战。总之,通过大批党员深入到工农群众中去,自下而上地建立起工会、共青团、妇联、农协、学联等群众性组织,藉此来团结工农大众,形成了改造社会的强大力量。这些组织无论是在革命战争年代还是在社会主义建设时期,都大大地加强了群众的联合,起到了党联系人民群众的桥梁作用。

改革开放以来,随着社会主义市场经济体制的建立和完善,中国的社会生活发生了许多深刻的变化,出现了众多非政府、非营利的社团组织。这些社会组织在社会管理和政府治理中发挥着独特的作用。它们既有别于政府,又有别于传统的工会、妇联、团委等群众团体,而是以其民间性、非营利性、参与性、民主性等特点吸引着大量的群众。作为新生的社会事物,党应充分为这些组织的发展搭建平台,加强监督规范,不断扩大群众工作的覆盖面,进而提高群众工作的效率,形成党与群众的良性互动。

综上所述,中国共产党九十多年来的群众工作实践推动了群众工作的理论不断丰富和发展,这些理论又进一步指导着党在新形势下完善和创新群众工作,成为党取得革命成功和社会主义建设事业胜利的重要法宝。总结、探讨和研究党的群众工作的经验,必将推动当前和今后一个时期党群关系的深入发展,为和谐社会的构建提供良好的群众基础。

---

① 《毛泽东选集》第三卷,人民出版社1991年版,第930页。

② 林伯渠:《陕甘宁边区抗日民主制度的实施》,见《延安民主模式研究资料选编》,西北大学出版社2004年版,第88页。

第三章　新时期群众工作的重大意义

党的十七届五中全会向全党发出加强和改进新形势下群众工作的号召，要求不断增强群众工作的本领，树立群众观点，树立正确的工作方式方法，以党的优良作风、群众工作水平的提高来保障事业发展。群众路线是我们党根本的工作路线，善于做群众工作、调动广大群众的积极性和创造性，是党的优良传统和政治优势。当今世界正处于大发展、大变革、大调整时期，不稳定不确定因素增多，我国正处于黄金的发展期、矛盾的凸显期，面临的机遇前所未有，面临的挑战也前所未有，新形势、新任务决定了进一步做好群众工作的重要性和紧迫性。“在全面建设小康社会、加快推进社会主义现代化新的历史时期，最大多数人的利益和全社会全民族的积极性、创造性，对党和国家事业的发展始终是最具有决定性的因素。”①中国共产党能否正确认识和科学面对社会阶层结构变化对群众工作提出的挑战，根据形势变化做好群众工作，关系到党的执政地位的巩固和国家的长治久安，关系到中国特色社会主义现代化建设的顺利进行，也关系到祖国统一大业和中华民族的伟大复兴。

第一节　关系到人民当家做主和国家政权的长治久安

中国共产党作为执政党，发展社会主义民主政治和巩固国家政权，归根到底是要维护广大人民群众的民主权利和根本利益。中国共产党的群众路线，不仅是党在群众工作中的工作路线，而且是实现人民当家做主、稳固国家政权的工作路线。人民群众是保持社会政治稳定的可靠基础和根本力量，只有紧紧依靠人民群众，发挥人民群众在维护和巩固人民政权中的基础作用，才能维护社会长期稳定，实现国家的长治久安。人民民主专政国家政权的巩固、和谐稳定社会政治环境的维护，要求中国共产党进一步加强和改进党的群众工作，尊重人民主体地位，发挥群众主体作用和首创精神，发展社会主义基层民主，完善基层民主治理机制，与广大人民群众一道保持国家政权的稳

① 姜辉：《积极推进理论创新 加强马克思主义执政理论建设》，《求是》2005 年第 8 期。

定和活力。

一、做好群众工作有利于推进人民当家做主

邓小平同志指出："没有民主就没有社会主义，就没有社会主义现代化。"①胡锦涛同志强调："人民民主是社会主义的生命。发展社会主义民主政治是我们党始终不渝的奋斗目标。"②人民群众是国家的主人，党领导国家政权的本质是保证人民群众当家做主。落实党的群众路线，能够使人民群众积极主动地参与到党和国家的政治生活中，行使管理国家和社会事务的权利，体现人民群众的意志，表达人民群众的主张及维护人民群众的利益。在此过程中，要不断扩大人民群众参与的内容和层次，扩大和落实人民群众的知情权，推动其他政治权力的行使，使全体党员和群众都能发挥相应的作用。

1. 做好群众工作有利于群众通过政治参与实现当家做主

走群众路线、促进公民参与是社会主义民主政治发展的重要内容，也是实现社会有效治理、维护社会稳定的重要保证。随着社会主义市场经济体制的逐步确立，中国多元社会格局的显现，各种社会利益阶层和利益群体不断涌现，需要对公民参与的制度和机制加以调整和完善，以满足各群体和阶层的利益表达诉求，适应新时期社会治理的需要。目前，我国的公民意识、公民权利和公民社会等都处于刚刚起步的不完备阶段，如果不及时调整和完善各种制度，公民参与就缺乏正规的渠道和网络，民众会采取非正规甚至非法的渠道和手段参与社会政治，以此来表达自己的利益诉求和不满情绪，最终会导致社会不稳定和群体性事件的发生。因此，建构有效制度培养民众参与公共事务的意识和能力，促进公民社会的发育和成长，成为决定中国政治发展和民主化进程的重要方面。让公民参与成为社会稳定的缓冲器，是关系到中国社会长远发展和根本利益的重大现实选择。同时，优化社会组织管理体系，发挥社会组织在提供公共服务、反映利益诉求、扩大公众参与、增强社会活力、促进社会发展方面的积极作用，可使社会组织自我管理、自主发展，政府和职能部门仅对其实行政策性的指导，使之成为党和政府与社会各界群众广泛联系的桥梁和纽带。在信息技术的今天，公民通过网络进行社会政治参与的规模和数量日趋扩展，充分重视网民群众参与政治的重要性，设计和安排必要的参与路径和方法，才能让数量众多的网民群众以制度化、正常化式的形式进行社会政治参与，党和政府也能及时了解民意、安抚民心，使之成为维护社会稳定的重要方面。

---

① 《邓小平文选》第二卷，人民出版社 1994 年版，第 168 页。

② 《十七大以来重要文献选编》（上），中央文献出版社 2009 年版，第 22 页。

2. 做好群众工作有利于在党群良好互动中实现人民当家做主

党群关系是我国政治生活中处于核心地位的社会关系。当前,我国党群关系中存在着一些消极现象,部分党员干部轻视民主,在主动听取群众意见、自觉与群众相互议事协商等方面做得不够,不能有效发挥党员群众的积极性、主动性和创造性。“在新的历史条件下提高党的建设科学化水平,必须坚持以人为本、执政为民理念,牢固树立马克思主义群众观点,自觉贯彻党的群众路线,始终保持党同人民群众的血肉联系。”①通过群众工作的教育引导,使群众理解党在工作中所出现的失误,正确看待党内出现的不良风气和腐败现象,坚信正确的发展方向,能加深对党所制定的路线、方针、政策的理解,从内心信任党并自觉接受党的领导,使党赢得广大人民群众的拥护和爱戴。中国共产党主动将自己的活动置于人民群众的有效监督之下,党的各级干部都掌握着公共权力和社会资源,能否运用好手中的权力为人民服务,直接关系到党的政治形象和社会声誉,关系到党的执政地位的合法性。不断加强党内监督,发展党内民主,充分表达党员和党组织的意愿和主张,保障党员的主体权利,提高党员群众的主人翁意识,才能有效地将全党全社会的意志、智慧凝聚起来,使良好的党群关系成为中国特色社会主义现代化建设的有力支撑。

二、做好群众工作有利于完善国家政治制度

建立人民民主专政的国家政权,为人民当家做主提供了基本条件。但是,国家政治制度的完善涉及方方面面,也是一个不断改进的长期过程,需要广大人民群众的主动参与和建设,调动人民群众的积极性、创造性,这是政治制度能否得以完善和巩固的关键所在。依靠人民群众巩固政治制度、为维护人民群众利益服务是社会主义国家的本质要求。

1. 人民群众是完善国家政治制度的基本力量

马克思主义认为,民主作为一种国家制度,它的趋于完善需要经历一个长期、渐进的历史发展过程。坚持群众路线的工作方式,对于丰富民主形式、改进政治制度、促进社会主义民主政治建设具有重要意义。在我国社会主义民主化进程中,人民代表大会制度和多党合作制度等在人民群众表达意愿、参政议政等方面发挥着重要作用,但还存在一些需要改进的问题:人民代表大会中工农群众所占的比例较低,与其所占人口总数的比例不相适应,而人大代表中领导干部比例较高;群众监督的运作和实现机制还不完善,效果有待加强;在各民主党派参政议政过程中,群众的知情范围和参与程度都有待

① 胡锦涛:《在庆祝中国共产党成立九十周年大会上的讲话》,人民出版社2011年版,第14页。

进一步扩大；在基层民主建设中，群众参与无论在广度还是深度方面都还有待加强。为有效巩固社会主义民主建设的成果，促进现行民主制度的健康发展，就要进一步发挥群众路线在社会主义民主政治建设中的重要作用，营造良好环境，创造理想条件，让更多的群众有机会有效参与，方可使现行人民民主制度更好地代表人民利益、反映人民呼声。

2. 做好群众工作有利于推进基层民主制度建设

扩大基层党内民主建设，是社会主义民主的重要内容，事关广大人民群众的根本利益。中国共产党作为执政党，发展党内民主归根到底就是要维护广大人民群众的民主权利和根本利益。随着社会的发展和群众对党内民主的日益关注，扩大群众参与和推进基层党内民主，已成为新形势下发展党内民主的有效手段。当前，许多地方的基层民主进程仍有待加快，一些地区的相关政策和措施落实不到位，民主渠道不畅通。广大基层干部要坚持以人为本，以人民是否赞成、是否满意为标准衡量决策，思想上高度重视基层党员和群众的意见建议，把各方面的意见建议转化为自己的决策依据，调动基层党员群众的积极性、主动性和创造性，以更好地凝聚全党的意志和力量处理党内事务，使干群齐心协力解决实际工作中的难题。坚持群众路线，激发人民群众民主参与的热情，建立基层群众自治组织，实行基层群众自治，保障人民依法直接行使民主权利，以群众的根本利益为出发点，及时反映群众的意愿和利益诉求，相信人民群众，支持群众实行自我管理、自我服务、自我教育、自我监督，才能使群众参与到日常事务的管理和重大决策的制定过程中，推进决策的民主化和科学化。

3. 做好群众工作有利于完善反腐倡廉制度

依靠群众力量预防腐败是推进惩防制度建设的内在要求。人民群众是社会实践的主体，是决定国家前途和命运的根本力量。腐败从本质上说是对权力的滥用，是对党的根本性质和根本宗旨的背离。随着改革开放的不断深入和经济社会的发展，腐败问题呈现出多发性、复杂性等特点。人民群众中蕴藏着反腐倡廉的巨大力量，要真正取得成效，必须坚持群众路线。党的自觉行为必须接受人民群众的监督和检验，对自身权力的自觉约束和监督必须通过舆论等渠道，为群众所了解、被人民所认可，使防腐反腐事业成为全社会共同的事业，从根本上防止腐败现象的发生。群众参与监督的程度越高，制约监督的力度就越大，效果也更好。因此，反腐倡廉制度应当体现为人民选择官吏、人民管理官吏、人民监督官吏的民主制度，践行党的群众路线，体现人民当家做主的权威机构和管道。要强化各级人民代表大会的权力，在各级人民代表大会常务委员会中，建立专门的人民监督管理官吏的常设机构,经常听取人民群众对国家工作人员的思想、政治、作风、能力等方面的评价,定期向人民群众报告情况。只有使国家工作人员的履职情况受到人民的监督,才能使人民群众履行当家做主的权利日益充分,更好地防止党政干部腐化变质,自觉践行执政为民,体现反腐倡廉制度的价值所在。

三、做好群众工作有利于巩固党的执政基础

坚持群众路线、做好群众工作是巩固党的执政基础和执政地位的重要保障。党的事业是人民群众的事业,党的事业成功与否在于能不能得到人民群众的支持。党取得执政地位要依靠群众,巩固执政地位也需要依靠群众。坚持党的群众路线,保持党同人民群众的血肉联系,是新时期加强和改进党的建设的重要途径和重要内容,有利于从根本上增强党的阶级基础,扩大党的群众基础,巩固党的执政地位。

1. 做好群众工作有利于巩固党执政的阶级基础

党执政的阶级基础是党产生和发展所直接依靠的阶级力量,它从根本上决定着党的性质、宗旨和使命。巩固党的执政地位不仅要发展和壮大工人阶级队伍,同时要维护工人阶级经济、政治、文化等方面的合法权益,通过加强党的群众工作,维护包括工人阶级在内的广大群众的根本利益。工人阶级是改革和建设的主力军和保持社会稳定的中坚力量,是党和国家政权最重要的阶级基础。随着改革开放和社会主义现代化建设的不断深入,我国工人阶级队伍不断壮大,思想道德素质和科学文化素质进一步提高,市场竞争意识、民主维权意识、自我发展意识进一步增强,工人阶级的先进性也在发展,党的阶级基础不断增强。同时,部分工人下岗待业影响工人阶级的切身利益,经济地位相对下降削弱工人阶级的领导作用,在一定范围内存在的收入分配差距过大影响了工人阶级内部的团结,工人阶级来源成分的日益多样也增加了社会管理和服务的难度。中国共产党只有正确认识工人阶级的新内涵和新变化、新特点,走群众路线,做好群众工作,不断增强国有和集体企业的经济实力,提高工人阶级的工作和生活待遇,从物质条件上支撑工人阶级,才能切实维护工人阶级的根本利益,巩固党作为工人阶级先锋队的阶级基础,通过政治文明建设促进经济和社会建设;只有"全心全意依靠工人阶级,完善以职工代表大会为基本形式的企事业单位民主管理制度,推进厂务公开,支持职工参与管理,维护职工合法权益"①,才能调动一切积极因素,把工人阶级和其他各种力量凝聚到推动企业改革发展上来,从根本上打牢中国共产党的执政

---

① 胡锦涛:《高举中国特色社会主义伟大旗帜 为夺取全面建设小康社会新胜利而奋斗》,人民出版社2007年版,第30页。

根基。

2. 做好群众工作有利于巩固党执政的群众基础

执政党要巩固自己的执政地位，除有坚实的阶级基础外，更重要的是要有广泛的群众基础。做好群众工作有利于在遵循马克思主义的历史观和群众观，处理好执政党与群众的关系、执政党与群众团体的关系的基础上，扩大党执政的群众基础，形成党与群众良性互动的良好局面，使党获得最广大和最深厚的群众基础的支持。在改革开放的历史条件下，国情、党情深入变革，社情、民情发生深刻变化，我国所有制结构调整和产业结构优化，社会阶层构成不断分化，新的社会阶层产生，社会结构更趋复杂化、多样化。社会生产力的发展，经济结构的调整，产业层次的升级以及社会分工的细化，社会阶层的分化与重组，形成各种新的社会群体。社会阶层、群体从过去的单一变得多样，从相对固定成为经常变动，许多新的社会阶层群体快速成长，党的群众工作的对象也变得更加多样与广泛。这种趋势在今后较长时期内仍将继续进行，党面临着增强阶级基础和扩大群众基础的问题。

应该认识到，"在社会阶级结构不断变化的情况下，一个政党能否在巩固原有的阶级基础和群众基础的同时，赢得新兴阶层和群体的支持，直接关系到这个政党的前途命运"①。在阶级分化的社会条件下，党要巩固执政基础，必然要扩大社会群体利益代表面，使党既获得原来所依靠的工人阶级、农民阶级和知识分子阶级阶层的支持，还要拓宽群众工作思路，创新群众工作方法，获得新的社会阶层的认同与支持。当今中国阶层之间、城乡之间、区域之间、行业之间的收入差距过大，对党群关系产生影响，与党和国家的根本理念和原则相冲突，影响了群众对执政党的感情，削弱了党的执政基础，迫切要求从群众的根本利益出发，协调与群众密切相关的各种利益关系，采取措施，缩小利益差距，为改善党群关系奠定基础。特别要重视群众工作，顺应人民群众的新意愿和新期待，获得群众的理解和信任、支持和参与。中国共产党的一切路线、方针、政策要最大限度地表达社会各阶层和各个群体的利益，密切党与人民群众的血肉联系。"历史和现实都表明，一个政权也好，一个政党也好，其前途与命运最终取决于人心向背，不能赢得最广大群众的支持，就必然垮台。"②只有通过深入细致的群众工作，协调各个社会阶层的意愿和利益，党才能广泛团结和动员新的社会阶层，从自身所主导的政治体系的价值标准、制度体制、组织管理等方面加以有效整合，维护和发展好新社会阶层群众的利益，发挥利益表达和整合功能，密切与新的社会阶层人士的联系，密切党同

① 聂肇正：《新时期执政党建设纲要》，中国石油大学出版社 2005 年版，第 94 页。

② 江泽民：《论"三个代表"》，中央文献出版社 2001 年版，第 72 页。

非公经济中广大职工群众的联系，广泛团结和发动新社会阶层，在社会结构剧烈变动中巩固自己的合法性地位。中国共产党执政的群众基础是否广泛和牢固，对党能否长期有效执政具有决定意义。

3. 做好群众工作有利于巩固工农联盟

工农联盟是中国共产党执政的可靠保证，要解决当前工农联盟中出现的新矛盾、新问题，不断巩固工农联盟。由于历史与现实、体制与制度等原因，我国目前的“三农”问题仍然是社会主义现代化建设中的重要议题，农村与城市的差距进一步拉大，导致作为党执政基础的主要社会群体日益弱势化，成为我国当前最大的社会不公。执政党必须做好大量的群众工作，从宏观上将“三农”问题放到更加重要的战略位置，在政策上给予农民更多的关注和必要的倾斜，使农民在经济文化等方面获得平等的公民待遇和公平的生存环境，缩小城乡差距，增强工农联盟的情感凝聚力。农民工是我国经济建设中重要的生力军，已成为工人阶级的新成员，为我国的经济发展作出了巨大贡献。妥善解决农民工问题，是维护农民工权益、巩固执政基础的政治任务。中国共产党只有深入贯彻落实科学发展观，做好群众工作，特别在广大的农村和农业发展中做好群众工作，通过发展现代农业、提高农民整体素质、保持农村和谐稳定，真正落实工业反哺农业、城市支持农村和“多予少取放活”方针，才能发挥广大农民的主动性和创造性，建设社会主义新农村，加快形成城乡发展一体化新格局，从根本上解决“三农”问题，实现好、维护好、发展好广大农民的根本利益，为巩固工农联盟打下扎实基础。

四、做好群众工作有利于加强党的执政能力

要让人民群众参与到党的建设中来，以提高党的执政能力。胡锦涛同志深刻指出：提高做群众工作的能力和水平，是加强党的执政能力建设的重要内容。加强党的执政能力是保证党的执政基础和执政地位的重要保障，做好群众工作是加强党的执政能力建设的内在要求。加强执政能力建设，核心问题是保持党同人民群众的血肉联系。我们党能不能执好政，关键在于人民群众拥护不拥护、赞成不赞成、支持不支持。随着我国社会转型的加快，各种利益关系的调整不断深化，冲突和矛盾日益增多，这些矛盾和问题对我国社会稳定造成影响，对党的执政能力构成严峻的挑战。同时，广大群众对党和政府及党员干部提出更高的期望与要求。当前，党的主流是好的，但党的自身建设还存在一些问题：一些党员干部产生居功自傲、固步自封的心理，不愿与群众同甘共苦，思想上偏离党的宗旨，感情上与群众疏远；一些干部尤其是年轻干部缺乏基层工作的经验，对群众的感情不深，不会与群众打交道，不了解

群众,不愿做群众工作,群众工作能力不足;有的领导干部不了解群众愿望,工作方法简单;少数党员干部存在腐败问题,党在群众中的形象和威信受到损害,影响党执政地位的巩固。面对以上问题,提高群众工作的能力,对于中国共产党来说是十分紧迫的任务,要求不断增强广大干部群众工作的意识,把握新形势下群众工作的特点和规律,增强做好新形势下群众工作的本领,从而让人民群众参与到党的建设中来,能时刻提醒我们始终站在最广大人民的立场上想问题、办事情,把群众的利益摆在第一位,使党和国家的政策更好地体现人民群众的利益和要求,保障人民群众更多更好地参与国家事务,发扬民主。也只有在这种互动中,才能全面提高党的执政能力和执政水平。

五、做好群众工作有利于永葆党的先进性

保持党的先进性是巩固党的执政基础和执政地位的内在要求。做好群众工作,是新时期保持党的先进性的必要途径。随着改革开放的不断深化,经济、政治和社会生活等领域的矛盾日趋复杂和多样化;社会主义市场经济条件下,利益机制的运行和利益观念的激活,部分意志薄弱的党员干部利用手中的权力侵害国家和人民的利益;各种经济主体同时存在和发展,社会利益关系呈现出多样化、复杂化及尖锐化的特点,部分群众对于党和群众血肉联系的认同感有所缺失。“由于我们党现在已经是在全国执政的党,脱离群众的危险,比以前大大地增加了,而脱离群众对于人民可能产生的危害,也比以前大大地增加了。因此,目前在全党认真地宣传和贯彻执行群众路线,也就有特别重大的意义。”①中国共产党是为人民服务的党,始终为人民群众的利益而奋斗,这是党充满生机与活力的源泉之所在。“我们党的根基在人民、血脉在人民、力量在人民。保持党同人民群众的血肉联系,是党无往而不胜的法宝,也是我们党始终保持先进性的法宝。”②在新的执政条件下,中国共产党要坚持群众路线,同人民群众保持密切联系,通过群众的力量,领导广大群众同各种腐败现象进行斗争,发挥人民群众的有效监督作用,在全社会形成对执政党内消极腐败现象的制约机制,改善党的作风,使党员干部自觉深入群众,树立良好的执政形象。“群众是我们力量的源泉,群众路线和群众观点是我们的传家宝。党的组织、党员和党的干部,必须同群众打成一片,绝对不能同群众相对立。如果哪个党组织严重脱离群众而不能坚决改正,那就丧失了力量的源泉,就一定要失败,就会被人民抛弃。”③继承和创新党的群众工作

① 《邓小平文选》第一卷,人民出版社 1994 年版,第 221 页。
② 《十六大以来重要文献选编》(下),中央文献出版社 2008 年版,第 535 页。
③ 《邓小平文选》第二卷,人民出版社 1994 年版,第 368 页。

法宝,从群众中获得动力,才能保持和发展党的先进性,始终发挥党的核心领导作用。

第二节 关系到中国特色社会主义现代化建设的全局

中国特色社会主义事业是人民群众的事业,“全国各族人民是建设中国特色社会主义事业的主体,人民群众积极性创造性的充分发挥是我们事业成功的保证,不断实现最广大人民的根本利益是我们党全部奋斗的最高目的”①。人民群众是社会主义现代化建设的主力军,是社会主义现代化建设的力量源泉,中国特色社会主义事业能否顺利发展,关键在于把群众动员和组织起来,动员工人阶级、广大农民以及其他各社会阶层的积极参与,鼓励和支持其他社会阶层人员为经济社会发展贡献力量,齐心协力推进改革开放和社会主义现代化建设。

一、做好群众工作有利于加快经济建设

进一步健全和完善社会主义市场经济体制,解放和发展生产力,进一步转变经济发展方式,实现经济发展转型升级,离不开广大人民群众的参与和支持,一切经济政策和措施只有在人民群众的实践中才能得到实现。因此,党必须认真做好群众工作,通过对人民群众的教育、激励、引导,为社会主义市场经济的顺利发展提供思想保证,推动社会主义市场经济快速、健康发展。

1. 做好群众工作是发展社会主义市场经济的内在要求

人民群众是社会主义经济建设的主体,群众路线是社会主义市场经济发展的重要条件。第一,随着体制转换、结构调整和社会变革,各种社会矛盾在一定时期内逐步显现,如不能得到有效化解,必然会严重阻碍改革开放的进程。我国处于经济社会发展的关键时期,国家积极推动城乡和区域协调发展、解决社会分配公平问题等,依靠人民群众的参与才能顺利进行。“我们搞四个现代化,因为经验不足,会面临多方面的困难……这些问题,归根到底,只有相信群众,依靠群众,充分走群众路线,才能够得到解决。”②兼顾公平和共同富裕,是党的群众路线、群众立场、群众观点在发展社会主义市场经济中的具体体现。第二,在发展社会主义市场经济过程中,人民群众的民主意识、自主意识、平等意识、竞争意识不断增强,政治参与要求越来越迫切,要求顺应群众期待,加强党的群众工作,广泛凝聚群众力量,汲取群众智慧,拓展群

---

① 《十六大以来重要文献选编》(上),中央文献出版社2005年版,第369-370页。
② 《邓小平文选》第二卷,人民出版社1994年版,第230页。

众工作内容,维护好、实现好、发展好群众的利益。“我们尊重人民主体地位,发挥人民首创精神,贯彻尊重劳动、尊重知识、尊重人才、尊重创造的重大方针,全心全意依靠工人阶级,发挥工人阶级和农民阶级、其他劳动群众推动我国生产力发展基本力量的作用,又支持新的社会阶层发挥中国特色社会主义事业建设者的作用,使全体人民都满腔热情地投身改革开放伟大事业。”①获得最广泛人民群众的支持,才能使发展社会主义市场经济得到最大限度的支持。

2. 做好群众工作是当前转变经济发展方式的需要

做好群众工作是加快经济发展方式转变的根本保证。人民群众是转变发展方式的主体,做好群众工作,调动广大群众的积极性,才能以更加广阔的视野,洞察形势发展的变化,深入实际,问计于民,正确地集中民意,凝聚民心,科学地制定各项经济政策,推动经济发展方式转变。人民群众是转变发展方式的客体,在转变发展模式的过程中,只有做好群众工作,保障和改善民生,才能更好地在建设资源节约型、环境友好型社会等方面做出科学决策,贯彻落实决策措施,克服困难和阻力,不断在经济发展方式转变过程中实现群众利益。当前,做好人民群众的思想政治工作,对经济发展方式的转变起着重要而独特的作用,它通过发挥先进社会意识对人民群众的引导、教育等功能,为人民群众所从事的经济活动明确方向、规范活动、营造环境,为经济发展方式转变提供思想保证和强大动力。

二、做好群众工作有利于推进政治文明建设

人民群众是社会主义政治建设的主体,走群众路线、做好群众工作是社会主义民主政治的最好体现,与发展中国特色社会主义民主政治具有一致性,有利于调动广大人民群众积极参与社会主义政治文明建设的积极性和创造性。唯有充分尊重群众的主体地位和首创精神,坚持一切为了群众、一切依靠群众,创新才能获得广泛认同和拥护,政治文明建设才能激发出勃勃生机与活力。

一是群众参与才能实现正确的民主政治决策。扩大公民政治参与才能实现广大人民群众表达政治愿望和利益要求,参与政策制定和决策产生的过程,使政策和决策体现人民的意志,符合人民的愿望和需要,为人民群众将来能够自觉贯彻这些民主决策提供基本前提。

二是群众参与才能完善和发展社会主义政治制度。政治制度形式、政治

① 《十七大以来重要文献选编》(上),中央文献出版社2009年版,第799页。

组织机构和政治运作机制,只有在公民的政治参与基础上建立起来,才能保证其合理性,体现人民意志。政治运作机制作用的发挥离不开公民的政治参与,在政治参与中,党和政府能倾听群众呼声,反映群众意愿,集中群众智慧,制定出符合群众利益、体现群众意志的方针、政策,推进社会主义制度的完善和社会政治的良性、高效运转。

三是群众参与才能培育和形成政治行为文明。更大范围内民众的政治参与可以规范公民的政治行为,有序化、制度化的政治参与,给公民表达政治愿望提供畅通的渠道和途径,使公民在实践中学会怎样更好地依法维护、运用和行使公民的权利,减少政治决策的失误。

四是群众参与才能形成理想的政治文化。积极扩大公民有序的政治参与,保证人民依法实行民主选举、民主决策、民主管理和民主监督,让公民参加政治生活,才能保证群众在行使自己的权利、维护自身利益的同时,加深对政治制度、体制的理解,学习和掌握社会的政治观念,增强对政治体制、政治组织、政治思想的认同,增强社会主义政治意识。通过对人民群众的思想政治教育,能切实提高人民群众的政治意识和政治责任感,激发政治情感,形成良好的政治文化氛围。

三、做好群众工作有利于推动文化建设

历史和现实的经验表明,人民群众是文化的创造者,是文化进步的推动者,是社会主义核心价值体系的践行主体。依靠人民群众,走社会主义文化发展的群众路线,关乎文化发展和体制改革的全局,彰显中国特色社会主义文化建设最鲜明的特征,是社会主义制度的本质所在。

1. 做好群众工作才能充分发挥人民群众的积极性和创造性

人民群众是社会主义文化建设的主体,文化发展需要广大人民群众的积极参与。“在中国特色社会主义的伟大实践中进行文化创造,让人民共享文化发展成果,使社会文化生活更加丰富多彩、人民精神风貌更加昂扬向上。”①文化建设要依靠人民群众的智慧力量,牢固树立群众观点,走群众路线,把人民群众组织起来,使人民群众自觉地满腔热情地投身到社会主义先进文化建设中来。实现文化的大发展、大繁荣,要紧紧依靠各族群众,动员大多数群众参与各类文体活动,让文化建设成为大多数人参与的活动。要挖掘各民族丰富的文化底蕴,鼓励各族民间艺人参与文化建设,做好优秀传统文化的传承和发扬。要组织和发动群众,丰富和拓展公民道德实践活动,设计

---

① 《十七大以来重要文献选编》(上),中央文献出版社2009年版,第803页。

更多道德实践活动载体，以道德示范引领和公民道德养成，提高群众自我教育、自我服务、自我管理、自我发展的能力。建设有中国特色社会主义的文化，只有深深植根于人民群众的历史创造活动，继承和发扬民族优秀文化和革命文化传统，吸收世界文化成果，才能形成先进文化氛围。

2. 做好群众工作才能实现社会主义先进文化建设的使命

推进文化建设进程，必须以满足人民群众精神文化需求为出发点和落脚点。推动社会主义文化大发展大繁荣，目的是为了促进人的全面发展，提高全民族的科学文化素质和思想境界水平，培育"四有"公民。目前，人民群众对实现自身文化权益的要求越来越高，对丰富精神文化生活的期待越来越热切，对文化的需求越来越多样化。社会主义先进文化建设最重要的着眼点是广大群众的精神文化需求，保障人民的文化权益，提高全社会的文化生活质量。只有挖掘人民群众在文化建设中的不竭资源，调动广大人民群众的积极性，使人民群众在文化建设中发挥能动作用，才能发挥社会主义文化在不断实现人民群众全面发展过程中的重要作用。

四、做好群众工作有利于完善社会管理

党的十六届四中全会提出了建立健全党委领导、政府负责、社会协同、公众参与的社会管理格局。公众参与的主要内涵就是要广泛动员和组织群众依法有序地参与社会管理，培养公民意识，履行公民义务，实现自我管理、自我服务、自我发展。加强和创新社会管理要进一步激发基层干部群众干事创业的热情和动力，不断提升基层社会管理水平。

1. 群众工作是社会管理的基础性、经常性、根本性工作

习近平同志2011年2月23日在省部级主要领导干部社会管理及其创新专题研讨班结业式上强调，加强和创新社会管理，要同做好群众工作紧密结合起来，深入研究形势和任务的发展变化对群众工作提出的新要求，积极探索加强和改进群众工作的新途径新办法，把群众工作贯穿到社会管理的各个方面、各个环节，从源头上化解社会矛盾，维护社会稳定，促进社会和谐。习近平强调，党和国家事业的发展进步，离不开人民的创造力量；党的全部执政活动，离不开强有力的群众工作。社会管理主要是对人的服务和管理，说到底是做群众的工作。一切社会管理部门都是为群众服务的部门，一切社会管理工作都是为群众谋利益的工作，一切社会管理过程都是做群众工作的过程。从这个意义上说，群众工作是社会管理的基础性、经常性、根本性工作。社会管理工作是对人的管理和服务，加强和创新社会管理要坚持群众观点。目前，社会管理工作中出现的问题，诸如干群矛盾、社会群体内部矛盾、劳资

纠纷等，究其缘由，基础性的群众工作开展得不好，群众参与力度不够，群众监督力量不强，群众动员措施不够，是其中的重要方面。

2. 人民群众参与是推进社会管理工作的力量源泉

社会管理体制改革的方向是发挥民众参与在社会管理和公共服务中的基础性作用，多元治理更需要激发广大人民群众的主体意识。当前，我国处于社会矛盾突显期，社会发展与经济发展不平衡，利益群体呈现多元化博弈。近年来，各地连续发生一些群体性事件，这些事件反映出原有的社会管理理念已经不适应我国当前的形势，社会管理理念需要随经济社会发展的发展而转变。只有重视调动广大人民群众的积极性、创造性，充分挖掘蕴藏在人民群众中的巨大潜能，才能更好地发挥公众参与的作用，以此配合政府做好社会管理工作，建立健全以政府为主导、社会组织为中介、社区为基础、广大群众广泛参与的新的社会管理格局。这样，既可以保证公众参与的有序性和规范性，将公众参与纳入到民主法治的建设之中，又能保证公民广泛参与社会管理，加强社会组织自身的建设，提高企业组织和事业单位服务社会和参与社会管理的能力，在参与过程中培养公民参与意识，增强公民公共合作精神。抓好社会管理离不开群众的参与，要广泛调动群众积极性，实现自我管理、自我服务，高度重视民生问题，从根源上化解社会矛盾，实现社会管理的最佳效果。在新形势下加强社会管理，需要充分发挥群众的自治功能，实现社会管理的民主化、制度化、科学化，培育各类社会组织，加强社会组织自身建设，增强其自主运作、独立运转能力，提高获取社会资源的能力，以增强各类社会组织的社会服务能力，更好地去协调利益群体的各种关系，推进社会和谐发展。

五、做好群众工作有利于改善生态文明建设

党的十七大提出了建设生态文明的新目标，生态文明的核心内容是人与自然和谐协调发展。生态文明建设离不开广大人民群众的积极参与，公众参与是实现生态文明的根本保证。环境保护与生态文明建设是全社会共同参与、共同建设、共同享有的事业，需要人民群众的参与和支持，需要充分发挥民间环保组织的积极作用。完善公众参与机制是一项长期艰巨的任务，社会和政府都应加大环境保护和环境法律法规的宣传教育工作，提升公众的环保意识，使公众明确自身的权利义务，在法律的框架内行使环境保护的权利，在全社会范围内形成环境保护的良好氛围。生态文明建设与社会主义经济建设密不可分，公众参与能够有效地防控以牺牲环境为代价获取经济利益的行为，最大限度地保护生态环境。各类非政府组织在社会事务中发挥着日益重要的作用，政府加大力度扶植环境保护组织建设，鼓励各种非政府环境保护

组织建设,鼓励更广泛的公众参与生态文明建设,环境保护组织的发展壮大扩大了公众参与生态文明建设的广度和深度,成为公众参与生态文明建设的有效机制。只有全体社会成员积极参与,才能在全社会形成崇尚节约、保护环境的良好氛围,环境保护和生态文明事业才能顺利进行。

建设有中国特色社会主义是一项全新的事业,要依靠广大群众的实践去创造、探索和开辟。“党只有紧紧地依靠群众,随时听取群众的呼声,了解群众的情绪,代表群众的利益,才能形成强大的力量,顺利地完成自己的各项任务。”①基于人民群众的参与和努力,才能集中强大力量,不断发展先进生产力,繁荣先进文化,建设社会主义政治文明,完善社会管理,推进生态文明建设,不断满足人民日益增长的物质文化生活需要,使全体人民共同富裕,促进人的全面发展。

第三节 关系到社会各阶层、各民族的团结和谐稳定

“人民群众是社会主义现代化建设事业的最终决定力量。把人民群众的利益实现好、维护好、发展好,这是正确处理改革发展稳定关系的结合点,是保证经济持续增长的动力所必须的,也是维护社会稳定、巩固党的执政基础所必须的。”②随着我国经济社会的发展,城市化进程的加快,各种利益关系重新调整,各个社会阶层关系重新组合,加强和改进新形势下的群众工作,才能调整各民族和社会各阶层的各种利益关系,引导社会情绪朝着良性化方向发展,保持社会稳定。

一、做好群众工作有利于维护人民群众利益

做好群众工作,必须引导人民群众通过正当、有效的途径进行利益表达,面对利益分歧和差异,教育人民群众树立正确的利益观,在全社会达成利益共识,维护社会和谐,从而实现维护人民群众的目的。

1. 做好群众工作有利于引导社会各阶层实现利益表达

不同社会阶层和群体为各自利益而借助于一定的渠道和途径,把自己的意志和需求向社会公众进行公开,以利益表达的方式确认自身的存在和要求。如果利益诉求表达渠道不通畅,往往会导致社会关系的紧张;这种关系紧张到一定程度,甚至会发生暴力等过激行为。党和政府只有从群众利益出发,加强宏观参与,建立和完善群众利益的表达机制,在企事业单位通过建立

① 《邓小平文选》第二卷,人民出版社1994年版,第342页。

② 《江泽民思想年编(1989-2008)》,中央文献出版社2010年版,第483-484页。

和发展工会与政府联席会议制度、劳动关系三方协商机制和加大人大、政协提案递交及督办力度等，才能逐步形成弱势群众利益表达维护的有效渠道；在微观管理层面，只有坚持和完善职工代表大会制度，推进劳动合同制度和平等协商、签订集体合同制度，建立劳动争议调解、仲裁、诉讼及企业劳动关系三方协商会议制度，才能逐渐形成群众利益表达维护的参与机制、政策执行的监督机制，社会各阶层实现自身利益的表达渠道才能得到足够的畅通。

2. 做好群众工作有利于形成和谐稳定的社会关系

在社会主义市场经济条件下，由于资源配置的流动性、市场主体素质的差异性、各种政策性因素，使不同社会阶层对利益关系不能达成一致，社会各阶层之间的矛盾在一定范围内还比较突出，不能形成和谐局面。一是物质利益矛盾更加突出，出现一定程度的贫富分化现象。按照价值规律和利益原则进行资源配置和利益分配，加上现行的许多体制不完善，使物质利益关系复杂化，人们收入水平差距拉大。二是社会突发性事件增多，矛盾处理的难度加大。人民内部矛盾针对的问题相对集中，农村主要集中在村组财务、干部作风、土地占用等问题上，城镇则主要集中在下岗职工及离退休人员的社会保障、住房拆迁、社会治安等问题上，直接关系社会阶层的生存和利益，产生群体性事件，扰乱社会秩序。各阶层对社会整体利益是否能达成共识，直接关系到社会的和谐与稳定。协调各阶层利益关系，就是要形成全体人民的共识，使各阶层认识到，社会改革发展过程中出现的收入分配不均、社会保障体系不完善等问题是社会阶段性发展的产物。只有从夯实执政社会基础的高度出发，确立现代政党执政的政治伦理价值目标，做好多方面的群众工作，使广大人民群众深刻认识和理解正确的社会利益观，多从国家和集体利益出发考虑问题，多从长远利益考虑问题，才能让广大群众真正形成共识，解决实际问题，维护群众合法权益和社会政治稳定，形成平等友爱、融洽和谐的人际环境。

二、做好群众工作有利于实现社会公平公正

目前，社会各群体的利益差别明显拉大，收入分配成为人们关注的焦点问题。党的各项工作都应统筹兼顾人民群众的利益，要使人民群众得到眼前的实惠，又要有利于长远发展，注重激发社会活力，促进社会公平与正义。在社会各阶层利益出现矛盾的时候，要维护最广大人民的利益，维护在改革开放过程中由于各种原因形成的困难群体的利益，通过建立健全社会保障体系，解决特困群体的生产生活问题。要妥善协调各方面的利益关系，正确处理人民内部矛盾，考虑和兼顾不同阶层、不同方面群众的利益。要通过党和

政府的职能转变,更新管理理念,创新管理方式,借助城乡自治组织、社团、行业组织和社会中介组织作用的发挥,形成社会管理和社会服务的合力,以逐步构建社会公平的引导机制,使社会各阶层的收入分配不断趋向合理,协调好各种利益关系。同时,要建立起人人有机会的体系平台,兼顾国家、集体、群众的利益,形成较为公平公正的社会创业环境。

三、做好群众工作有利于维护社会稳定

现阶段,我国工业化、市场化、城市化、信息化进程大大加快,经济发展方式转变和社会转型正在进行中,社会矛盾进入多发期、凸显期。面对这些矛盾,在群众工作方面还表现出一些不适应的地方。用群众的力量解决人民内部矛盾不仅是化解人民内部矛盾的有效方法,也是新形势的必然要求。处理新时期人民内部矛盾必须坚持走群众路线,动员和依靠群众的力量,以从源头上预防和减少矛盾。

1. 做好群众工作有利于及时解决社会矛盾纠纷

坚持以人为本,发动和组织人民群众参与矛盾化解,是解决社会矛盾纠纷,实现社会和谐稳定和持续发展的重要保障。“虽然人民内部矛盾是在全体人民根本利益一致基础上的矛盾,但必须高度重视,下大气力做好工作,以激发社会活力、增强人民团结,促进党和国家事业更好发展。”①只有树立科学的群众观,时刻站在群众的立场去思考问题,用群众工作的方法来解决人民内部矛盾,重点解决与人民群众利益息息相关的热点和难点问题,及时引导疏导好职工的思想情绪,才能疏导群众情绪,及时释疑解惑、化解矛盾、理顺情绪,防止事态扩大,防止引发更大的冲突。

2. 做好群众工作有利于着力维护广大职工的利益

我国转型时期企业基层群众工作面临着诸多挑战。随着社会主义市场经济的快速增长,我国社会在转型,企业在转制,国有企业的生产经营环境、市场竞争压力和生存发展空间都发生了复杂变化。职工群众思想活跃,思想多元化趋势日益明显,各种价值观和世界观交锋激烈,企业文化、企业员工的身份和生活发生深刻变化。这些新情况的出现给企业群众工作带来许多新情况。同时,当今社会是网络化、信息化社会,新媒体层出不穷,信息更新迅速,传统群众工作也面临着新形势的挑战。职工在日常的工作和生活中,由于受社会环境、家庭生活、切身利益等诸多因素的影响,会产生各种思想情绪,职工的思想情绪往往在同各种社会关系的交往中反映出来,并随着事物

---

① 胡锦涛:《扎实做好正确处理人民内部矛盾工作 为经济社会发展创造良好社会环境》,《人民日报》2010 年 9 月 30 日第 1 版。

的发展变化而发生变化。只有深入实际、深入群众,有的放矢、细致周密的群众工作,健全职工思想情况分析制度,才能做到知民情、解民忧、暖民心,从源头上预防事端的发生,及时疏导职工的思想情绪,把职工的思想情绪问题解决在苗头状态。

当前,做好群众工作,解决基本民生问题,重视人民群众最关心、最直接、最现实的利益问题,解决好普通老百姓的基本生活、教育就医、养老住房保障等突出问题,是及时化解人民内部矛盾、维护大局稳定的重要方面。

四、做好群众工作有利于促进各民族团结

民族团结是全国人民的最高利益,形成维护民族团结的强大力量,需要坚持党的群众路线,打牢民族团结的群众基础。群众是维护民族团结的最强大的力量和最牢靠的基础。要依靠各族人民群众,在民族大团结的旗帜下,增强各族群众的凝聚力和向心力,共同维护民族团结和社会稳定。要在全社会动员和组织广大人民群众,开展民族关系教育,加强民族团结工作,充分发挥党员干部的先锋模范作用和基层党组织的战斗堡垒作用,对每一个群众开展民族团结教育工作,教育引导干部群众深刻认识到各族人民所形成的休戚与共的民族团结基础是牢不可破的,民族团结事关每个人的切身利益,才能使各族干部群众相互信任、相互尊重、相互学习、相互支持、相互谅解,始终做到同呼吸、共命运、心连心。群众工作是我们党的政治优势,把群众基础打牢,是做好新形势下反对分裂、维护稳定工作的需要。面对严峻复杂的反分裂斗争形势,必须旗帜鲜明、针锋相对,把群众工作摆在更加突出的位置,把群众的思想工作做得更加扎实。各族人民热爱祖国、维护统一,才能从根本上反对一切破坏团结、分裂祖国的活动。要贯彻落实党的民族政策,把握各民族共同团结奋斗、共同繁荣发展的主题,开展民族团结进步活动,巩固和发展平等、团结、互助、和谐的社会主义民族关系,以形成各族人民齐心协力、共同促进祖国的发展繁荣的良好局面,团结一致,形成强大的合力,共同顺利地推进社会主义现代化进程。

五、做好群众工作关系到祖国完全统一和中华民族的伟大复兴

中国共产党在新的历史时期仍然面临着带领全国各族人民全面建设小康社会,实现继续推进现代化建设、完成祖国统一、维护世界和平与促进共同发展的三大历史任务。面对国内外深刻变化的新形势,面对社会结构和群众状况的新变化,面对新世纪新任务,中国共产党要把群众工作摆在更加重要的战略地位,积极探索新形势下群众工作的有效途径,加强和改进群众工作,

促进科学发展，构建社会主义和谐社会，全面建设小康社会，继续推进祖国统一大业，实现中华民族的伟大复兴。

六、做好群众工作有利于促进祖国统一

胡锦涛同志在十七大报告中强调，解决台湾问题，实现祖国完全统一，是全体中华儿女的共同心愿，两岸同胞要共同反对和遏制“台独”分裂活动，维护国家主权和领土完整，党和人民对祖国和平统一坚定不移。争取和平统一，谋求共同发展，是海峡两岸中国人在21世纪肩负的历史重任。做好群众工作，调动海峡两岸广大人民群众的积极性、主动性，紧紧依靠两岸人民的力量，就一定能不断积累和平统一的有利因素和力量，有力地遏制形形色色的“台独”分裂活动，维护中华民族根本利益。争取两岸和平统一，也希望于台湾人民。所有的台湾同胞，不分省籍，和睦相处，共同维护台湾社会的和谐安定，坚决抵制极少数人别有用心的挑动社会矛盾、制造社会分化、进行分裂活动的图谋。两岸同胞进一步加强往来和交流，增进相互理解和信任，有利于维护两岸关系大局的稳定。同时，动员和团结其他一切有利于实现祖国统一大业的力量，世界上一切爱好和平的国家和人民，对中国的和平统一事业必将会给予积极的支持，形成一股维护祖国统一的更加强大的力量。

七、做好群众工作有利于巩固爱国统一战线

爱国统一战线是维护和促进各社会阶层参政议政、维护国家稳定的重要政治组织，爱国统一战线工作从本质上说是中国共产党的群众工作，做好群众工作是爱国统一战线的内在本质要求，统战工作的本质就是争取群众、团结群众、引导群众。新世纪新阶段，统一战线具有空前的广泛性、巨大的包容性、鲜明的多样性，爱国统一战线的工作对象进一步增多，分布的行业和领域更加广泛，代表的群众更多，团结的范围更广，工作领域不断拓展，从政治领域拓展到经济、文化、社会、生态等领域，由公有制单位拓展到非公有制单位，爱国统一战线变得更加走近群众、走进生活，与群众联系更加紧密。发挥爱国统一战线联系广泛的优势，做好群众工作，对于巩固和扩大党执政的阶级基础和群众基础具有十分重要的作用。爱国统一战线要紧紧围绕党和国家的中心工作，增强做好群众工作的责任感和使命感，进一步发挥爱国统一战线做好群众工作的重要作用。新世纪新阶段，爱国统一战线群众工作就要团结各类主体，高举爱国主义和社会主义的伟大旗帜，把不同阶层、不同群体、不同党派、不同民族、不同信仰以及生活在不同社会制度下的人民群众都团结联合起来，才能充分调动一切积极因素，妥善化解消极因素，同心同德，群

策群力，为实现全面建设小康社会的宏伟目标而努力奋斗。

八、做好群众工作有利于实现民族复兴

当前，我国正在以科学发展观为指导，不断贯彻党的路线、方针、政策，构建社会主义和谐社会，全面实现小康社会，实现民族的伟大复兴。在此过程中，人民群众均发挥了主力军的作用，做好群众工作、调动群众广泛参与是中国特色社会主义现代化建设顺利进行和民族复兴伟大事业得以成为现实的力量之源。

1. 做好群众工作有利于推动科学发展

科学发展观是造福人民群众的理论，人民群众是推动科学发展的主体。做好群众工作是落实科学发展观的重要保障。科学发展观的核心是以人为本，一切从人民群众的需要出发，促进人的全面发展，实现人民群众的根本利益，其实现的基本途径就是走群众路线，做好群众工作。一方面，推进科学发展要求做好群众工作。人民群众是我们党的力量源泉和胜利之本，没有人民群众的理解、参与、支持，什么事情也办不成。当前，国内外形势复杂，改革、发展、稳定任务艰巨，还存在与科学发展观要求不相符合的问题，包括城乡差距扩大、收入分配不公、部分群众生活困难、一些群众利益受到侵害等。随着改革的不断深入，经济的持续发展，社会上出现了一些不和谐的因素，如贫富差距增大，城乡、区域经济社会发展很不平衡，人口、资源、环境压力加大，就业、教育等方面关系群众切身利益的问题比较突出。“我们的改革和建设，只有得到人民群众的理解、支持和参与，充分发挥人民群众的积极性和创造性，才能顺利推进；党的领导地位，只有赢得人民群众的信赖和拥护，才能巩固和加强。”①必须加强和改进群众工作，切实做好群众工作，充分调动各方面的积极性、主动性和创造性，形成推进科学发展的强大合力。“我们党所领导的改革开放和现代化建设事业，是人民群众参加的、为人民群众谋利益的事业，只有相信和依靠群众，充分发挥他们的积极性创造性，才能获得成功。”②科学发展必须紧紧依靠人民群众，充分相信群众，广泛发动群众，衡量发展成效由人民群众评判，最大限度地把全社会的发展积极性引导到科学发展上来。

2. 做好群众工作有利于推进社会和谐

做好群众工作是构建社会主义和谐社会的内在要求，建设社会主义和谐社会应通过群众工作来不断协调关系，凝聚人心。只有做好群众工作，才能理顺不同阶层多方面的社会关系（包括和谐的党群干群关系）凝聚各方面力

---

① 《江泽民文选》第一卷，人民出版社2006年版，第407页。

② 江泽民：《论党的建设》，中央文献出版社2001年版，第226页。

量,构建民主法治、公平正义、诚信友爱、充满活力、安定有序、人与自然和谐相处的社会。通过加强党的群众工作,有效化解社会矛盾,协调社会关系,是构建社会主义和谐社会必须面对和解决的重大现实问题。目前,我国经济体制深刻变革,社会结构深刻变动,利益格局深刻调整,思想观念深刻变化,人们思想活动的独立性、选择性、多变性、差异性明显增强,不同社会阶层都有各自不同的利益需求。要协调好各方面利益关系,高度重视并努力做好群众工作,这样,才能够调动广大群众建设社会主义和谐社会的积极性,不断促进社会的公平与正义,让发展的成果惠及广大群众。

3. 做好群众工作有利于促进全面建设小康社会

党的十六大指出:我们要在本世纪头二十年,集中精力,全面建设惠及十几亿人口的更高水平的小康社会。这个目标展示我国现代化建设的壮丽前景,其根本出发点和最终目的就是为了满足人民群众日益增长的物质文化生活需要,提高人民群众的物质文化生活水平。实现全面小康社会的伟大任务,必须坚持党的群众路线,尊重人民群众的创造,倾听人民群众的呼声,反映人民群众的意愿,集中人民群众的聪明和才智,充分调动和发挥广大人民群众的积极性和创造性,为实现现代化奠定坚实的群众基础。党确立建设全面小康社会的奋斗目标,就是坚持党的一切为人民群众谋利益的宗旨。建设全面小康社会必须坚定不移地依靠最广大的人民群众的力量,依靠全国最广大的人民群众的智慧和力量。现代化建设事业所面临的矛盾和困难要求广大党员干部必须依靠人民群众的力量,把人民群众的聪明和才智集中起来,推动我国社会全面向前发展。“面对复杂多变的国内外环境,面对艰巨繁重的改革发展稳定任务,我们要继续抓住和用好我国发展的重要战略机遇期,有效应对各种风险和挑战,完成‘十二五’时期经济社会发展目标任务,为全面建成小康社会打下具有决定性意义的基础,必须紧紧依靠人民群众,充分调动人民群众的积极性、主动性、创造性,团结带领人民群众共同奋斗。”①我们建设全面小康社会,实现社会主义现代化,既没有现成的科学的理论指导,也没有现成的经验可供汲取,面对许多新情况、新问题,解决问题的方法只能在以人民群众为主力军的建设中国特色社会主义的实践之中。

4. 做好群众工作有利于贯彻执行党的路线、方针、政策

党的事业是人民群众的事业,能否成功的根本在于能否得到人民群众的支持,党的群众路线是党和国家实行正确决策,制定正确的路线、方针、政策的根本保证。党所制定的路线、方针、政策正确与否,以及在实际生活中能否

---

① 胡锦涛:《在十七届中央纪委六次全会上的讲话》,《人民日报》2011 年 1 月 11 日第 1 版。

发挥实际作用，都取决于是否坚持群众路线。一是党制定正确的路线、方针、政策来源于广大人民群众的实践。坚持群众路线是科学决策的基础。当今世界，科学技术突飞猛进，科技进步的步伐与经济发展的互动作用越来越呈现出交叉融合和深入发展趋势。在这种情况下作出科学、正确的战略决策，必须充分发扬民主，坚持民主决策。二是党所制定的路线、方针、政策在人民群众的实践中不断得到补充完善。只有千百万人民群众的革命实践，才是检验真理的唯一标准。"在人民的实践创造中吸取营养，丰富和完善党的主张，使我们党在世界形势深刻变化的历史进程中始终走在时代前列。"①广大群众的不断补充完善使党的主张和措施进一步趋于科学有效。三是党的路线、方针、政策通过人民群众的实践过程得到落实。"在全国人民中，共产党员始终只占少数。我们党提出的各项重大任务，没有一项不是依靠广大人民的艰苦努力来完成的。"②党的路线、方针、政策必须使群众了解和掌握，增强群众对党和政府的认同感，才能变成群众的自觉行动，群众愿意发挥聪明才智，创造性地完成工作任务，保证目标的实现。

做好群众工作，对于巩固党的执政基础和执政地位，对于中国特色社会主义现代化建设，对于实现中华民族的伟大复兴，具有极其重要的意义。"各级领导干部要坚持全心全意为人民服务的根本宗旨，坚持党的群众路线，始终保持同人民群众的血肉联系，树立正确政绩观，努力做出经得起实践、人民、历史检验的政绩。"③在中国特色社会主义的生动实践中，要坚持、丰富和发展群众路线，进一步做好群众工作，把广大人民群众团结在一起，把广大人民群众的力量凝聚起来，最大限度地调动一切积极因素，从人民群众的实践创造和发展要求中不断获得继续前进的不竭动力。

---

① 《十七大以来重要文献选编》（上），中央文献出版社 2009 年版，第 799 页。

② 《邓小平文选》第三卷，人民出版社 1993 年版，第 4 页。

③ 《中共中央关于制定国民经济和社会发展第十二个五年规划的建议》，人民出版社 2010 年版，第 48 页。

第四章　新时期群众工作面临的新情况新问题

中国共产党自建党以来就非常重视群众工作，确立了全心全意为人民服务的根本宗旨。不论在革命时期还是在社会主义建设时期，我党都始终坚持群众观点，将群众路线作为根本的工作路线和方针，为群众工作积累了丰富而宝贵的经验。改革开放以来，随着市场经济的深入发展，我国的政治、经济、文化、社会建设都取得了举世瞩目的成绩，综合国力大大增强，人民的物质文化生活水平也大幅提高。但是，随着政治、经济、文化及社会事业的快速发展和社会转型，各种矛盾也纷至沓来，党的群众工作面临着许多新情况新问题。诸如群众工作对象及环境的深刻变化、党自身发生的变化及各类社会矛盾的凸显等，这些新变化要求我们必须毫不动摇地坚持党的群众路线，深入研究当前群众工作面临的新情况和新问题，牢固坚持从群众中来到群众中去，认真应对新时期群众工作的变化，将群众工作做得更好，为实现全面建设小康社会宏伟目标创造更加良好的社会条件。

第一节　群众工作对象发生了巨大变化

任何一个政党都有自己的阶级基础和群众基础，这是执政党最重要的执政资源，认清、把握这种基础并制定合适的政策，巩固阶级基础，扩大群众基础，才能巩固执政地位。在新的历史时期，随着改革开放和社会主义市场经济的发展，我国社会经济成分、组织形式、就业方式和利益关系等不断变化，社会阶级阶层结构也相应地发生了变化，新的社会阶层相继出现，“群众”这个概念的内涵和外延相比过去都有了很大的扩展。做好新时期党的群众工作，要求中国共产党必须首先正确认识新时期群众工作对象发生的巨大变化，认真分析这些变化对群众工作带来的新问题，提高自身密切联系群众的能力，从而增强党的阶级基础，扩大党的群众基础，巩固党的执政地位。

一、社会阶层呈现多元化

改革开放的不断推进和社会经济体制的深入变革，使我国的社会阶层结构发生了深刻变化。中国的社会阶层结构已不再是由简单的工人阶级、农民阶级和知识分子阶层即我们常说的“两个阶级一个阶层”构成，一些中间阶层、企业家阶层和私营企业主阶层等新兴阶层逐渐形成并不断壮大，各阶层之间的经济收入、价值取向、生活方式以及利益认同等差异日益明晰。

工人阶级是我国的领导阶级，是中国共产党的阶级基础。自新中国成立以来，我国工人阶级队伍也先后发生了三次变化。第一次发生在1956年我国生产资料的社会主义改造完成之后，工人阶级队伍开始分为全民所有制工人和集体所有制工人。第二次发生在改革开放前十年的时间里，知识分子阶层被界定为工人阶级，这时候的工人阶级分为国有企业工人、集体企业工人和知识分子三部分。工人阶级队伍的最大变化发生在第三次，也就是从20世纪90年代开始到目前，并仍在不断变化着。这次变化主要表现在两个方面：一是在公有制企业内部，职工分化为国有和集体企业经营管理者、管理和技术人员以及普通职工三个阶层。正如有的学者所指出的：“改革以来，由于社会劳动分工的变化（特别是其复杂化和独立化），职工在经济利益、政治和社会权利以及相应的思想观念上产生了新的差异，其内部结构出现了显著的分化和整合，产生了不同阶层和群体。”①二是随着市场经济的发展，国有企业改革步伐加快，民营企业、三资企业、个体工商户快速发展，出现了新型的工人阶级。其中包括民营科技企业的创业人员和技术人员，受聘于外资企业的管理技术人员以及个体、民营、私营、合资企业的从业人员。上述三次变化总体上使我国的工人阶级队伍不断变大变强，但同时，我们也应清醒地认识到，当前，在工人阶级队伍中虽然有一定比例的私有业主、高新白领群体等，但更多的工人则生活在社会底层，原有的工人阶级的许多优越性不复存在。他们在政治生活中的优越感明显降低，经济上也不甚宽裕，精神上还面临来自外界与自我的双重轻视，处境十分尴尬。工人阶级是党的阶级基础，对工人阶级的任何政策的失误都有可能导致党的阶级基础的削弱。因此，在群众工作中，应时刻关注工人阶级尤其是底层工人阶级的政治、经济、文化生活状况，采取措施，不断巩固党的阶级基础。

改革开放以来，随着市场经济的不断发展，我国传统的农民阶级也发生了巨大的变化。农村经济结构的调整、农业科技的提高和机械化的推广，大大提高了农村生产力，随之出现了越来越多的农村剩余劳动力。这样，大量的农民开始进入城镇，成为经营管理者和工人，有力地推动了乡镇企业及农村私营工商业的发展。据统计，1978年我国从业农民为2.8亿人，占当时

---

① 冯同庆等：《中国职工状况——内部结构及相互关系》，中国社会科学出版社1993年版，第50页。

全部从业人员的70.5%。到2000年,我国农民占全国从业人员总数的比重下降到44.2%。① 原来的农民阶级中涌现出了农民个体工商户、农民私营企业主以及大量的工作生活在城市、但户籍不在城市的农民工。可以说,改革开放以后,我国农民阶级分化速度之快、规模之大,分化出的阶层数量之多,都是当今各类社会阶级阶层中最为剧烈的。不过,无论农民阶级如何分化,他们仍占全国人口的大多数,仍然是我们党最重要的群众基础。我们在开展群众工作时必须高度重视农民阶级的政治、经济、社会地位,正确认识和对待发生在农民阶级中的变化,并针对这些变化提出科学、正确的方针政策,以保证农民阶级利益的实现和党的群众基础的稳固。

在工人阶级和农民阶级这两大基础阶级发生变化的同时,我国出现了一些新兴的社会阶层,主要包括民营科技企业的创业人员和技术人员、受聘于外资企业的管理技术人员、个体户、私营企业主、中介组织的从业人员、自由职业人员等。新兴阶层的出现是我国社会主义市场经济发展的产物,这一阶层不同于传统的工人阶级和农民阶级,具有自己的阶层特点。因此,在新时期,如何对待这些新的社会阶层也是我党面临的新课题。江泽民同志指出"在党的路线方针政策指引下,这些新的社会阶层中的广大人员,通过诚实劳动和工作,通过合法经营,为发展社会主义社会的生产力和其他事业作出了贡献。他们与工人、农民、知识分子、干部和解放军指战员团结在一起,他们也是中国特色社会主义事业的建设者。"②这一定性的论述要求我们党必须面对群众工作的新问题新情况,团结、鼓励、保护这一新阶层,并正确处理他们与工人阶级、农民阶级的关系。

二、群众素质能力明显提高

素质是个体在先天生理的基础上,伴随后天环境和教育的影响,通过个体自身的认知和社会实践而形成的较为稳定的身心的发展品质。素质有多种分类,一般分为身体素质、心理素质、科学文化素质、道德素质和思想政治素质,其中科学文化素质是基础,道德素质和思想政治素质是核心。③ 改革开放以来,随着经济的发展,综合国力的不断提升,党和政府对提高广大人民群众的综合素质的高度重视以及医疗卫生条件的改善,广大人民群众的综合素质能力不断提升,如群众的身体素质大大提高,心理素质水平有了新的跨越,

① 中国社会科学院《要报》2002年专题研究报告之十:《我国目前社会阶级阶层调研报告》,第22页。

② 江泽民:《论党的建设》,中央文献出版社2001年版,第513页。

③ 朱丽翔:《巩固党的群众基础要注重提高全民素质》,《学校党建与思想教育》2004年第12期。

科学文化素质、道德素质、思想政治素质也呈现出较为明显的上升态势。下面主要分析一下对于群众工作影响较大的群众素质中的基础科学文化素质、核心道德素质和思想政治素质的提升情况。

科学文化素质的提升首先体现在群众受教育程度的提升。据统计，在新中国成立之初，五分之四的国民是文盲。全国解放前的36年中，高等学校毕业生一共只有21万人。到解放前夕，科研机构只有40多个，科技人员不到1000人，科技成果寥寥无几，新兴学科全属空白。① 新中国成立后，党和政府高度重视教育事业的发展，推动我国国民教育水平的显著提升。根据第五次全国人口普查情况，1982年我国文盲率为22.81%，到1990年文盲率下降为15.88%，2000年减低到6.72%。② 到2000年底，全国基本实现普及九年义务教育和基本扫除青壮年文盲的任务。第六次全国人口普查，文盲率为4.08%，比2000年的6.72%下降2.64个百分点。其次，群众科学素质提高迅速。十一届三中全会后，"科学技术是第一生产力"的思想牢固树立，公民的科学素质有了快速提升，知识结构得到明显改善。为了进一步提高人民群众的科学素质，国务院还发布实施了《全民科学素质行动计划纲要》，力图通过发展科学技术教育，尽快使全民科学素质在整体上有较大幅度的提高，实现到本世纪中叶我国成年公民基本具备科学素质的长远目标。

人民群众道德素质有了显著提升。党和政府在建国早期就进行了整风运动、艰苦奋斗教育与热爱劳动教育，使全体国民的社会主义觉悟有所提高，并培养出了国民爱劳动的社会主义道德素质。同时，中国共产党还提倡勤俭节约、独立自主等优良传统的继承与发扬，使国民形成了积极向上、艰苦奋斗、热爱劳动的道德风尚。十一届三中全会之后，国民道德素质呈现出计划经济体制下原有的道德规范要求向市场经济体制下的规范要求快速转变的趋势，社会公德素质开始受到重视，职业道德素质有所提高，家庭美德得到继承和发扬；社会责任意识普遍提升，环保意识迅速提高，促进了人与自然的和谐发展；诚信意识得到了较快提高，守信光荣、失信可耻的社会氛围正在形成。党的十六届六中全会确立的社会主义核心价值体系，是社会主义制度的内在精神之魂，是社会主义文化建设的根本，具有很强的引领、整合多样化思想观念和社会思潮的功能。它明确了新时期国民的世界观、人生观、价值观和道德观，提供了社会主义现代化建设所需要的文化认同和价值取向，为国民素质内容的完备构成提供了理论依据，并成为国民实际行动中自觉遵循的准则。通过在全社会开展社会主义核心价值观教育，国民思想和道德素质有

---

① 黄荣清、庄亚儿：《人口死亡水平的国际比较》，《人口学刊》2003年第6期。

② 《中国卫生统计年鉴2007》，中国协和医科大学出版社2008年版，第98－99页。

了新的飞跃。汶川大地震后,全国人民万众一心,众志成城,以史无前例的速度和规模广泛地、自发地行动起来,伸出援助之手,投入到抗震救灾之中,捐款捐物通过不同路径送到灾区,大批志愿者纷纷到灾区救灾。这些都充分展现了国民道德责任的新境界,充分证明了全国人民高尚的国民道德风尚。

人民群众的思想政治素质得到提升。新中国的成立,使人民群众国家主人翁的责任感和道德感空前提高,在党和政府的带领下,人民群众普遍树立起了以爱国主义思想、社会主义思想为核心的一种积极向上的革命进取心态,它积极影响着建国初期的国民价值取向和思想素质的发展,人民群众发挥主人翁精神,不计报酬地为新中国革命和建设贡献力量,社会上团结互助、尊老爱幼、公而忘私蔚然成风。十一届三中全会以后,尤其是伴随着改革开放的进一步深化,人民群众摆脱了许多思想禁锢,形成了积极向上、独立、自由、开放、竞争等思想风尚,中华民族思想库得到进一步充实、丰富。在与外民族的文化交流过程中,人民群众不仅更加坚定了走中国特色社会主义道路的信念,而且更加坚定了民族自信心和自豪感,中华民族的凝聚力与向心力明显提升。另外,随着政治体制改革的深入发展,人民群众的政治素质也在不断提升,人民民主意识日益增强,关心国家大事,积极通过各种途径参政议政。

总之,随着改革开放和市场经济的深入发展,我国的综合国力大大提升,广大人民群众的各项素质能力也达到了较高的层次。要做好新时期的群众工作,必须充分考虑到这一变化。只有真正地了解并适应这一变化,才能不断探索出更好更符合群众需要的工作内容与方法、方式。

三、群众思想观念差异性增大

生产力决定生产关系,经济基础决定上层建筑。所有制结构、分配方式的多样性、市场主体的多元性,利益诉求的多样性,决定着思想观念的多样性和差异性。加上在对外开放和信息网络化条件下,外来思想文化相继涌入,各种社会思潮相互激荡,影响人们思想行为的因素和渠道越来越复杂,所以,人民群众思想观念和生活方式的独立性、选择性、多变性、差异性明显增强。当前,我国群众思想观念多样化主要表现在价值观、道德观、竞争意识、法制意识等方面的变化。总体来说,群众思想中勇于进取、开拓创新、自主性增强等积极的一面在显著提升,但诸如拜金主义、诚信缺失、见利忘义、道德沦丧等消极的一面也在一定程度上反映出增长趋势。新时期,认真分析并掌握广大人民群众思想观念的特点及变化趋势,有利于更好地密切联系群众,做好群众工作。

新时期广大人民群众的价值观日趋呈现多样化的特点。马克思指出："价值,这个普遍的概念是从人们对待满足他们需要的外界物的关系中产生的,是人们所利用的并表现了对人的需要的关系的附属性。""表示物的对人有用或使人愉愉快快的属性;实际上是表示物为人而存在的。"①简言之,价值就是客观事物满足人类需要的某种属性。而价值观就是主体对价值关系的反映,是人们对物质世界和精神世界的判断、评价、取向和选择。价值观反映着主体的根本地位、利益需求,是人和社会精神文化系统中深层次的、相对稳定而起主导作用的部分。具体而言,即是生活中人们关于好坏、善恶、美丑、得失、利弊、义利等价值的立场、看法、态度和选择。② 我国当前正处在社会转型期,随着市场经济的深入发展,我国的经济成分、利益主体、阶层结构、生活方式等日益多样化,广大人民群众的价值观也不可避免地发生了变化,呈现出多元化趋势。当前有三种主流价值观:一是深深扎根在人们脑海中的中国传统价值观,这种价值观的主旋律是重视集体主义和精神层面而忽视个人发展和物质利益,整体利益高于一切,整体永远大于、先于个体。在这种价值观中,个体作为整体的部分,只能依附并无条件地服从整体,个人利益、个人价值只能通过整体来实现。其中,这个整体可以是家庭也可以是国家。所以,中国传统的整体主义集中体现为国家本位即个体对国家尽忠和家庭本位即个体对父母尽孝两个方面。③ 另外,中国的传统价值观还强调重义轻利,要求人们大公无私,把追求道义和精神层面的东西看做是无比高尚的,而对于追求个人利益的行为则认为是不齿的。二是伴随着经济全球化及我国市场经济发展而来的西方价值观。从一定程度上讲,西方价值观是与我国的传统价值观相反的,它最突出的特点就是崇尚个人主义,突出个人自由,提倡个人权利,追求个人利益。这种价值观的出现也强化了我国人民群众的自主意识,催生了重视追求自身利益的强烈需要。然而,这种过于崇尚个人主义的价值观也给我国人民传统的价值观带来了一些消极影响,使忽视集体主义意识和社会责任的极端个人主义,以高消费、奢侈享受为荣的享乐主义以及"一切向钱看"的拜金主义等思想在当前社会广为流行,在一定程度上削弱了我国社会主义核心价值体系的影响。三是中国特色社会主义核心价值观,即以马克思主义指导思想、中国特色社会主义共同理想、以爱国主义为核心的民族精神和以改革创新为核心的时代精神、以社会主义荣辱观为核心内容的基本道

① 《马克思恩格斯全集》第十九卷,人民出版社 1960 年版,第 406 页。

② 韩震:《社会主义核心价值体系研究》,人民出版社 2007 年版,第 9 页。

③ 张丽娜:《论社会转型时期多元价值观的整合与引导》,《兰州交通大学学报》,2009 年第 28 卷第 5 期。

德规范。中国特色社会主义核心价值观是基于当代中国发展需求应运而生的一种主流价值观，它既坚持了社会主义的基本价值理念，又继承和发扬了中国传统价值理念，还克服了西方价值观的消极影响，融合了理想与现实、物质与精神、个人与集体的价值追求和价值判断，具有广泛的涵盖性和统摄力，对我国现存的多样化的价值观和社会思潮具有引领作用。

新时期价值观的多样化也直接给人民群众的道德观念带来了多方面影响。我国历来都非常重视道德的作用，各朝各代都把道德建设放在国家思想文化建设的重要位置，自古至今关于美德的事迹不计其数。古代的"路不拾遗、夜不闭户"是整个社会道德层次较高的一种体现，中华民族的传统美德仍是我们今天需要大力弘扬的。新时期我国社会主义的道德以爱国、守法、明理、诚信、诚实、公平、助人为乐、见义勇为等为人们认可并身体力行，这些道德风尚规范人们的行为，保障社会和谐发展。然而，随着西方价值观的广泛浸入，以拜金主义、享乐主义、"以我为中心"的自私功利等思想意识开始产生并日益影响着社会的发展。当前，道德滑坡的现象日益增多，频现报端、媒体的"三聚氰胺"、"地沟油"、"瘦肉精"、"染色馒头"等恶性食品安全事件及"南京彭宇案"、"小悦悦"事件都反映了当前社会诚信缺失、道德滑坡的严重现象。当前人们道德观念的变化是市场经济的必然产物，面对一些消极的道德现象，我们既不能慌了手脚，又不能听之任之，应大力弘扬传统美德，积极倡导社会主义新道德，充分发挥道德的力量。正如温家宝总理说的："一个国家，如果没有国民素质的提高和道德的力量，绝不可能成为一个真正强大的国家、一个受人尊敬的国家。"

新时期人民群众的竞争意识大大增强。竞争是各经济行为主体为了生存和发展的需要，依靠自身的实力，通过优胜劣汰而展开的运动过程。它贯穿于商品生产、交换、消费各个环节。竞争是市场经济内在矛盾的必然产物，是内在必然趋势的外在表现。每一个经济行为主体都离不开竞争，竞争是市场经济的本质特征。从这种意义上说，市场经济就是竞争经济。① 在市场经济条件下，我国实行以公有制为主体多种所有制经济并存的经济制度及以按劳分配为主体多种分配方式并存的分配制度，这就使劳动者成为具有独立自主性的自由主体，在市场优胜劣汰的原则和追求利益最大化的效益原则引导下，人们各尽所能，过去因循守旧、固步自封的保守思想被打破，竞争意识深入人心。从总体上看，竞争给整个社会带来了极大的发展动力，提高了人们的生产劳动积极性，促进了市场经济的繁荣发展，人们的生活

① 吴潜涛、马先辉：《正确认识社会主义改革实践对人们思想的影响》，《高校理论战线》，2001年第2期。

水平日益提高，但与此同时，竞争也给社会带来了负面影响。出于对自身利益最大化的追求，竞争导致矛盾的产生与深化，团结合作变得艰难。有些人为了获取最大化的利益，甚至不惜使用坑蒙拐骗的手段，通过假冒他人注册商标、擅自使用他人的企业名称等不正当行为进行恶意竞争，严重危害了正常的市场经济秩序，阻碍了社会的发展。总之，竞争意识的增强是社会进步的表现，但我们要在鼓励人们积极参与竞争、发挥自己的才能的同时，坚决打击不正当竞争行为，努力消除恶意竞争带来的消极影响。

新时期人民群众的法制观念日益增强。随着我国依法治国方略的实施，广大人民群众的法制观念逐步增强，这是社会进步的产物，也对党的群众工作的内容和方式方法提出了新的要求。在市场经济条件下，从事经济活动的人，具有独立自主的主体地位及经济自由，不仅有自主选择的能力，而且选择者对其行为后果自负其责，从而使人的意识达到了一定的自觉性和自律性，促使人们法制观念的萌生与强化。人们开始懂得用法律保护自己的合法权益，知道运用法律来衡量党和政府的行为，对党和政府官员中的人治现象和家长制作风逐渐不容。应该说，人民群众民主和法制意识的增强，是国民素质提高的重要标志，也是我国精神文明建设取得成效的重要表现。但是，随着人们经济地位及相应观念的急剧变化，一些人并不能很好地处理民主与法制、个人与国家的关系，片面地强调自己的权益，而忽视了国情及社会利益，出现了矫枉过正的现象。如随着纳税人意识的加强，一些人就自认为是自己养活了国家，每当有征求意见和建议，他们都急切地希望自己的愿望或主张能够立刻变成政府的政策或措施；很多个人和群体不能理解民主是一个客观的过程，凡事急于求成，不能理智地处理理想和现实之间的辩证关系。所以，当前要正确认识人民群众法制观念增强带来的社会影响，在做好积极鼓励和科学引导人民群众民主和法制意识增强的同时，也要预防一些不好的倾向，使社会朝着健康、理智、和谐的方向发展。

综上所述，在新时期如何面对广大人民群众思想观念的日益多样化，并深入分析研究人民群众思想活动的新特点，进一步提高政治思想教育工作的针对性和实效性；如何以社会主义核心价值体系引导人民群众确立正确的思想观念体系和道德准则，探索巩固马克思主义意识形态主导地位的有效途径和方法，都是党的群众工作面临的新情况新问题，也是群众工作面临的新挑战。

第二节　党的建设发生了深刻变化

中国共产党成立九十多年来，党的自身地位、组成和发展环境都在不断地发生着变化。随着新中国的成立以及党的执政地位的确立和巩固,党自身的地位也发生了转变,特别是改革开放以来,随着我国经济社会的不断发展以及人民生活水平的快速提高,党所处的内外环境更是发生了翻天覆地的变化,党的干部队伍成分构成、阶级基础及群众基础以及党的群众工作理念等也相应变化,这是党的群众工作主体发生的变化,也使党的群众工作面临着不同以往的考验。

一、党所处的历史方位发生了深刻变化

方位即方向、位置的意思。古人云:“辨方位而正则。”方位的重要性显而易见。党的历史方位,就是中国共产党在人类历史发展、中国社会发展、党的自身发展历史进程中的坐标和走向。纵观历史,中国共产党成立九十多年来,从新民主主义革命到社会主义革命的胜利和社会主义建设,再到改革开放和社会主义现代化建设,我们党的一切重大胜利和发展,都离不开正确地认识和把握历史方位,不管在多么艰难、复杂的条件下,党都能把马克思主义基本理论与我国的具体实际相结合,从而攻克一个又一个的难关,取得一个又一个的伟大胜利。当今时代,经济大发展,社会在转型,世情、国情、党情等都发生了巨大的变化,对共产党今天所处的历史方位作出科学判断是时代所需,也是保证共产党长期有效执政的基础。因此,我们要认真分析党所处的历史方位的变化,为进一步做好群众工作奠定坚实的基础。

当前,我国正处于全面改革和发展社会主义市场经济的新的历史条件下,党的建设面临新的环境、新的任务,而其中最重要的就是执政问题。从我们党的自身建设来说,当前党历史方位的变化主要表现为“两个根本转变”。正如党的十六大报告所指出的:“我们党历经革命、建设和改革,已经从领导人民夺取全国政权而奋斗的党,成为领导人民掌握全国政权并长期执政的党;已经从受到外部封锁和实行计划经济条件下领导国家建设的党,成为对外开放和发展社会主义市场经济条件下领导国家建设的党。”关于第一个转变,即党的地位的转变,这是影响党群关系的一个因素。成立于 1921 年的中国共产党,在 1949 年新中国成立前,处在为夺取政权而斗争的非执政地位。那时,我们的党是代表着无产阶级利益的先锋队组织,党的领导人在确立最低纲领和最高纲领时已早早注意到了执政前后的不同任务,并指出在夺取政权以前,党要团结带领全国各族人民,为推翻封建主义、帝国主义和官僚资本主义三座大山的深重压迫,求得民族的独立解放而奋斗;在夺取政权以后,党则要为实现国家的工业化和现代化,向着社会主义、共产主义最高目标前进。然而,一段时间以来,我们对党的地位和作用发生的变化的认识并不充分,直

到党的十一届三中全会以后,党和国家的工作重心转移到经济建设上来,才从根本上扭转了对阶级斗争等问题的看法。这些历史说明,随着时代发展和形势的变化,对党的地位和作用的新变化的不断深化认识,才能制定出正确的路线和政策。进入21世纪的中国,处在一个国内外形势发生巨大变化的新时代中,在世界社会主义运动暂时处于低潮,经济发展和科技竞争日趋激烈的条件下,党更应该带领全国各族人民,为国家的富强和民族的复兴而奋斗。在社会主义初级阶段,经济成分、利益主体、社会组织和社会生活方式多样化的条件下,党更应发挥执政党和社会主义建设事业领导核心的地位和作用,团结各个阶层的力量,代表最广大人民的根本利益,以经济建设为中心,继续深化改革,扩大开放,探索有中国特色社会主义成功的道路,从而为解放生产力,发展生产力,消灭剥削,消除两极分化,实现共同富裕和社会主义现代化而奋斗。早在1956年,邓小平同志在中共八大《关于修改党的章程的报告》中就指出,执政是党面临的一个考验,“执政党的地位,很容易使我们同志沾染上官僚主义的习气。脱离实际和脱离群众的危险,对于党的组织和党员来说,不是比过去减少而是比过去增加了”。① 执政是我们取得革命胜利的标志,也使我们党面临着巨大的考验。这个考验主要表现为如何提高执政能力,用手中的权力更好地为人民服务,同时如何防止权力对党的侵蚀,等等。

关于第二个转变,即党的任务和历史条件的转变,这是影响党群关系的另一个因素。在过去,中国共产党是一个长期领导阶级斗争的党,而从执政以后,开始把经济建设看成是自己所担负的历史使命。通过党和人民的不懈努力,我们的经济建设取得了巨大的胜利。从党的十一届三中全会开始,我们不仅提出全党工作重心转移到经济建设上来,而且开始了由封闭半封闭到对外开放、由传统计划经济向社会主义市场经济的历史性转变,这对我们的党来说,在带来机遇的同时也带来了挑战,挑战主要表现在如何把社会主义与市场经济相结合,如何正确处理党的领导核心地位与市场经济多元化要求的关系等,这要求我们的党不但要具备发展社会主义市场经济的能力,又要具备协调利益、整合社会,进而巩固群众基础的本领。

党自身地位和所处历史方位的新变化,一方面使我们的党可以运用手中所掌握的资源更好地为人民谋福祉,推动国家的发展,实现党的根本宗旨和国家的繁荣富强;另一方面,“执政党的地位,使我们面临着新的考验”。②这种考验主要在两方面:一是国家建设和治理的责任风险。权力意味着责任,执政就是要承担起推动国家建设发展、满足人民群众不断增长的物质文化需

①② 《邓小平文选》第一卷,人民出版社1994年版,第214页。

要的责任。这方面，我们党经受住了考验。在六十多年的执政中，我们党所创造的业绩是辉煌的，人民群众总体是满意的。同时，我们也要看到，中国这样一个大国，不同区域情况差异很大，各种诉求众口难调，各种矛盾错综复杂，治国理政的难度是可想而知的，失误也在所难免。另外，党执政了，人民群众就会把解决各种诉求的期待寄托在党和政府身上，任何的不满意也会把责任追究到党和政府身上。那么，在长期执政情况下，一些工作中的失误会积累，一些矛盾会积累，一些怨气会积累，种种消极因素的累积会削弱党的威信。二是权力异化的考验。由于我国的政治体制还不完善，特别是制约、监督的机制还不完善，加上一些意志薄弱的党员干部经不起各种诱惑的考验，权力异化的现象就会出现。在一些党员干部中，有的高高在上，做官当老爷，官僚主义、形式主义严重，脱离了群众；有的侵犯群众利益，与人民群众争利，甚至以权谋私、权钱交易、贪脏枉法，出现腐败现象。因此，当前更需要注意的是如何防止权力延伸到市场经济资源的配置中去，也就是如何防止腐败的问题，这是影响到党的生死存亡的大问题。

党所处历史方位的大变化，是我们党确立中国特色社会主义道路的基本依据，也要求我们必须以科学的思想、科学的制度、科学的方法领导中国特色社会主义事业。党的历史方位的变化，要求党必须适应时代的发展，根据历史发展的规律，在执政理念、执政方式和领导方式等党的建设的重大问题上实行与新形势、新任务相适应的一系列的调整和转变。

二、党的干部队伍成分结构发生了深刻变化

党的干部队伍成分结构主要是指干部的来源、年龄、性别、民族、党派、职位设置、管理跨度、任职年限、知识背景、经验积累等各组成部分与要素的结合、构造、搭配和排列。组织结构在很大程度上决定了组织的功能，良好的干部队伍结构有利于实现优势互补，增强班子活力，激发干部的工作热情。相反，如果干部队伍结构有缺陷，则会导致组织内耗，影响干部队伍整体功能的发挥。因此，优化干部队伍的结构不仅关系到干部队伍功能的有效发挥，关系到干部队伍的可持续建设，而且关系到干群关系，关系到党的群众工作是否有力。

建党九十多年来，我们党的队伍不断壮大，至今已有8000多万党员。总体来看，党员的素质和作用发挥是好的，特别是一大批年轻的、知识层次比较高的新鲜血液源源不断地充实到党的肌体里，进一步增强了党的生机和活力。但是，与此同时，我们也要清醒地看到，在和平年代，党的队伍不可能经受战争年代那样的血与火、生与死的考验，尤其是在执政的条件之下，难免会

有一些人会抱有个人的某种动机而加入党的组织，也会有一些人在进入了党的队伍以后蜕化变质。这些因素都导致了党的干部队伍的成分结构发生变化，而这些具体变化又都对党的群众工作产生了一定影响。

首先，从来源及背景上看，年轻干部增多，但普遍缺乏基层工作经验。改革开放以来，党政干部队伍（包括县乡基层干部队伍）结构发生了根本性的变化，过去的公社干部乃至县级干部大多来自农村，并且是从生产队长做起，自下而上一级一级地提拔起来的，大多数干部熟悉农村、熟悉农业、熟悉农民、熟悉基层。“往前推十年，乡镇干部好多都是种田人出身，他是一步一个脚印干出来的。从生产队长到大队长，到副乡长，再到乡长。这些干部的实干性很强，解决问题的能力很强。”随着干部队伍“四化”方针的贯彻和农村各项改革的推进，尤其是随着《公务员法》的实施和“凡进必考”准入机制的运行，一大批高校毕业生不断充实进了各级党政机关，他们具有自己独特的优势，如年纪比较轻、闯劲比较足、学历层次高、现代科学知识比较丰富、视野比较开阔、思想比较活跃等，但与建国前参加革命和“文革”前后成长起来的干部相比，他们在与人民群众密切联系方面存在着“先天不足”。他们中的相当一部分人是从家门到校门再到机关大门的“三门”干部，社会实践经验严重不足，缺乏比较严格的党内生活锻炼，对工农大众和社会现实也有较大隔阂，尤其是未能很好地阅读“人民群众”这本书，缺乏基层工作经历和对基层群众的感情，缺乏艰苦生活的磨练，处理群体性事件和突发事件的能力显得不足，不愿、不会与群众打交道，与人民群众密切联系不够，对人民群众的感情不深，有的甚至连群众的话都听不懂，还有些人受官场不良风气的影响，眼睛只向上不向下，热衷于为自己的升迁铺路搭桥，沉溺于各种应酬之中，心中没有群众，身子也沉不到群众之中，脱离群众就成了必然。

其次，从任职年龄上来看，干部队伍的梯队搭配不尽合理，影响了干部作用的发挥。党的十一届三中全会以来，党工作的重点转移到了以经济建设为中心，建设社会主义现代化的轨道上来。从当时情况看，要实现这个重点转移，首要的问题是干部问题。尽管当时干部队伍的主流是好的，但在政治思想状况、组织的纯洁性，以及年龄、知识和专业结构等方面，都还存在许多与经济建设和改革开放不相适应的问题。① 为解决“文革”后复出的许多领导干部年龄偏大的问题，干部队伍年轻化曾作为“四化”方针中最为刚性的指标。三十多年过去了，虽然现在形势与“文革”后已大有不同，但干部年轻化依然是干部任职的重要依据，从而忽视了不同级别间的年龄组合，忽视了各级别

① 《邓小平文选》第二卷，人民出版社1994年版，第220－221页。

内干部队伍尤其是领导班子的年龄组合。历史的实践证明,无论哪个层级,适合中国社会复杂性的领导班子年龄结构应该是老中青结合的梯队型结构。当前的很多带有年龄规定的做法,看似简便易行、公平合理,但实质上却是与德才兼备、以德为先、唯才是举的干部路线相悖的,是另一种形式的"简单粗暴"和"政治偷懒"。扭曲干部年轻化的做法还引发了干部的"更年期综合症"和"连锁负效应",致使干部队伍的稳定性减弱,干部任期制形同虚设。与这种干部管理方式相关的还有"干部异地任职"的规定。其实,回溯历史,我们会发现,回避制度仅仅是我国古代吏治的一个传统,古时候信息不发达,交通也不发达,在那种情况下搞回避是很有必要的。现在,进入21世纪,处于信息时代、高速公路时代、高速铁路时代,回避制度已经失去了它存在的必然和必要性。"年龄挤压"和"异地任职"导致干部队伍中普遍存在"彼得效应"和"天花板"现象,这也在很大程度上反映出我国干部管理粗放、人才资源浪费、行政成本太高等问题,这些问题影响了干部作用的发挥。

再次,从人员的数量分布上看,乡镇干部严重不足,致使基层管理力量减弱。我国干部队伍的整体结构类似于橄榄型,中层干部数量较多(县处级干部就约24万人),而高层和低层数量都偏少。有研究表明,中国社会结构呈倒"丁"字型,其中构成丁字型一横的是巨大的农村社会阶层,构成丁字型一竖的则是城市社会阶层。面对巨大的农村社会阶层,而作为管理主力的乡镇干部数量却严重不足。而且,现在很多乡镇严重缺少35岁以下的年轻干部,致使基层一线的干部培养选拔成了无源之水、无本之木。

面对当前党的干部队伍成分结构所呈现的新问题新变化,我们的党必须及时调整干部工作方针,加大对自身队伍成分结构的合理安排和调整,加强党员干部队伍的培养、组织和管理,从而促进党群关系改善,保证党的干部队伍在实际工作中有效发挥自身的功能。

三、党的阶级基础和群众基础发生了深刻变化

任何一个政党都有自己的阶级基础和群众基础,这是执政党最重要的执政资源。认清、把握这种基础并制定科学合理的政策,巩固阶级基础,扩大群众基础,才能巩固其执政地位。作为中国工人阶级先锋队的中国共产党,是马克思列宁主义与中国工人运动相结合的产物。工人阶级是中国共产党的阶级基础,党的阶级基础决定了党的先进性性质;党的群众基础是最广大的人民群众,要靠党的纲领去号召,靠党的路线、方针、政策去引导,靠全体党员去争取,靠党的组织去凝聚。因此,只有不断增强党的阶级基础,才能更好地保持党的先锋队性质;只有不断扩大党的群众基础,党才能更好地带领最广

大的人民群众共同奋斗。如果只注重阶级基础,党就会因陷于孤军奋战而失败;如果只强调群众基础,党就会因先进性的蜕化而失去代表性,最终被人民群众所抛弃。

改革开放前,中国基本上是传统社会的形态,党以工人阶级为领导、以工农联盟为基础,人民群众的结构层次比较单一,党和政府制定政策也比较容易把握。随着改革开放的不断深入,包括大批知识分子在内的我国工人阶级队伍在不断壮大,整体素质不断提高,大大增强了党的阶级基础。同时,我国的社会阶层构成也发生了新的变化,出现了诸如民营科技企业的创业人员和技术人员、受聘于外资企业的管理技术人员、个体户、私营企业主、中介组织的从业人员、自由职业人员等社会阶层,其中的许多人通过诚实劳动和工作,为发展社会主义社会生产力和繁荣社会主义文化作出了贡献,成为有中国特色社会主义事业的建设者。如今,在剧烈的社会变革中,人民群众的结构层次明显增加,而且呈现出种种新的特点。比如,在工人阶级内部,已经逐步产生了普通工人群体、知识分子群体、机关公务员群体、企业经营管理者群体和包括下岗工人在内的特殊困难群体等不同的利益群体。农民的变化更大,农民个体工商户、农民私营企业主大量涌现,特别是大批的农民工已经涌入城市,他们在城市工作生活但户籍不在城市,他们离开了农村但在农村还有家、有亲属、有土地,他们不是城市的居民也不是传统的农民。从素质情况看,人民群众的受教育程度明显提高,知识和阅历更加丰富,技能明显提高,法制观念和维权意识明显增强,而思想观念日益多元化,一部分人的政治信念和对党组织的信任度有明显淡化。在群众中还出现了一些维权带头人,他们能得到一部分群众的支持和呼应,常常会介入到各种矛盾和纠纷的处理之中。从群众的利益诉求情况看,不仅具有多样性,而且不同利益群体的诉求常常互相对立和冲突,而解决的途径往往是向党和政府讨要说法,一旦不满意又往往会诉诸非理性手段。所有这些,都给我们的政策制定和协调处理工作增加了复杂性,也对我们的党员干部的素质能力水平和群众工作的方式方法提出了更高的要求。

党的事业的发展与党的阶级基础、群众基础的发展是相辅相成、互相促进的。党的阶级基础的增强、党的群众基础的扩大、党的社会影响力的提高这三者应该是同步的。党的战斗力既取决于党员的数量,也取决于党员的质量;党的凝聚力既取决于先进性,又取决于动力源;党的影响力既取决于组织的发展,又取决于事业的前进。把新社会阶层中的优秀分子吸收到党的队伍中来,是时代的需要,是实现党的任务的需要。党是大熔炉,只有与时俱进,党的阶级基础才能不断增强,大熔炉的锻造力才能不断提高;只有与时俱进,党的群众基础才能不断扩大，大熔炉的包容力才能不断增强；只有与时俱进，党的社会影响力才能不断提高，大熔炉的凝聚力才能不断扩大。

四、党群关系面临新情况新问题

历史唯物主义认为人民群众是历史的创造者，是推动历史前进的主要力量，群众观点是马克思主义唯物史观的一个基本观点。中国共产党自建党以来，就始终坚持群众观点，走群众路线，把保持党同人民群众的血肉关系作为党建的最基础工作。胡锦涛同志指出："一个政党，如果不能保持同人民群众的血肉联系，如果得不到人民群众的支持和拥护，就会失去生命力，更谈不上先进性。我们党的根基在于人民、血脉在于人民、力量在于人民。保持党同人民群众的血肉联系，是我们党无往而不胜的法宝，也是我们党始终保持先进性的法宝。"建党九十多年来，中国所取得的一切成就都是人民群众鼎力支持、努力奋斗的结果，密切党群干群关系是党的建设的根本问题，也是关系到党和国家生死存亡的重大政治问题。十一届三中全会以来，我们党高度重视党群关系、干群关系，从维护最广大人民群众的根本利益出发，在经济建设、政治建设、文化建设和社会建设等各方面不断满足群众的需求。总体来讲，我国的党群关系、干群关系是好的。但我们还应看到，在社会主义现代化建设的新时期，随着改革的不断深入发展，党群关系、干群关系也出现了一些不和谐的因素，原来的"鱼水一般"的党群关系面临着来自诸多方面的重大而严峻的考验，如果不能客观地正视这些问题及风险并坚决采取措施果断应对，势必会给党的事业和中国特色社会主义建设带来极大危害。总结当前党群关系、干群关系面临的严峻考验，主要集中在以下几个方面：

一是在反腐败问题方面的考验。腐败问题是导致干群关系紧张的主要原因。浙江省社科院一项调查报告显示，在党群干群关系紧张原因的认识上，46.9%的人认为"紧张"的原因是"腐败问题严重"①；而在中国"人民论坛"千人问卷调查中，"中国腐败问题"被网友评为未来十年十大挑战之首；"人民网"调查也显示，94.5%参与投票的网友认为"中国社会腐败问题很严重"。从这一系列调查结果中可以看出，干群关系紧张的主要原因在于干部的腐败，而民众对于腐败问题已经到了深恶痛绝、无法忍受的地步。腐败是人类面临的共同敌人，也是一种普遍现象，自古至今，世界上很多国家都曾被腐败问题所困扰，我们党执政之初就出现了刘青山、张子善等极少数领导干部的腐败问题。改革开放以后，随着经济活动和市场交易的活跃，一些领导

---

① 钟其：《腐败问题是导致干群关系紧张的主要原因——当前干群关系与社会稳定调查报告》，《观察与思考》2010年第5期。

干部经不起权力的考验和利益的诱惑,贪污受贿、以权谋私、官商勾结、权钱交易等腐败现象滋生蔓延。我们党对此认识非常清醒,惩治也从不手软,但多发高发的势头至今尚未遏止。当前,腐败主要表现在五个方面:一是案件数量迅速增加,涉案金额越来越大;二是职务级别越来越高,顶风作案现象异常突出;三是窝案串案越来越多,腐败主体由个体发展到团体组织;四是腐败涉及层面在扩大,程度在加深;五是腐败在形式上有了新的发展,由隐蔽性向公开化、智能化、复合型方向发展。① 腐败现象的存在与蔓延已经给党群关系、干群关系蒙上了一层厚厚的阴影,极大地破坏了党的优良作风,也腐化了社会风气。正如胡锦涛同志所说:"如果腐败得不到有效惩治,党就会丧失人民的信任和支持。"②

二是在基层民主建设方面的考验。随着市场经济的发展和体制改革的深化,广大人民群众的民主意识逐渐增强,基层民主建设是否到位直接影响着党群关系、干群关系能否良性发展。在政治体制改革中,我国实现了农村自治和城镇社区自治的重要变革,为基层民主建设打下了良好的基础。经过不断的完善和发展,我国的基层民主取得了一定的成就,在一定程度上满足了广大群众的需求。但是,我们还应看到,当前我国的基层民主建设在很多方面还不到位,进而影响到党同人民群众的血肉关系。在城镇基层民主建设中存在的主要问题就是利益相关性问题。随着社会主义市场经济体制的深入发展,人们日益重视自己的利益,甚至把所有事情都与自身利益挂钩。而城镇社区的民主建设并没有达到与居民自身利益高度相关的程度,这在一定程度上影响了城镇社区居民参与自治的积极性和城镇居民自治的质量,甚至出现了很大程度上的参与冷漠现象。这就给城镇社区的民主建设增加了难度,而长期的民主建设不健全势必会影响社会的和谐稳定,因此,如何增强社区民主建设的利益相关性是我国城镇基层民主建设的重大问题。在农村,民主化进程已经开始并取得了一定的经验,但仍然存在着很多问题。在农村基层"四个民主"中,只有民主选举这一刚性较强的制度落实较好外,民主决策、民主管理和民主监督落实得都没有到位;在实际工作中,少数基层干部一人独大,横行霸道;村务、财务管理制度不健全,缺少有效的监督机制;基层组织建设薄弱,农村党员老龄化严重。这些问题能否处理妥善,将直接关系到农村基层民主建设能否真正让广大人民群众满意。总之,我国当前基层民主建设方面还有很多地方亟待完善,这给我们党保持同人民群众血肉关系带来了考验。

---

① 董振华:《新形势下做好群众工作干部读本》,中共中央党校出版社2011年版,第101页。
② 胡锦涛:《在庆祝中国共产党成立90周年大会上的讲话》,《新华文摘》2011年第17期。

三是在切实维护群众利益方面的考验。利益问题是党群关系、干群关系的根本性问题,利益相关才能血肉相连。正如马克思所说:“人们奋斗所争取的一切都同他们的利益有关。”①中国共产党代表最广大人民群众的根本利益,始终把全心全意为人民服务作为党的宗旨。由于我国当前正处在社会转型期,社会体制不断变革,社会结构也发生了很大变化,党在切实维护最广大人民群众利益问题上面临着新的考验,主要表现在两个方面。一方面,受市场经济和改革开放的影响,我国出现了利益分配不公平和贫富差距拉大的现象。我国的基尼系数近几年呈上升趋势,贫富差距已经到了“危险”状态,已成为影响社会和谐的关键因素之一。其中,中低收入阶层比例过大,这一阶层的群众对国家的收入分配制度不满意,对贫富差距悬殊不满意,甚至出现了“仇富”的心态。再加上在住房、医疗、教育、养老等方面的沉重负担,处于中低收入阶层的群众难免会怀疑党是谁的利益代表者,他们对党和政府的信任度逐渐下降,影响了党群关系、干群关系。另一方面,在关系群众切身利益的一些重大问题上处理不当的现象增多。在土地承包、农村征地补偿、城市居民房屋拆迁、企业下岗失业职工安置、保障农民工权益、城市管理中小商贩利益受损等问题上,一些党政干部工作作风粗暴,制定政策欠科学,执行政策不平衡,工作措施不得当,对群众没有做好教育宣传工作,做事情缺乏感情投入,一定程度上侵犯了群众利益,伤害了群众感情,引起了群众不满,导致党群关系、干群关系紧张。实现并维护好广大人民群众的的根本利益,将直接关系到人民群众对中国共产党的拥护与否以及拥护程度。在新时期,采取有效措施缩小贫富差距,切实维护好群众的切身利益,将是我们党群关系、干群关系面临的一个重大考验。

四是在党员干部素质及执政能力方面的考验。全心全意为人民服务是中国共产党的宗旨,党员干部在执政过程中更应始终遵循这一宗旨。从这个角度来看,党员干部的素质及执政能力将直接影响到全心全意为人民服务的质量,进而影响到党群关系、干群关系。改革开放以来,我国党员干部总体素质不断提高,执政能力也显著增强,能够坚持党的宗旨,做到权为民所用、利为民所谋、情为民所系。但是,我们还应清醒地认识到,在中国党员干部这一庞大队伍中还有不少素质低下、不作为、不称职的干部。在实际工作中,他们没有能力根据实际情况,及时制定出台与人民群众切身利益相关的政策法规;出台政策时又缺乏统筹安排,没有充分考虑群众的心理和经济承受能力,也没有深入研究政策执行中可能出现的问题及防范措施,对出台的政策的可

---

① 《马克思恩格斯全集》第一卷,人民出版社 1956 年版,第 82 页。

行性也缺乏科学论证；思想观念保守陈旧，工作方法简单粗暴。有些干部甚至不懂政策、法规，缺少抱负，遇事回避，推诿责任，以致在人民心目中缺乏领导威信，形不成合力。在社会主义现代化建设的新时期，党员干部需要不断学习，不断提升自身素质和执政能力，这也是保持良好的党群关系、干群关系的必要条件。

五是在保持并加深党群干群间感情维系方面的考验。在当今社会客观环境的影响下，人民群众对中国共产党的感情与以往相比发生了很大变化。在革命战争时期，中国共产党在政治上与广大人民群众共同处于受压迫的地位与环境，只有依赖群众，发动群众，才能取得革命的胜利；而广大人民群众当时的反抗目标也非常明确，主要的敌人就是帝国主义、官僚主义和封建主义，他们坚信中国共产党会带领他们取得胜利，过上好日子。因此，在革命战争时期，广大人民群众对中国共产党的感情非常真挚深厚，他们对于一些党员干部偶尔冒犯他们、损害他们利益的行为也相对容易理解。而在中国共产党成为执政党之后，在和平环境下，党员干部对广大人民群众服务的意识容易淡化，群众常常被当成管理对象而不是主人来看待。广大人民群众也缺少了那种与共产党在长期生死与共、艰苦奋斗的战争环境中培养起来的感情基础，一旦党员干部身上出现了不足或工作中发生了问题，群众也常常难以谅解。① 特别是在社会主义现代化建设的新时期，随着市场经济的深入发展，在经济利益的冲击下，党群、干群间的感情纽带逐渐变得脆弱，再加上一些党员干部没能及时根据形势的变化及时转变自己的工作思路及方式，做出了一些损害人民群众利益的事情，极大地削弱了党群、干群间的感情纽带。因此，在新时期保持好并逐渐加深党群、干群间的感情，也是我们党群关系、干群关系面临的一项重大考验。

五、群众工作理念面临新挑战

作为执政党，长期以来，我们党是通过掌管和参与国家和政府的实际治理工作去服务群众的，而先锋队的理论和政治过程中的“自上而下”，使得群众工作注重的是群众在有领导的前提下积极参与并履行义务，群众工作的出发点也是争取群众对党和政府工作的支持和配合的基础上开展的。在这种情况下，群众观点、群众路线落实与否、落实的程度、落实的效果都取决于领导人的意愿、素质和作风，而不太重视让群众主动地要求或维护自身的权益，甚至有些干部将群众千方百计维护自身权益视为“刁蛮”。但是，随着社会物

① 武艳红：《党群干群关系存在问题的原因分析》，《山西高等教学校社会科学学报》第16卷第11期。

质文明和精神文明的进步,尤其是改革开放带来的深刻的社会变化,人们的谋生手段不再千篇一律,生活方式也不再大同小异,人们在物质和精神上的追求也因人而异、因地而异了。于是,人们并不满足于听命于政府和组织的安排和布置,他们在工作和生活上有更多的追求、更多的主张和意愿。所以,面对新的形势,以前那一套群众工作理念就面临着严峻的挑战,需要我们静下心来认真地分析和解剖。当前,群众工作理念值得反思的内容很多,主要集中在三个方面。

第一,各级领导机关和干部都必须清醒地认识到,以往"代表人民当家做主"的角色定位以及与之相适应的群众工作,对于主体意识、权利意识、参与意识不断增强的人民群众,不仅难以达到"一呼百应"的政治效果,还会遭到反感、抵触甚至激烈反抗。比如在地方建设中,一些干部经常理所当然地认为,政府是为地方发展服务,为人民群众谋利益,所以群众就要坚决服从政府,听众政府调遣,百姓的利益要让位于地方建设,并以此为出发点去做群众工作,如四川发生的事件和江苏启东发生的事件都属于此类事件。有些切实给人民群众带来实惠的实事工程,尽管政府做得很辛苦,但由于政府常以高高在上的"恩赐"思维做宣传,损害了受助者的尊严,所以,也不受群众的欢迎。上述事例表明,在新的历史时期,要做好群众工作,转变群众工作的理念很重要。当前,群众工作要特别注意树立人民权利至上的理念,再不能把"群众"仅仅理解为从属于社会的各个部分,而应该视为有平等权利和独立意识并且能够通过相应的渠道来保障自身权益的具体个体。在美国,拾荒贫民简·艾丽斯偶然发现市长等官员年薪高得离谱而走上街头呼吁呐喊,致使该市所有政府高薪官员自减薪水90%。这种普通公民所具有的政治影响力,彰显了民主社会应该具有的对于"群众"个体的尊重。但在我国,湖南农民陈凯旋向总理反映塌陷而深恐被当地镇政府抓捕外逃三天的事件,则显示了我们一些地方政府离尊重群众个体的路程还有多远。所以,群众工作必须逐步改变习以为常的"替民作主"理念,积极向着"支持和组织人民当家做主"转变。"以人为本"是我们党的执政理念,我们必须明确中国共产党是人民利益的代表者、实现者和维护者;广大人民群众不仅仅是社会财富的创造者,也应该是社会财富的所有者和享有者;党既是工人阶级和人民群众的领导者和先锋队,又是人民群众在特定的历史时期为完成特定的历史任务的一种工具。为此,必须从根本上改变群众工作就是领导干部当教育者,群众是被教育者,治理群众、代替人民当家做主的观念,在实际工作中树立"以人为本""服务群众"的理念,明确执政党的执政地位和人民群众的国家主人地位之间的一致性,保证人民群众当家做主,努力实现人民群众与党的"双向互动"。一方面,党要充分发挥先锋队的作用，善于引导和教育群众；另一方面，也要努力向群众学习，切实学会“问需于民、问计于民”，从群众的实践中吸收智慧。

第二，各级领导机关和干部都必须清醒地认识到，“人民幸福是党和政府恩赐”的执政理念既不符合马克思主义唯物史观，也极不利于党领导人民群众不断取得社会主义建设的新胜利。2012 年 5 月 9 日，广东省委书记汪洋在广东党代会上指出：“人民群众是创造历史的主体，我们必须破除人民幸福是党和政府恩赐的错误认识，切实维护并发挥好人民群众建设幸福广东的主动性和创造性，尊重人民首创，让人民群众大胆探索自己的幸福道路。”应该说，汪洋的话没有什么新奇，但他的话却引起了社会的广泛热议和一致好评。究其原因，最根本的就是，他尊重了人民的首创精神，再一次强调了人民群众在历史创造中的主体地位，尤其是他的一句“必须破除人民幸福是党和政府恩赐的错误认识”振聋发聩，警醒了许多党员干部。多年以来，许多干部躺在中国共产党在革命战争年代及社会主义建设时期取得的巨大成绩的功劳簿上不肯下来，总认为是自己辛苦劳作才有了今天美好的生活，忽视了人民群众在整个历史过程中付出的心血、汗水、辛苦以及无数的生命，因此，不把为人民服务作为工作的出发点和落脚点，不尊重群众的主体地位。在现代社会治理的视角下，这种理念必须彻底得到改变。当前，面对社会快速发展所带来的利益矛盾，如果仍然迷信党和政府的权力，而不注意从社会层面培育主持公道的力量，不注重发挥每位公民个体的积极性和能量，久而久之，党群关系、干群关系就会恶化，国家和社会的健康发展将不可持续。邓小平同志曾多次指出，改革开放中的许许多多东西，都是来自群众的创造，是群众智慧的总结。如果我们承认人民群众中蕴藏着丰富的智慧和无穷的创造力，那么，各级领导机关和干部就应该对人民群众有一个基本的估价，努力克服群众工作中“自上而下”有余而“自下而上”不足的缺陷，着力培育公民意识，走发展为了人民、发展依靠人民、发展成果让人民共享的路子。要始终坚持我们党所做出的任何决定都必须以人民群众满意不满意作为衡量的唯一标准，以一颗感恩的心充分尊重人民群众的首创地位，充分发挥人民群众推动历史发展的巨大力量。只有这样，我们党才能够发挥领导核心作用，赢得人民群众的支持和拥护。

第三，当前群众工作还要特别注意克服人治理念，树立法治理念。中国目前仍然处于“前法治社会”，整个社会虽然对法治抱有期待，但全社会还没有形成崇尚法治的良好心理。人们遇到各种问题，解决的思路和方法都习惯于依靠人治而不是法治，这在“信访悖论”中表现得尤为明显。信访工作是各级党委、政府做群众工作的重要手段和途径，当前，群众工作在很大程度上体现于信访工作。但现实中的信访乱象,不仅强化了人治观念,损害了党和政府的公信力,也不利于民主和法治的推进。在信访工作中,我们一直强调领导干部特别是主要领导干部要处理群众来信和接待群众来访,以服务群众,化解矛盾,但汹涌而至的大规模上访,又使各级党委和政府承受着巨大的政治压力。为了消解这种压力,各级党委和政府试图通过越来越严格的信访责任追究制层层往下施压,以使问题解决在基层。重压之下,有些党委和政府往往不是去解决问题,特别是没有从根源上解决问题,而是走向极端,通过截访等各种控制手段不让群众上访。结果是越不让群众上访,群众越是要越级上访,甚至采取自焚等非正常手段上访,使得本意是舒解民怨的信访有的变得无用甚至有害。要治理信访乱象,就必须克服干部和群众观念中的"青天大老爷"意识,把群众的利益表达和诉求引入民主和法治的轨道。由于上访群众需要解决的大多属于个体权益受到侵害的纠纷,因此要注重发挥律师参与信访案件处理、化解社会矛盾、维护群众权益的作用。特别是不能把律师的维权服务看成是维稳的潜在威胁,不能以牺牲人民群众的合法权益去强调稳定。大量的群体性事件已经表明,剥夺人的正常权利的稳定,只会掩盖社会矛盾,粉饰太平,导致社会的深度不稳。要强化司法机关承办信访有关案件的责任和能力,把大量可以通过司法程序解决的信访案件引导到正规的司法渠道上来,促进司法公正,并切实树立司法机关的权威,逐步减少带有人治色彩的信访活动。要改进人大代表的选举和工作机制,使人大代表能够真正联系选民,反映选民的意见,切实发挥各级人大向人民负责、监督政府工作的职能。而将信访纳入各级人大,不仅可以克服信访乱象,还可以为民主法治建设提供机遇和动力。

第三节　群众工作环境发生了深刻变化

我国当前正处在社会转型期,党的群众工作也处于世情、国情、党情的历史起点上。这一时期也是我国的矛盾凸显期,随着社会阶层的分化,形成了不同的利益主体并带来了多样化的利益诉求,而贫富差距仍在加大,各种社会矛盾纷至沓来。同时,网络及多媒体的广泛运用也为民意网络舆情的表达提供了条件。这一系列变化都给新时期的群众工作带来了新问题和新挑战。这就要求我们必须正确认识当前群众工作环境的变化,并尽快适应新环境。

一、利益主体多元化,利益诉求多样化

改革开放以来,我国社会一个重大的变化就是利益主体多元化。1956 年

计划经济确认以后至1978年改革开放以前,中国是一个利益主体结构单一化程度很高的社会。那时,优先发展工业的战略思路导致城乡二元经济结构格局的长期存在,从而形成了比较稳固的以工人阶级、农民阶级和知识分子阶层为主体的二元多维的社会结构。同时,高度集中的纵向行政隶属关系又把仅存的企业、个人等少数行为主体的特殊利益统合到国家利益这一整体利益的范畴之中。改革开放以后,我国利益主体结构单一的格局被打破,出现了利益主体多元化的局面。十一届三中全会后,我国进行了经济体制改革,随着中央向地方的分权、政府对国有企业的放权以及让利于多种经济成分发展,国民收入分配向居民个人倾斜,出现了一个与计划经济时期利益统合相反的变动趋势,即利益分解。这种利益分解将原先强制统合到整体利益中去的特殊利益分解出来,工人阶级、农民阶级和知识分子阶层开始逐渐分化,诸多新利益主体出现。① 一方面,原有的利益主体分化。由于经济、政治体制的改革,原来的政府、企业、个人也发生了分化,各自具有了相对独立的自身利益,成为不同的利益主体。在各个大的利益群体内部,如农民、工人和知识分子内部,由于所处的经济、政治条件的变化,也进一步分化,利益群体呈现多样化。具体来说,比如,政府分化为中央政府和各级地方政府;根据不同群体获得利益的资源的不同,工人阶级也再分为六大群体:知识分子群体、机关干部群体、企业经营者群体、普通职工群体、特殊困难群体以及外来劳动者群体;每一个大群体又可以分为不同的小群体,如普通职工群体可以分为金融与保险等新兴产业职工群体、机械与纺织等传统产业群体等;农民阶级的内部分化主要表现为传统意义上的农民在逐步减少,农村的非农化进程加快,大量的农村剩余劳动力在比较利益的引导下,开始摆脱土地、户籍等的束缚,寻求各种各样的致富门路。另一方面,新的利益主体产生。随着经济体制改革的深入,多种经济成分共同发展,大量的独立生产经营者、各类不同经济形式的联合体大量涌现,构成了一些新的利益群体,如个体经营者、私营企业主、"三资企业"中的管理人员、技术人员和普通员工等。尤其值得一提的是"新社会阶层"的出现。所谓新社会阶层,是指在改革开放条件下,经济体制转轨、社会转型和阶级变化、阶层重组中逐步成长起来的新型主体,包括民营科技企业的创业人员和技术人员、受聘于外资企业的管理技术人员、个体户、私营企业主、中介组织的从业人员和自由职业人员等多方面的人员。中国新社会阶层约5000万人掌握着10万亿元资本,使用着全国半数以上的技术专利,并直接或间接贡献着全国近三分之一的税收,每年吸纳半数以上新增就

---

① 洪远朋:《利益关系总论——新时期我国社会利益关系发展变化研究的总报告》,复旦大学出版社2011年版,第523-525页。

业人员。新社会阶层人士涉及中国经济和社会生活的各个领域、各个行业。他们不但与国内各阶层、各方面有密切接触，而且与国外的组织和个人有着广泛联系。另外，在上述利益主体发生变化的同时，也出现了某些利益主体畸变而成的隐蔽的利益群体。如果说上面两种利益主体的产生，是一种正常分化的公开利益群体，那么，还有一种是由某些利益主体畸变而成的非正常分化的隐蔽的利益群体。比如，凭借政治资源牟取私利者，也构成了一个特殊的利益群体。它的出现是体制转型期的特殊现象，是社会成员在组织资源、经济资源占有方面拥有优势的少数成员钻了制度不健全的空子演化蜕变而成的。①

在利益分化基础上形成的多元利益主体结构是和谐社会中制度架构的重要内容，而多元结构的稳定性恰恰取决于不同主体的利益均衡。这种均衡性的实现，关键在于实现权力资源的平等分配，进而使困难群体与强势群体一样，能够在国家政治架构中拥有表达自己利益的真实代表。因此，社会转型期中形成的利益制度应该是各个群体利益博弈的均衡结果，也是各个利益群体最优战略选择的集合。

利益主体出现了分化，必然带来利益需求的多样化，正如江泽民同志所指出的那样："随着改革的深化和市场经济的发展，物质利益的多样化是不可避免的，群众产生不同的利益要求也是不可避免的。"②在广大人民群众经济物质利益多样化的同时，也相应地使他们的政治利益、文化利益需求变得多样化，这种多样化可以从时间的横向和纵向两个方面来进行考察和思考。从纵向来看，表现为不同时期人民群众利益需求的多样性。当今社会处于高速发展期，新事物、新思想不断出现，刺激着广大人民群众在一定的经济利益、政治利益、文化利益需求得到满足之后，不断地去追求更高层次的利益需求。人民群众日益增长的物质文化需求同落后的生产力之间的矛盾一直是我国现阶段的主要矛盾。在新时期，只有大力发展生产力，不断增强综合国力，才能满足人民群众日益增长的物质文化需求。这也是我们群众工作能否做好的根本保障。从横向来看，表现为同一时期不同利益群体、个人利益需求的多样性。众所周知，人们的社会地位决定其利益需求，处于不同社会政治经济文化地位的个人和利益群体的人们之间利益需求是不同的。这也要求我们要有针对性地开展群众工作，真正了解不同地位的群众最需要的是什么，这样才能有的放矢，提高功效。比如，在当前社会，农民工、下岗职工、失业

---

① 洪远朋：《利益关系总论——新时期我国社会利益关系发展变化研究的总报告》，复旦大学出版社2011年版，第523－525页。

② 江泽民：《论党的建设》，中央文献出版社2001年版，第401页。

人员等社会“困难群体”，他们关注的往往是最基本的社会保障和再就业问题；现代“白领”除了要求有较高的收入外，还关心创业的环境，追求机会平等并享有更多的民主权利等；一些富裕起来而且又有管理经验的新经济组织的业主或股份持有者，除了想做大事业外，政治参与意识增强，同时，他们还想为社会服务，尽些社会责任；越来越多的人在精心营造自己小家的同时，还有了对社会公共事务知情权、参与权、选择权和监督权的要求，有了更高的精神文化需求。① 上述例子进一步提醒我们，在做群众工作时，一定要先认清工作对象属于哪个层次，一定要将群众工作做到实处，想群众之所想，急群众之所急，避免张冠李戴、假大空现象的出现。

二、贫富差距悬殊，社会矛盾多发

早在 1987 年，邓小平同志就富有前瞻性地提出：“社会主义发展生产力，成果是属于人民的。”②1993 年，他又指出：“十二亿人口怎样实现富裕，富裕起来以后财富怎样分配，这都是大问题。题目已经出来了，解决这个问题比解决发展起来的问题还困难。”③国民收入分配问题历来是关系到国计民生的重大问题，但我国的收入分配制度仍不完善，收入分配结构还存在很多问题。收入分配结构的理想状态应该是“两头小、中间大”的“橄榄形”，即高收入者和低收入者占少数，中等收入者占绝大多数。而现实中，我国的收入分配结构呈现出的状态则是“金字塔形”或者“丁字形”，极少数群体处于最富有的一端，中等收入者群体过小，而低收入群体过于庞大。我国的收入分配差距近几年在不断增大，分配不公的问题也日益突出。按照国际上衡量收入差距的标准，我国的基尼系数在 2000 年就超过了 0.40 的警戒线，2006 年已经达到了 0.496；而据相关专家判断，我国 2010 年的基尼系数已经超过了 0.5。世界银行报告显示，美国 5% 的人口掌握了 60% 的财富，而中国则是 1% 的家庭掌握了全国 41.4% 的财富，财富集中程度远远超过了美国。这也就意味着，改革开放以来，我国由世界上居民收入最平均的国家之一，变成了世界上居民收入差距较大的国家之一。相对于改革开放前平均主义分配体制而言，居民收入分配差距拉开有其合理性的一面，但不可否认的是，在几乎不到一代人的时间内迅速形成过高的基尼系数，相当程度上突出地反映了收入分配的公平问题。两极差距的不断拉大，对社会的稳定造成了较大的冲击。总之，自改革开放以来，我国经济取得了快速的发展，社会获得了长足进步，但经济增

① 张怀海：《新形势下党的群众工作理论研究》，中共中央党校博士学位论文，第 46 页。

② 《邓小平文选》第三卷，人民出版社 1993 年版，第 255 页。

③ 《邓小平年谱》（下），中央文献出版社 2004 年版，第 1364 页。

长的成果并没有让所有人都受益，而是出现了日益拉大的收入差距和贫富悬殊问题。在这种情况下，一些人对当前我国社会分配制度的公平性产生了疑虑，尤其是在底层民众中出现了强烈的不满情绪。这种情况如果不能得到及时有效的解决，势必造成全社会的思想混乱甚至大的社会动荡。

急剧的社会变迁往往会催发各种社会矛盾。改革开放以来，我国社会由传统社会向现代社会急剧变迁，目前仍处于这样的变迁之中。随着工业化、城市化、现代化、信息化、国际化进程的加快，各种社会矛盾凸显，社会矛盾处于多发、高发期。其中，既有各阶级和阶层内部的矛盾，也有各阶级和阶层之间的矛盾；既有表现在经济领域里的矛盾，也有表现在政治领域和思想文化领域里的矛盾；而集中表现为利益主体之间的矛盾和冲突，总体上呈现出错综复杂的状况，稍有不慎，就会引发冲突，酿成群体性事件，危及社会的和谐与稳定。特别值得注意的是，我国是一个政府主导型社会，各种矛盾和冲突的导火索往往会指向党和政府，导致党群关系、官民关系的紧张。“所谓群体性事件，是指某些利益要求相同或相近的群众、个别团体或个别组织，在其利益受到损害或不能得到满足时，受人策动，采取集会、集体上访、阻塞交通、围攻党政机关、殴打国家工作人员等方式，以求解决问题，对社会稳定产生或大或小的影响的非法集体活动。”①它具有主体的群体性、主观的目的性、客观的危害性、事件发生的突然性、事件原因的复杂性等特点。近年来，我国群体性事件发生较多，已经发展到了群体性事件高发时期。2008 年和 2009 年，我国的群体性事件特别多且严重，贵州瓮安、云南孟连、甘肃陇南、海南感城、湖北石首、吉林通化等地相继发生重特大群体性事件，造成不同程度的人员伤亡、财产损失和不良社会政治影响。当前，引发我国群体性事件的原因从表面看多是经济或环保等问题，但其最后指向又多偏向于政治性因素，往往与领导干部的贪污腐败和不作为有关。轰动一时的贵州瓮安民众冲击政府的暴力事件，表面上看直接的导火索是女中学生的死因争议，但背后深层次的原因是在移民安置、建筑拆迁、矿产资源开发等工作中侵犯群众权益的事屡有发生。而在 2011 年发生的轰动一时的乌坎事件，其起因就是由于乌坎村村委会对贩卖土地所得分配不公，最终导致村民集体游行示威，并查出当地官员私吞土地贩卖所得，引发大规模群体性事件。从诸多事件中可以看出，大多数突发群体性事件中的群众诉求是正当合理、事出有因的。但由于某些领导的官僚主义、作风不正、工作不到位，对群众的疾苦和呼声漠然处之，不关心群众，致使热点问题激化。也就是毛泽东曾概括总结的那样：“发生闹事的更重

---

① 《正确处理新时期人民内部矛盾做好新形势下群众工作党员干部学习读本》，人民日报出版社 2011 年版，第 98 页。

要的因素还是领导上的官僚主义。这种官僚主义的错误,有一些是要上级机关负责,不能全怪下面。”①

三、网络化条件下舆情民意表达方式发生深刻变化

网络的诞生所引发的信息革命至今方兴未艾,随着各种网络交流平台的建立,特别是微博的出现,使信息的传播更加迅速,人与人之间的联系和交流十分便捷,社会进入“人人都有麦克风”、“人人都是传播者”的多维立体传播时代。我们必须充分注意到以下一些情况:

一是我国的网民已经超过5亿,中国互联网络信息中心发布的《第29次中国互联网络进展情况统计报告》显示,截至2011年12月底,中国网民规模突破5亿,达到5.31亿。开通微博的人群已经超过1.9亿,而且呈不断增加的趋势,其中青年人居多。从这一数据可以看出,我国的网络已经非常普及,为数众多的民众都会通过网络来接收信息,共同交流,这就容易出现对一些“热点”或“焦点”问题容易形成带有某种倾向性并具有较强影响性的言论。网民就是群众,青年是党和国家的未来,需要我们重视他们所关注的热点、难点,想办法解决这些问题。

二是网络时代舆论自由的空间被大大地拓展,它既为执政党了解舆情民意,加强党群之间、官民之间的沟通交流开启了一个全新的渠道,也给各级领导干部带来了一系列新的挑战。以云南昆明为例,2009年11月,昆明螺蛳湾商业片区拆迁所引发的群体性事件再度使昆明成为关注焦点,不同的是,这一次昆明的处置表现得相当自信和从容。结合之前的网络舆情收集、分析、研判,昆明宣传部门在云南网、昆明信息港等主流网站召开网络新闻发布会,并借助“微博云南”这种web2.0时代的新型信息传播方式,以最快速度在最大范围内做了简要说明,和网民沟通互动,阐明事件的来龙去脉,赢得了公众的理解、认同和支持,“短平快”地平息了事件。昆明市借助网络处理突发事件和改革新政的举措引发了网络热议及好评。趁热打铁,同年12月,昆明市成功举办了“全国主流网络媒体昆明行”和“嬗变中的昆明”网络专家博客笔会,邀请来自全国20余个省市的36位知名博客学者及15家网络媒体的17名评论编辑或论坛管理员,就如何应对网络舆情进行深入探讨。藉此,昆明市不仅扭转了群体性事件造成的不良影响,而且,主要领导以开放、包容、务实的心态与网络意见领袖坦率交流、真诚互动,给参加笔会的专家留下了良好的印象,五天里,博客作者和网媒代表共发布博文、稿件150余篇,图片800

① 《毛泽东文集》第七卷,人民出版社1999年版,第326页。

多幅，先后被人民网、新华网、新浪、腾讯、网易、搜狐、天涯等网站或论坛多次转载。这些文章由熟悉网络语言，拥有众多读者的网络意见领袖写出并发布到网络，点击率在200万以上，在全国网络上掀起了一次宣传昆明的热潮，使得昆明成为全国关注的热点。与此相反，在网络舆论的拷问下，有些领导干部往往反其道而行之，他们的理念错误、素质不高、能力不足的问题在网络舆情时代暴露无遗。要做好新时期的群众工作，他们还需要不断地提升素质和能力，以跟上网络时代的步伐。

三是网络已成为舆情民意表达的一个重要渠道，人民群众的各种诉求、对一些特定人和事件的态度都会快捷地反映出来，可以使我们及时了解和掌握民声民意，发现和纠正执政中的一些失误和问题。人民网舆情监测室对2009年77件影响力较大的社会热点事件的分析表明，其中由网络爆料而引发公众关注的有23件，约占全部事件的30%。约三成的社会舆论因互联网而兴起，互联网已成为新闻舆论的一个重要的独立源头。人民网舆情监测室的蓝皮书还指出，根据对五大门户网站热点事件跟帖数量的统计，跟帖过万份的热点事项有5项，分别是湖北巴东县邓玉娇案、重庆打黑风暴、云南晋宁县“躲猫猫”事件、上海交通管理部门“钓鱼执法”、网瘾标准与治疗。这些热点事件主要涉及公民权利保护、公共权利监督、公共秩序维护和公共道德伸张等一系列重大的社会公共问题，体现了广大网民积极的社会参与意识，也反映出在传统媒体之外，互联网越来越成为网民自发爆料、集结舆论和利益表达的平台。

同时，网络的虚拟性、平等性、自由性、难控性等因素决定了网络舆论的杂乱性，网络上各种情况的反映和舆论发布往往是真假混杂、良莠共生，各种虚假信息（包括谣言、流言）、偏激情绪都可能通过网络集结和扩散，甚至快速发酵、放大，也容易被别有用心者所利用，如果我们不能及时地应对和正确地引导，就有可能酿成网络事件。在全民麦克风的网络时代，话语权不再被报刊、广播、电视等传统媒体所垄断，网民不仅仅是接受者，还是表达者和参与者，各抒己见，众声喧哗，舆论环境复杂。因此，提高网络的执政能力，特别是网络舆论的引导能力，是新时期党的群众工作的重要内容，对于塑造地方政府形象、推动科学发展、促进社会和谐都具有重要意义。各级地方政府都要重视“打造具有影响力的主流网络媒体”、“建立健全网络发言人制度”、“善待善用网络意见领袖”、“建立网络舆情管理机制”等，在加强与网络群众联系，想办法用好网络，发挥网络在群众工作中的积极作用的同时，还要加强对网络的监督、管理，切实保障网络的健康有序发展。

四、社会风气发生深刻变化

所谓社会风气，古人称之为"风俗"，而且有"风者，气也；俗者，习也"的说法。先秦儒家就提出了"移风易俗"这个现在为人们所熟知的成语。在现代，社会风气是社会的一种文化现象，表现为人们趋同一致的价值取向，是社会上或某个群体内在一定时期和一定范围内相效仿和流行的观念、爱好、习惯、传统和行为，具有不令而自行、不禁而自止的特点。①

党的十一届三中全会以来，改革开放成为社会生活的主旋律。在邓小平理论和"三个代表"重要思想及科学发展观的指导下，广大干部群众解放思想，实事求是，社会形成了开拓进取、创新奋斗的精神风貌，推动了社会风气向健康向上的方向发展，这是我国社会风气的主流。但是，由于我国正处于观念转变、体制转轨、社会转型的重要时期，由于历史的、现实的，经济的、文化的等种种原因，社会风气在多种因素的作用下呈现出非常复杂的状态。其中，不良社会风气也有突出表现，如封建迷信活动和黄赌毒等丑恶现象沉渣泛起；假冒伪劣、欺诈活动成为社会公害；危害青少年身心健康的东西屡禁不止；有的人拜金主义、享乐主义、极端个人主义恶性膨胀，把自己的名誉、良心、肉体、权力都商品化了；腐败现象在一些地方蔓延；等等。探究其原因，这些现象最为集中地表现在对经济利益的无休止的追逐上。也就是说，当前，对经济利益的无止境、极端化的追求是导致社会风气发生深刻变化的主要诱因。近几年我国频繁出现的"毒奶粉"、"地沟油"、"瘦肉精"等食品安全问题以及"南京彭宇案件"、"小悦悦事件"等各种道德沦丧的现象都跟经济利益、经济纠纷密切相关。

市场经济条件下社会不良风气的产生也与人们思想意识的变化息息相关。一是功利意识增强，信念意识减弱，人们在追求经济利益、物质财富的"功利"意识空前增强的同时，社会主义信念、集体主义道德、为人民服务的思想却相对淡薄了。二是自我意识增强，社会意识减弱。改革开放以来，人们的思想空前活跃，自我意识空前增强，这些思想意识在推进个人积极性、能动性和创造性充分发挥的同时，也造成了"自我"膨胀，自我意识放大，忽视了社会。三是关系意识增强，原则意识减弱。私事私办找"关系"，公事公办也找"关系"，不能办的事通过"关系"可灵活办理，能办的事通过"关系"可加快办理，似乎这世界就没有"关系"办不了的事，也不存在不用"关系"办的事。四是投机意识增强，实干意识减弱。近些年来，人们的投机冒险意识普遍增强。

① 龚海艳：《略论社会风气与荣辱观》，《科技信息》，2007年第18期。

有的人乘某些单位管理松懈之机，损害国家和他人利益，并且得了好处，发了横财。而坚持合法经营、诚实劳动的人却没有真正富起来。这样，人们头脑中扎实苦干、刻苦耐劳、艰苦奋斗的意识越来越弱。这些意识的变化都极大地影响和败坏了社会风气。

当前，要做好群众工作，就要正确认识社会风气的变化，分析影响社会风气变化的原因，正视存在的问题，从而寻找对策，树立、培养和营造积极、健康、向上的社会风气，促进经济发展，维护政治稳定，推动社会进步。

第五章　新时期群众工作的主要任务

群众是我们党的力量源泉和胜利之本,群众工作是党联系群众的主要方式和党的中心工作的实现方式。毛泽东同志强调指出:真正的铜墙铁壁是什么?是群众,是千百万真心实意地拥护革命的群众。这是真正的铜墙铁壁,什么力量也打不破的,完全打不破的。① 党与群众犹如鱼和水、种子与土地的关系,党和国家事业的发展进步,离不开人民的创造力量;党的全部执政活动,离不开强有力的群众工作。然而,要加强新时期党的群众工作,其出发点首先就是必须正确认识新时期群众工作的主要任务是什么,只有在工作方向和目标明确的前提下,才能有的放矢地制定政策,采取措施,进一步密切党群的血肉联系,扩大党的群众基础,推动社会的全面进步。总结历史经验,面对改革开放以来群众工作面临的新情况新问题,新时期党的群众工作的主要任务应该集中在以下五个方面,即依靠群众、教育群众、动员群众、组织群众、服务群众。

第一节　依靠群众

一切为了群众,一切依靠群众,从群众中来,到群众中去,集中起来,坚持下去,是党的根本的工作路线。毛泽东同志早就指出:共产党基本的一条,就是直接依靠广大人民群众。② 人民群众是执政党的坚实基础,人民群众是执政党的力量源泉。古今中外,没有任何一个执政党能够摆脱、背离这样的基本事实。否则,其执政的地位就会被颠覆。历史和实践雄辩证明,人民群众是实践的主体,是历史的创造者。群众中有真理,群众中有方略,群众中有智慧,群众中有力量。只要真正把群众放在心中最高位置,就一定能激发和凝聚群众中蕴藏的强大力量,党的事业就一定能不断走向胜利。

---

① 《毛泽东选集》第一卷,人民出版社1991年版,第139页.

② 《建国以来毛泽东文稿》第十二册,中央文献出版社1998年版,第581页。

一、要树立正确的权力观

权力观问题说到底是对人民群众的态度问题、感情问题，是为了谁、依靠谁的问题。中国共产党作为执政党，始终坚持权力由人民赋予，党是代表人民执掌政权。我国宪法规定：中华人民共和国的一切权力属于人民。人民依照法律规定，通过各种途径和形式，管理国家事务，管理经济和文化事业。毛泽东同志曾指出："我们的权力是谁给的？是工人阶级给的，是贫下中农给的，是占人口百分之九十以上的广大劳动群众给的。我们代表了无产阶级，代表了人民群众，打倒了人民的敌人，人民就拥护我们。"①胡锦涛同志也强调："作为领导干部必须牢记我们手中的权力是人民赋予的，只能用来为人民谋利益，而绝不能用来为自己谋私利，要始终为人民掌好权、用好权。"②上述规定和言论都表明，中国共产党除了人民的利益外，没有自己的特殊利益，党的宗旨是全心全意为人民服务，做人民的公仆。自建党建国以来，我们党始终坚持"权为民赋"的正确权力观，依靠人民，团结带领人民群众取得了革命、建设和改革开放的一系列胜利。

但是，随着时代的变迁，一部分领导干部忘记了自己的权力来自于人民，忘记了全心全意为人民服务的根本宗旨，以为权力来自于自己的努力，来自于上级的任命，从而在权力的行使过程中，只注重对上负责、对己有利，出现了种种滥权行为，导致党和政府的威信在人民群众中受损，影响了党执政的合法性，削弱了党的执政能力。在新的历史条件下，中国共产党面临的形势更加复杂、挑战更加多元、困难更加巨大，人民群众的要求也越来越高。我们必须牢记党的十六届四中全会所提出的"党的执政地位不是与生俱来的，也不是一劳永逸的"的警告，改正各级领导干部权力观中存在的问题，进一步稳固"权为民赋"观念，使党的各级领导干部都清醒地明白，无论职务高低、权力大小，都是人民赋予的，掌权的目的就是对人民负责，当人民的公仆。

各级领导干部务必牢记，人民可以赋予我们权力，违背了人民的利益，人民也可以收回我们的权力。对广大共产党员来讲，权力也意味着服务和责任，要立党为公、执政为民，为人民掌好权、用好权。要自觉摆正与群众的位置，增进与群众的感情，与群众同甘共苦，绝不可与民争利。

二、要充分相信群众

党的群众路线的理论依据是马克思主义的历史唯物主义原理。历史唯

---

① 《建国以来毛泽东文稿》第十二册，中央文献出版社 1998 年版，第 581 页。

② 《十六大以来重要文献选编》（中），中央文献出版社 2006 年版，第 624 页。

物主义认为历史是由人民群众创造的，历史的前进是由人民群众推动的。虽然“英雄”（或杰出人物）对历史发展有巨大的影响力，但无论什么样的英雄，与人民群众相比都是渺小的，其作用也只有在成为群众代表以后才能体现出来。各级领导干部只有在思想上真正认识到这一点，树立起充分相信群众的观念，才会在实际工作中自觉地依靠群众。如果颠倒了个人与群众的关系，思想上没有群众观点，心中没有群众的地位，这种人在实践中就会或早或迟、或多或少、自觉不自觉地露出“个人英雄主义”的尾巴，会在实践中栽跟头。

要充分相信群众，一是相信历史是由人民群众创造的。“人民，只有人民，才是创造世界历史的动力。”①二是相信人民群众能够自己解放自己。正如《国际歌》中所唱的：“从来就没有什么救世主，也不靠神仙皇帝，要创造人类的幸福，全靠我们自己。”共产党人的使命就是使人民认清自己的利益，团结起来，为自己的利益而斗争。归根到底，还是人民自己解放自己。三是相信人民群众中蕴藏着无穷的智慧和创造力。要虚心向人民群众学习，集中群众的智慧。邓小平同志曾指出：“一个党和它的党员，只有认真地总结群众的经验，集中群众的智慧，才能指出正确的方向，领导群众前进。”“离开群众经验和群众意见的调查研究，那么，任何天才的领导者也不可能进行正确的领导。”②毛泽东也早就指出：“必须明白：群众是真正的英雄，而我们自己则往往是幼稚可笑的。不了解这一点，就不能得到起码的知识。”③

三、要广泛深入群众

怎样才能广泛地深入群众呢？走马观花式地“视察”不行，蜻蜓点水式地“调研”也不行，必须身入群众生活圈，心入群众内心深处。我们的党员干部到群众中去，至少要做好以下几个方面的工作：

一是倾听群众的意见与呼声，了解群众的愿望与要求。邓小平同志指出：“毛泽东同志一向非常注意群众的议论，群众的思想，群众的问题。”“一个革命政党，就怕听不到人民的声音，最可惜的是鸦雀无声。”“密切联系群众”不是象征性地与群众走走亲戚，而是要在感情上与群众打成一片，眼睛看着群众，耳朵听着群众，脑子想着群众，心中装着群众。如果我们官架子十足，官腔十足，让群众对我们望而生畏，敬而远之，我们就根本无法密切联系群众。

二是把党的路线、方针、政策贯彻到群众中去，把党的关心与温暖送到群众中去。特别是当群众遇到天灾人祸和暂时困难的时候，更要开展送温暖活

---

① 《毛泽东选集》第三卷，人民出版社1991年版，第1031页。

② 《邓小平文选》第一卷，人民出版社1994年版，第218-219页。

③ 《毛泽东选集》第三卷，人民出版社1991年版，第790页。

动。“我们的历史经验是，越是困难的时候，越要关心群众。只要你关心群众，同群众打成一片，不仅不搞特殊化，而且同群众一块吃苦，任何问题都容易解决，任何困难都能够克服。”①

三是要做群众的向导。一方面，我们承认群众是党的力量和智慧的源泉；另一方面，群众在组织起来以前往往处于游移、分散状态，认识不一致，方向不明确，作用力不统一。我们共产党人就要做群众的领路人，做群众的向导。显然，领路人和向导是走在群众前面的人而不是落在群众后面的“尾巴”。向导必须启发、引导群众前进，做好理顺情绪、化解矛盾、凝聚人心的工作。所以，先锋队要帮助群众克服消极落后与不健康的情绪，调动群众建设社会主义的积极性、创造性。

四、要自觉接受群众监督

自觉接受人民群众的监督，是领导干部掌好权、用好权的基本要求。马克思主义认为，权力的监督是社会主义民主的本质体现。我国宪法对于人民享有的监督权作了明确的规定：一切国家机关和国家工作人员必须依靠人民的支持，经常保持同人民的密切联系，倾听人民的意见和建议，接受人民的监督。毛泽东同志早在 1946 年就指出：“只有让人民监督政府，政府才不敢松懈，只有人人起来负责，才不会人亡政息。”毛泽东同志将人民监督与政府兴亡密切联系，可见他对人民监督作用的重视。

我们要自觉接受群众监督，一是思想上高度重视人民群众监督的重要作用，它既是保证党和政府执政正确的重要保障，也是保证党和国家各级领导干部多做实事、少犯错误的有效保障。二是建立群众监督制度，保障群众监督权力。中国共产党人要在执政为民的全过程中，不断加强对各级干部和组织的监督，要像邓小平同志所指出的那样：“要有群众监督制度”，让群众和党员在制度允许、保障的条件下行使权力，开展监督。三是大力拓宽民主监督渠道。要在进一步改进和完善原有监督渠道的基础上，积极推广党务、政务公开，民主评议，质询听证等民主监督形式，把人民群众的参政议政监督权落到实处，使广大群众的监督取得实效。

第二节　教育群众

在党的基层组织工作中，有一项重要的工作是教育群众。之所以要教育

① 《邓小平文选》第二卷，人民出版社 1994 年版，第 228 页。

引导群众,是因为无产阶级政党是工人阶级的先锋队,是广大人民群众的先锋队。关于无产阶级政党的先进性,马克思、恩格斯早在《共产党宣言》中就已明确阐述。毛泽东也指出:“我们的党是无产阶级政党,是无产阶级的先进部队,是用马克思列宁主义武装起来的战斗部队。”①因此,无产阶级政党存在的目的就是为了走在群众前面,教育引导群众。十七届四中全会强调,要深入做好教育群众工作,在新的历史时期,我们党必须坚持以科学的理论武装群众,以正确的舆论引导群众,以高尚的精神塑造群众,对群众进行思想教育、法制教育和文化道德教育,为推进中国特色社会主义伟大事业奠定坚实的群众思想基础。

一、用科学的理论武装群众

用科学的理论来武装群众,就是要用马克思列宁主义、毛泽东思想、邓小平理论、“三个代表”重要思想和科学发展观来武装教育广大人民群众。人民群众的社会主义觉悟和对党的正确主张的理解不是凭空产生的,而是需要我们党员干部的深入宣传、加强教育和人民群众在实践中不断加深认识才能实现。

第一,坚持用马克思主义武装群众。马克思主义是世界无产阶级的指导思想,其基本内容包括马克思主义政治经济学、辩证唯物主义和历史唯物主义以及科学社会主义等三个主要组成部分。马克思主义从诞生之日起,就不仅仅停留在书本上,而是无产阶级解放事业的指路明灯。它以建设共产主义理想社会为最终追求,在世界新民主主义革命、社会主义革命和社会主义建设的进程中不断证明其正确性和指导意义。中国共产党人认真领会马克思主义的实质,在中国革命、建设的伟大社会实践中,教育人民群众,依靠人民群众,不断总结新经验、新原理、新结论,在不断丰富、发展和推进马克思主义的同时,也把全体人民的意志和力量不断地凝聚到党的周围,在党的带领下,先后取得了社会主义革命、建设和改革的巨大成功。在当前思想多元、多种社会思潮冲击的新的历史条件下,我们党仍要一如既往地牢固坚持以马克思主义武装群众,让人民明辨是非,坚定不移地走社会主义道路。

第二,用中国特色社会主义理论体系武装群众。中国特色社会主义理论体系是马克思主义中国化的最新成果,是新形势下推进党和国家事业发展的科学指南。中国特色社会主义理论体系是被实践证明了的科学理论体系,是我们认识世界、改造世界的强大武器,是树立科学的世界观、人生观、价值观

① 《毛泽东著作选读》(下册),人民出版社 1986 年版,第 834 页。

和正确的权力观的根本依据。新形势下推进党和国家事业的全面发展，必须坚持用中国特色社会主义理论体系统一思想，在讲清楚理论本身的同时，让群众深刻领会其深刻内涵，自觉实践这一科学理论体系，在学中用、在用中学，把学习与实践有机结合起来。

第三，深入开展社会主义核心价值体系的教育。社会主义核心价值体系是由包括马克思主义指导思想、中国特色社会主义共同理想、以爱国主义为核心的民族精神和以改革创新为核心的时代精神、社会主义荣辱观等为基本内容的科学理论。它鲜明地回答了在新的历史条件下，我们党用什么样的精神旗帜团结带领全体人民开拓前进、中华民族以什么样的精神风貌屹立于世界民族之林的重大问题。它是社会主义意识形态的本质体现，是全党全国各族人民团结奋斗的共同思想基础。做好群众教育工作，必须重视对群众加强社会主义核心价值体系的教育，引导群众积极实践社会主义核心价值体系。

开展社会主义核心价值体系的教育，要通过大众媒介，开展群众喜闻乐见的宣传活动，用群众语言向广大群众宣传和介绍社会主义核心价值体系的基本内涵、基本要求等内容，方便群众学习掌握；要注重把社会主义核心价值体系的基本要求和先进典型的具体实践有机结合起来，使之转化为广大群众的自觉追求，推动社会主义核心价值成为社会精神生活的主旋律，比如可以通过选树典型来增加价值共识；要注重发掘和推广基层民众所体现出来的高尚道德情操，使社会主义核心价值体系的基本要求人格化、生活化，更易为群众所接受和仿效；要根据不同行业、不同社会群体的特点，将社会主义核心价值体系融入到德育实践中。

二、用正确的舆论引导群众

舆论导向是党的领导工作中一个重要的问题。舆论导向正确，人心凝聚，精神振奋；反之，人心涣散，后果严重。新闻宣传是党的喉舌，党的对内、对外等各方面的路线、方针、政策，靠新闻宣传向外传播。党依靠新闻舆论宣传，把群众的呼声、要求、困难、经验等反映上去，变成新闻、通讯反映给各级党委以至中央。

从国内来看，我国正面临着历史上从未有过的极其广泛的社会变革，在全面建设小康社会的过程中，还会出现许多新情况、新问题、新矛盾。城乡二元经济结构还没有改变，老龄化严重，生态环境和经济社会发展的矛盾日益突出，经济体制、民主法制体制还存在一些不容忽视的问题，这将大大加重舆论引导的任务。从国际上来看，西方国家正在利用其技术、资金、人才优势，向全世界特别是坚持走社会主义道路的中国宣传其意识形态、价值观念、文化思想、商业理念、外交政策、社会文化等。互联网上的这些大量体现西方文化和价值观的信息，实际上是以美国为首的西方国家向发展中国家发动的没有硝烟的文化战。

用正确的舆论引导人，必须坚持中央提出的“五个有利于”，即有利于进一步改革开放、建立社会主义市场经济体制、发展社会生产力的舆论；有利于加强社会主义精神文明建设和民主法治建设的舆论；有利于鼓舞和激励人们为国家富强、人民幸福和社会进步而艰苦创业、开拓创新的舆论；有利于人们分清是非、坚持真善美、抵制假恶丑的舆论；有利于国家统一、民族团结、人民心情舒畅、社会政治稳定的舆论。只有做到这“五个有利于”，才能真正做到以正确的舆论引导广大干部和群众。

以正确的舆论引导人，要把握好新闻舆论宣传的思想导向、价值导向、行为导向等。在实际工作中，要坚持和巩固马克思主义的指导地位，积极扶持、发展正确健康的舆论，认真转化、克服不健康的舆论。对各种错误思潮和社会丑恶现象要及时给予有力的揭露和批判，坚决消除、制止消极有害的舆论。基层党组织必须认真贯彻团结稳定、以正面宣传为主的方针，保持宣传基调的连续性和稳定性。同时，要贯彻落实党中央关于新闻工作的方针政策，围绕党的中心工作，按照中央的工作部署，配合重大改革措施的出台，制定宣传群众的报道意见，并组织实施，抓好落实。要定期召开新闻通气会，通报有关情况，交流经验，加强调查研究，掌握动态，分析形势，提出对策。

以正确的舆论引导人，还要刻不容缓地强化网络舆论引导。中国互联网络信息中心发布的统计报告显示，截至2011年12月底，中国网民规模突破5亿，互联网普及率较2010年提升4个百分点，达到38.3%。网站数在2011年下半年实现止跌，并快速回升。中国手机网民规模达到3.56亿，同比增长17.5%。随着互联网技术的发展，传播主体日益多元，传播渠道逐步多样，QQ、MSN、博客、播客、微博、3G、数字电视、楼宇电视、电子书、电子期刊、电子杂志纷纷面世。面对蓬勃发展的网络舆论，当务之急是必须建立快速反应的网络舆论引导机制。要加强主流网站建设，抢占网络“阵地”，增强政府正面引导舆论的能力；实行网络新闻发布制度，及时发布权威信息；建立健全网络舆情监测机制。党委外宣部门、政府网管部门以及公安网监、文化稽查等要分工负责，各司其职，做到网络监管全覆盖；此外，还要强化各级各类媒体、媒介的协同配合，调动所有媒体、媒介的积极性，共同参与构建立体舆论引导机制。

三、用高尚的精神塑造群众

高尚的精神概括起来，就是爱国主义、集体主义、社会主义。用高尚的精神来塑造群众,就是要培养和增强人民群众的爱国主义、集体主义和社会主义精神。在全体人民群众中坚持进行爱国主义、集体主义和社会主义教育,培育和增强人民群众的爱国主义、集体主义和社会主义观念,是社会主义思想建设的重要内容。

第一,加强爱国主义教育。爱国主义,是一个国家、一个民族凝聚人民的重要思想基础和不断追求进步的强大精神动力。爱国是中华民族的优良传统,对全国人民具有强烈的号召力。我国爱国主义的主要内容是:艰苦奋斗,辛勤劳动,不断丰富和发展中华民族的物质文化财富;反对民族分裂和国家分裂,维护各民族的联合、团结和国家的统一;在外敌入侵面前,团结对外,英勇抵抗,维护祖国的主权和独立;同一切阻碍历史发展和社会进步的反动阶级、反动社会势力和反动制度进行斗争,推动祖国的繁荣和进步。几千年来,这些凝炼的爱国主义内容时刻鼓舞着全国人民,成为推动历史前进的巨大力量。在新的历史时期,我们要继续开展爱国主义教育,提高人民群众的爱国情操,使之成为全国人民团结拼搏、不断进取的动力源泉。进行爱国主义教育,一要从学习历史入手,特别是要学习中国和世界的近现代史,使人们了解祖国的曲折历史发展历程和中国人民不屈不挠英勇抗争的进程,引导人民群众珍惜今天的美好生活,树立民族自尊心和自信心;二要使人们了解古往今来的爱国人物,引导人民群众树立对自己祖国的高度责任感和祖国利益高于一切的思想,树立为祖国、为人民勇于献身的精神;三要使人们了解人民群众在历史发展中的重要作用,引导人民群众积极投身建设有中国特色社会主义的伟大事业中,为祖国富强、民族崛起而努力奋斗。

继承和发扬爱国主义精神,不能仅仅停留在口头上,而要体现在实际行动中。党员干部要带头发扬浩然之气,保持民族气节,自觉地维护国家尊严和民族利益,在爱国主义教育中发挥表率带头作用。党的基层组织和基层干部,要勇于同破坏国家统一、损害民族团结、危害社会主义事业的行为进行坚决的斗争,自觉地和社会主义现代化事业同呼吸、共命运,在自己的本职岗位上做出优异的成绩。

第二,加强集体主义教育。集体主义,是主张个人从属于社会,个人利益应当服从集团、民族和国家利益的一种思想理论,其中心在于以集体为重,以个人为轻,当个人利益和集体利益发生矛盾的时候要服从集体利益。

集体主义是无产阶级在进行生产斗争和反对资产阶级的阶级斗争中形成的。近代大工业的发展,使每个无产者的活动都受到彼此的制约和机器的限制,同时也把整个无产阶级的命运联系起来。在资本主义的经济剥削和政治压迫面前,任何一个无产者都不能单独改变自己的命运。无产阶级只有依靠集体的力量,才能摆脱剥削和压迫。阶级斗争的实践,使无产阶级觉悟到必须珍视集体的力量,必须在斗争中维护集体的利益。在新的历史条件下,国家、集体和个人三者之间的利益,从根本上说是一致的。国家利益、集体利益是通过每个劳动者的集体努力来实现的,而国家利益、集体利益的发展,又是个人利益得以实现的最可靠的保证,只有在集体中,个人才能获得全面发展。但在实际生活中,国家、集体和个人三者利益的一致,并不等于在每一个具体问题上三者的利益都完全相同。三者之间在利益上发生矛盾和冲突的情况是经常出现的。集体主义作为一种道德原则,一方面,要求国家和集体不断调整各种政策和措施,关心劳动者的个人利益,尽量使他们的个人利益得到发展;另一方面,也引导人们自觉地以个人利益服从集体利益,必要时甚至牺牲个人利益,保护集体和国家的利益。

改革开放、发展社会主义市场经济,带来了社会利益结构和分配形式的巨大调整,人们的个人利益得到了充分肯定和合理满足。然而,有些人却走向了另一个极端,即片面夸大个人利益的至上性和绝对性,否定集体利益、国家利益的重要性,认为集体利益已经过时了,只有个人利益才是真实的。在这种观念下,少数人不惜以牺牲、损害集体和国家利益为代价来满足个人的私利,甚至贪污腐化、以权谋私。针对这种情况,党中央十分强调集体主义教育问题,并把增强集体主义观念作为社会主义思想建设的重要内容,要求越是改革开放和发展社会主义市场经济,越要增强集体主义观念。

正确处理好个人利益和集体利益的关系,是坚持集体主义观念的核心问题。社会主义的集体主义,不是抹杀和否定个人利益的集体主义,相反,它充分肯定个人利益的合理性。我们重视个人利益,但反对把个人利益、小团体利益置于国家利益、集体利益之上的极端个人主义的做法。个人利益要服从国家利益,局部利益必须服从整体利益,眼前利益必须服从长远利益,绝不允许为了个人的、小团体的利益而损害国家和民族利益的行为。

第三,加强社会主义教育。只有社会主义才能救中国,只有社会主义才能发展中国,这是几代中国人经过艰苦卓绝的探索得出的一条真理。新时期以来,由于受国外错误思潮的影响,有些人对社会主义的信仰动摇,产生了社会主义信仰危机。因而,通过社会主义思想教育,帮助广大群众牢固地树立起社会主义信仰和观念,是一项紧迫的任务。这是一个方向性的大问题,必须解决好。

进行社会主义教育,必须搞清楚什么是社会主义、怎样建设社会主义这些基本问题。“我国社会主义在改革开放前所经历的曲折和失误,归根到底就在于对这个问题没有完全搞清楚;改革开放以来在前进中遇到的一些犹疑和困惑，归根到底也在于对这个问题没有完全搞清楚。”①邓小平同志从时代特征和我国基本国情出发，在我国改革开放和现代化建设的实践中，在总结我国社会主义胜利和挫折的历史经验并借鉴其他社会主义国家兴衰成败历史经验的基础上，对这些基本问题作出了科学问答。基层党组织必须引导党员和群众正确看待当前世界社会主义运动遇到的困难和挫折，坚定社会主义在经历一个较长时间的发展过程后必然代替资本主义，这是社会历史发展不可逆转趋势，但道路是曲折的。只有组织党员和群众深入学习领会邓小平理论、“三个代表”重要思想和科学发展观的精神实质，才能帮助人们增强社会主义观念，坚定社会主义信念。

四、用法律法规教育群众

用法律法规教育群众，必须坚持把法制教育与道德建设、依法治国与以德治国紧密结合，通过对人民群众法律法规教育的不断深化和拓展，逐步形成与社会主义市场经济相适应的社会主义公民法制素质。公民法制素质的提高，对于推进依法治国的步伐和民族的进步，形成良好的社会主义民主与法制的氛围，促进基层社会主义物质文明、政治文明、精神文明、生态文明的协调发展，全面推进中国特色社会主义伟大事业，都具有十分重要的意义。

第一，紧紧抓住影响人们法制观念形成和发展的重要环节，通过家庭、学校、机关、企事业单位和社会各个层面，坚持不懈地在全体人民群众中进行法制教育。家庭是人们接受法制教育最早的地方，要进行法制启蒙教育，在孩子成长的过程中，循循善诱，分清是非。在家庭生活中，要通过每个成员良好的守法行为，使之相互影响、共同提高。学校是进行系统法制教育的重要阵地，各级各类学校的基层党组织，必须认真贯彻党的教育方针，全面推进素质教育，规范学生日常行为，加强校纪校风建设。机关、各个企事业单位是对公民进行法制教育的重要场所。要把法制教育作为岗前和岗位培训的重要内容，增强法治意识，培养遵纪守法的精神。社会是进行公民法制教育的大课堂。城市社区、农村社区在公民法制教育中起着重要的作用。要运用多种形式和手段，大力宣传基本法律知识、法规法规，推广人民群众易于接受的各种法制教育方式。家庭、学校、单位、社会在群众法制教育方面各有侧重、各有特点，是相互联系、不可分割的整体。必须把家庭教育、学校教育、单位教育、社会教育密切结合起来，相互配合，促进人民群众法制教育的深化。

第二，要坚持继承优良传统与弘扬时代法制精神相结合。要积极借鉴世

① 江泽民：《论党的建设》，中央文献出版社2001年第1版，第112页。

界各国公民法制建设的成功经验和现代文明成果，在全社会大力宣扬解放思想、实事求是，与时俱进、勇于创新，依法治国、依法办事，依法从业创业、依法办企业，依法建设社会主义和依法为人处世的时代精神，使人民群众的法制建设始终充满生机与活力。

第三，要坚持尊重个人合法权益与承担社会责任相统一。要保障公民依法享有政治、经济、文化、社会生活等方面的民主权力，鼓励人们通过诚实劳动和合法经营获取正当利益，引导公民自觉履行宪法和法律规定的各项义务，积极承担自己应尽的社会责任。要把权利与义务结合起来，树立把国家和人民利益放在首位，又充分尊重个人合法利益的社会主义的义利观。

第四，要坚持法律法制教育与社会管理相配合。要广泛进行法制教育，普及法律知识和法制规范，帮助人民群众加强法律修养，建立健全有关法律法规，把人民群众法制教育融于科学有效的社会管理之中。要综合运用教育、法律、行政等手段，有效规范人民的行为。

第三节　动员群众

人民群众是历史的创造者，是推动社会进步的决定力量。全面建设小康社会、推进中国特色社会主义是一项全新的伟大事业，需要广大人民群众的共同努力，单靠一部分人、少数人是不能完成的。作为执政党和领导党，调动绝大多数人的积极性，团结和带领最大多数人参与到伟大事业中来，是共产党巩固执政地位、完成历史使命的根本要求，是群众工作的着眼点和应遵循的基本原则。

一、动员群众不断扩大政治参与

实现人民群众当家做主，首先要积极动员群众不断扩大政治参与，从各个层次、各个领域扩大公民有序政治参与，最广泛地动员和组织人民依法管理国家事务和社会事务，管理经济和文化事业。

第一，大力培育公众的参与意识。“公众参与”主要是指公众在公共事务方面的决策、管理、执行和监督过程中拥有知情权、话语权、行动权等参与性权利，能够自由地表达自己的立场、意见和建议，能够合法地采取旨在维护个人切身利益和社会公共利益的行动。① 要引导人民群众大力培养和牢固树立坚持党的领导、依法办事和充分发扬人民民主有机统一的意识，大力培养和

① 戴雪梅：《和谐社会与公众参与问题研究》，《求索》2006 年第 8 期。

树立公民权利和公民义务相一致的意识，大力培养和牢固树立人民群众的主人翁意识和当家做主的观念，大力增强法律意识和诚信意识。只有公众的参与意识不断增强，才能不断扩大政治参与。

第二，引导群众规范政治参与行为。基层党组织要发挥法律、道德的规范和约束作用，使人民群众以积极、负责、合法和理性的姿态有序地参与社会管理。要坚持不懈地对广大人民群众进行思想政治教育和法律法制教育，通过不断加强民主法制教育，使人民群众真正懂得建设美好家园、创造幸福生活、实现社会和谐，最终要靠人民群众自己。基层党组织要学会动员群众的方法，引导人民群众在政治文明建设中学会自我教育自己、自我解放自己，学会依法当家做主。

二、动员群众积极参与公共事务管理

群众中蕴藏着极大的管理积极性，动员群众积极参与管理，是科学发展的重要内容，也是实现科学发展的重要保证。当前，我国正处于社会格局的转型期、经济结构的调整期、社会矛盾的凸显期、刑事案件的高发期，党中央根据国内外形势变化，积极探索和实践适应我国国情的社会管理制度，强调要加强和创新社会管理，最大限度地激发社会活力、最大限度地增加和谐因素、最大限度地减少不和谐因素，提出加强和创新社会管理是思路的转变和举措的创新，是继承过去和发展未来，是坚持以人为本和科学发展的深化与提升。

"水亦载舟，水亦覆舟。"纵观中国近代历史，从鸦片战争到太平天国革命，从中日甲午战争到反对八国联军的义和团运动，从新民主主义革命到抗日战争，无不因为有了人民群众的参与、支持，最终才取得全面胜利。如今，在新的历史时期，在社会转型的关键时刻，我们加强和创新社会管理，同样离不开人民群众。社会管理创新需要群众基础、群众参与，但如何才能打牢群众基础，让群众积极参与？对于群众而言，关键就是要抓好民生保障问题，这是从源头治理上下工夫。当前，党和国家必须广泛征求人民群众的意见，听取他们的想法，有的放矢，重点解决人民群众关心的物质、精神、文化生活问题，让人民群众切实感受到党和政府的温暖。只有在人民群众充分认可党和政府的政策、方针及具体措施并与他们的需要、期盼相切合，才能激发他们参与公共事务管理的热情，共同遵守社会法制，切实维护社会秩序。

三、动员农民群众当家做主

我国13亿人口中，9亿是农民。因此，整个社会建设和管理的中心在农村。全面建设小康社会,必须充分发挥农村基层党组织和共产党员服务群众、凝聚人心的领导核心作用,充分发挥农村村委会协调利益、化解矛盾、排忧解难的作用。只有充分发挥农村各类组织的作用,才能形成社会建设和管理的合力,才能保证9亿农民真正当家做主,从而巩固党的执政基础,促进农村的社会和谐。

在全面建设小康社会的新时期,党的农村基层组织要实现领导和支持农民群众当家做主,必须不断完善村民自治,健全村党组织充满活力的村民自治机制。农村县、乡、村三级党组织,必须坚持以马克思主义、毛泽东思想、邓小平理论、“三个代表”重要思想和科学发展观为指导,充分发挥基层党组织的领导核心作用,领导和支持农民群众当家做主,把农村的社会主义政治文明和人民的当家做主推向新的历史发展阶段。

第一,党组织要努力健全和完善引导和支持农民群众当家做主的制度体系。农村乡、村两级基层党组织必须继续推行和完善民主选举、民主决策、民主管理和民主监督的“四个民主”制度和“村务公开”及其实施办法和操作规程,切实提高村民自治的制度化和规范化水平,落实农民当家做主的民主权利,让农民决定村里的发展大事,管理和监督农村发展和财务的实施与运行。

第二,党组织要不断健全引导和支持农民群众当家做主的组织体系。农村乡、村两级党组织必须依据中央的精神和农村政治文明建设的实际,继续健全以村委会、村民会议、村民代表会议、村务公开监督小组、村民理财小组为主体的村民自治组织体系,加强其相互之间的协调配合。同时,乡、村两级党组织还必须正确处理好村委会、村党组织、乡镇党委和乡镇政府之间的相互关系,增强党组织的领导能力和协调能力。

第三,党组织要加强引导和支持农民群众当家做主的村民自治各项功能的整合。党组织必须注意充分发挥村民自治组织在协调利益、化解矛盾、排忧解难等方面的功能作用,真正把群众的力量凝聚起来,把群众的积极性调动起来,使农民群众从村民自治中得到更多的实惠。

第四,党组织要努力加强村民自治与农村其他各方面工作的协调、配合。要继续把党的领导和村民自治实践融入各项农村工作之中,使之相得益彰,相互促进。尤其是要使党的具体领导与村民自治、政治文明以及加强农村社会治安综合治理等工作紧密结合起来。

总之,农村乡、村两级党组织要通过不断健全和完善引导和支持农民群众当家做主的制度体系、组织体系,整合村民自治的各项功能,注重村民自治与农村其他各方面工作的协调、配合。唯有如此,才能切实动员起农民群众当家做主。

四、动员城市居民当家做主

城市、城镇居民自治是城市、城镇基层民主的基本制度，是城市、城镇基层社会建设和管理的统一体，也是中国基层社会发展的基本趋势。随着我国城镇化进程的发展，随着越来越多的农村人口进城就业务工，城市、城镇居民的政治文明建设将是我国基层社会社会主义政治文明建设的重要组成部分。在社会主义政治文明建设中，充分发挥城市、城镇基层党组织的政治核心作用，引导和支持城市、城镇居民群众当家做主，必须完善城市、城镇居民自治，建设管理有序、服务完善、环境优美、文明和谐的新型社区。

第一，动员和支持城市、城镇居民群众实行民主权利。社区的发展、街道的发展、城市行政辖区乃至整个城市的发展，都需要城市城镇基层群众的民主决策、民主管理和民主监督。城市、城镇的各级基层党组织要在实践中不断完善社区居民的自治功能，建立健全社区党组织和社区群众自治组织、居民会议、社区协商议事会制度，吸纳社区内各方面人士参与社区管理。要逐年加强培训力度，不断提高社区工作者的整体素质。要不断扩大基层民主，增加透明度，让社区居民享有充分的知情权、选举权、决策权、管理权和监督权，维护好自己的合法权益，实现居民群众自己的当家做主。同时，随着城镇化进程的加快，大量的农村农民将逐步转为城市城镇居民，由于历史及文化等原因，他们的民主意识、民主习惯和民主素养等相对落后，因此，城市、城镇的基层党组织还必须加强对城镇化进程中城市、城镇居民的民主化教育和培训，要学会运用民主选举、民主决策、民主管理和民主监督的“武器”，动员和支持他们当家做主。

第二，整合社区服务，搭建服务居民的综合平台。随着改革开放和社会转型发展，社区越来越成为与人民群众密切相关的活动领域。社区服务是健全和完善社区管理体制的关节点，也是城市社区认同感和凝聚力培养的立足点。因此，城市、城镇各基层党组织要抓住社区服务这个牛鼻子，增强居民参与公共事务管理的能力。城市、城镇的各党组织要根据实际情况，不断拓展社区服务的内容，充分挖掘和合理利用社区资源，发展面向广大居民的各项便民、利民服务，面向老年人、残疾人和困难群体的社会救助和社会福利服务，面向下岗失业人员的再就业服务和社会保障服务，面向社区单位的社会化服务，积极开展志愿者服务。各基层党组织要通过这些深受人民群众喜爱的社区服务，使人民群众乐在其中，并自觉、主动地参与管理，提高能力。

第三，推动社区居委会、街道办事处不断丰富社区文化生活，创造文明、和谐的社区氛围。实现人民群众的当家做主，城市、城镇各党组织还要充分利用社区资源，抓好社区学习、活动场所建设，开展各类教育活动。要根据居民的文化需求，开展丰富多彩的社区文体活动，定期举办各级各类讲座等，以丰富的社区活动为载体，建立和发展社区网络，促进居民之间的接触、沟通和交往，增进居民的社区归属感，使居民对社区文化活动由“要我参与”变成“我要参与”，从而增强居民对社区的认同感、荣誉感和凝聚力，享受做主人的幸福和快乐。

第四，动员群众创建社会治安防控机制。社会治安防控体系是社会治安综合治理的一个重要方面，也是一项十分重要的系统工程。社会治安实行综合治理，既是保证我国长治久安的战略方针，也是一项改造社会、改造人类的具有深远意义的社会系统工程。当前，全国整体社会政治稳定，治安秩序良好。但是，随着改革开放力度的不断加大，诱发违法犯罪的因素不断增多，一些领域的治安问题日益突出。特别是在城市、城镇基层，当前社会治安综合治理的任务很重。因此，我们必须认真研究在社会主义市场经济条件下发动群众做好社会治安的新思路、新方法，有效动员和整合各种群防群治力量，形成人人参与的群众安全防范工作格局。为此，一要创建文明社区，发动群众认真搞好本单位、本社区的社会治安问题，做好各方面人物的思想政治工作，时刻警惕和防范西方敌对势力的活动，不断消除社会隐患，群策群力地解决已经发生的问题。二要创建人民群众积极发挥作用的有效防范机制，创建人民群众支持和参加的严打机制，努力把教育长效机制、有效防范机制和严打机制三个机制有机结合，逐渐构建起人民群众维护国家安全和社会稳定的防范体系。三要积极增强基层实力，争取上级党政部门从政策导向、力量配置、经费装备等方面向基层倾斜，增强基层实力，充分发挥第一道防线的作用。四要突出加强对流动人口、重点人口、有劣迹青少年等重点人群的法制道德教育，积极探索“以证管人、以房管人、以业管人”的管理新模式，创新对流动人口、重点人员、出租屋、小旅馆、废旧物品收购点、典当寄卖行、娱乐场所等的管理，最大限度地减少违法犯罪。

第四节　组织群众

组织群众是做好新形势下群众工作的重要内容，也是建设社会主义的根本保障。能否有效地组织群众，直接关系到党和政府决策的落实和工作的成效。新形势下，我们要认真分析组织群众的目的和任务，充分重视人民群众在推动科学发展、促进社会和谐中的重要作用，积极组织广大群众参与物质文明、政治文明、精神文明建设，团结一切可以团结的力量，推进中国特色社会主义伟大事业。

一、组织群众建设社会主义物质文明

党的基层组织是党的全部工作和战斗力的基础，应该成为全面建设小康社会、推进中华民族伟大复兴的组织者、推动者和实践者。要以坚持"发展为第一要务"，拓宽领域，强化功能，不断提高党的基层组织的凝聚力和战斗力为基础，动员和组织人民群众积极参加社会主义现代化建设。

在中国，每个历史时期都有每个历史时期的特点和独特的发展规律。今天，发展是我们党执政兴国的第一要务，全面建设小康社会是我们近期的奋斗目标，而推动发展的具体实现形式是市场经济，主要路径是实现中国特色的新型工业化和城镇化。所以，党的基层组织和基层干部，一定要认真研究市场经济的发展规律，领导广大人民群众遵循规律，坚持按照客观规律和科学规律发展市场经济。

探索中国特色的新型工业化和城镇化道路，离不开国情和我们党的历史经验。我们党最大的政治优势是"密切联系群众"，我们党最成功的历史成就是"领导人民战争"。在一个13亿人口的发展中大国发展社会主义市场经济，探索中国特色的新型工业化和城镇化道路，我们今天应依据中国人口众多的基本国情，借鉴党在战争年代领导"人民战争"的历史经验。我们要建设好具有国际竞争力的国有大型企业"野战军"和"集团军"，组织好省市所辖的大中型企业"地方兵团"，发展起市、县、乡、村辖地众多的国有中小企业、合资企业、民营企业、私营企业、个体工商户和个体与集体股份制种植业大户、养殖业大户、加工业大户以及覆盖全国的各种各样的发展市场经济的"公司类"组织，进而充分调动起从中央到地方的"野战军"、"集团军"、"地方兵团"和各类经济组织的积极性，广泛动员起13亿人民群众投入市场经济的"人民战争"，日益在更大范围、更广领域和更高层次上参与国际经济技术合作与竞争，充分利用国际国内两个市场，在市场经济的竞争中，提高整个中华民族的能力和素质，提升中国经济的规模和质量，实现中国特色的新型工业化道路和城镇化道路。

我国人民群众已经积累了三十多年改革开放和发展市场经济的经验，全党和全国人民在改革开放和发展市场经济的道路上正在走向成熟。只要各级党组织领导广大人民群众谦虚谨慎，不骄不躁，艰苦奋斗，紧紧抓住"第一要务"不放，抓住机遇，开拓进取，坚持用发展的办法解决前进道路上存在的问题，努力做到奋发有为、大有作为，就一定能够在全面建设小康社会的新时期交出优异的答卷。

二、组织群众建设社会主义政治文明

党的十七届五中全会指出，要加强社会主义政治文明建设，坚持党的领导、人民当家做主、依法治国有机统一，发展社会主义民主政治，保障人民的知情权、参与权、表达权、监督权。全国各级党的基层组织必须着力落实"执政为民"和"建设社会主义政治文明"原则，组织广大群众努力探索社会主义民主制度有效的实现形式，提高社会主义民主政治的制度化、规范化、程序化水平。

组织群众建设社会主义政治文明，基本前提是坚持社会主义政治文明的正确方向。发展社会主义民主政治是我们始终不渝的奋斗目标。近年来，中央对这个问题的认识日益深刻，并制定了一系列的方针、政策和规章制度，采取了许多切实可行的步骤和方法，使社会主义民主政治建设在稳定的前提下逐步向前发展。各级党组织要通过组织各种活动，让全体人民了解、理解中央为建设社会主义政治文明所做的各种努力及效果，并积极参与到社会主义政治文明建设中来。

组织群众建设社会主义政治文明，当务之急是着重加强社会主义民主政治制度建设，实现社会主义民主政治的制度化、规范化、程序化。为此，必须继续推进政治体制改革，通过制度设计、创新来保证人民群众充分行使民主选举、民主决策、民主管理与民主监督的权利，尤其在干部选拔任用过程中，要落实群众应该拥有的这四方面基本的民主权利，并建立和健全人民群众对权力的制约和监督机制。

组织群众建设社会主义政治文明，要把坚持党的领导、人民当家做主和依法治国有机统一起来。党的领导是人民当家做主和依法治国的根本保证，人民当家做主是社会主义民主政治的本质要求，依法治国是党领导人民治理国家的基本方略。坚持党的领导、人民当家做主是我国社会主义基本制度的重要内容，二者必须通过依法治国的方略得以落实。实现党的领导，除了坚决贯彻党的路线、方针、政策，坚持党管干部等原则外，一个重要的实现形式就是在党的领导和组织下，通过人民代表大会制度，把人民的共同意志变成国家的法律，通过依法治国，代表、维护、实现最广大人民的根本利益。

组织群众建设社会主义政治文明，还要把党组织的"三公开"作为组织群众建设社会主义政治文明的一项重要工作。基层党组织应普遍在党组织所在地建起各种广告栏和电子宣传网页，推行政务公开、财务公开和党务公开，把社会基层的财务账目、党政基层组织的决策事项和发展规划、党员和干部的廉政勤政情况及党组织的生活和发展等，一律公之于众，让人民群众及时了解情况，以便及时监督基层党政组织和积极参与民主决策、民主管理。基层党组织的普遍“三公开”，会进一步引起人民群众极大的兴趣和参政议政的政治热情。

三、组织群众建设社会主义精神文明

党的十七届五中全会指出，要提高全民族文明素质，不断拓展群众性精神文明的创建活动。社会越向前发展，党的基层组织越要牢牢把握先进文化的前进方向，弘扬中华文化，建设和谐文化，发展文化事业和文化产业，满足人民群众不断增长的精神文化需求，充分发挥文化引导社会、教育人民、推动发展的功能，建设中华民族共有的精神家园，增强民族凝聚力和创造力。在当代中国，发展先进文化，就是发展面向现代化、面向世界、面向未来的，民族的科学的大众的社会主义文化，以不断丰富广大人民群众的精神世界，增强人们的精神力量。

组织人民群众开展广泛的精神文明创建活动，党员干部的模范带头作用十分重要。广大党员干部特别是基层干部要牢记党的根本宗旨，努力改造主观世界，加强道德修养，自重、自省、自警、自励，要求群众做到的自己首先做到，要求群众不做的自己坚决不做，要教育好自己的配偶和子女，管好党政组织的工作人员，自觉接受党组织和群众的监督。

组织人民群众开展广泛的精神文明创建活动，需要社会各方面共同努力。基层党组织在社会主义精神文明建设中担负着协调、组织群众的具体职责，因此，要深入实际，调查研究，了解新情况，分析新问题，及时发现、总结和推广群众创造的新鲜经验，探索社会主义精神文明建设的发展规律，改进方式方法，组织具体工作。要在一定时期内，集中力量抓好若干社会影响大、示范作用强、受群众欢迎的实事，促进一些难点问题的解决。党的基层组织还要深入群众、深入生活，支持健康有益文化，抵制腐朽文化，改造落后文化，组织人民群众开展广泛的精神文明创建活动，创造出更多无愧于时代的原创作品。

组织人民群众开展广泛的精神文明创建活动，要多做建设性工作，重点抓好阵地建设。要采取适当的形式，在全社会各部门、各行业、各阶层建立和巩固精神文明建设网络；重点掌握机关、学校、厂矿、社区、村落、军营等部门单位和文化娱乐场所、公共活动场所等重点部位，以及网络、报纸、书刊、广播、电视、电影等大众传播媒体，最大限度地扩大精神文明建设的覆盖面。凡是对人民群众有较大思想影响的部位和场合，都要争取做到有党的宣传形象、宣传声音和宣传效果。

组织人民群众开展广泛的精神文明创建活动，要注重教育和实践相结合。要以组织创建活动为载体，吸引群众普遍参与。人民群众既是社会主义精神文明建设过程的参与者，也是社会主义精神文明建设成果的受益者，要坚持在各种类型的群众性精神文明的创建活动中突出思想内涵，强化道德要求，使人民群众在自觉参与中思想感情得到熏陶，精神生活得到充实，道德境界得到升华。

组织人民群众开展广泛的精神文明创建活动，党组织必须积极创造有利于精神文明建设的社会氛围。大众传媒、文学艺术和体育活动，对人民群众的精神文明建设有着特殊的渗透力和影响力。一切党的思想文化阵地、精神文化产品，都要宣传科学理论，传播先进文化，塑造美好心灵，弘扬社会正气，倡导科学精神，大力宣传体现时代精神的良好行为和高尚品质，激励人民群众积极向上，追求真善美，帮助人民群众辨别是非，抵制假恶丑，为推进社会主义精神文明建设创造良好的舆论文化氛围。对群众要坚持团结稳定鼓劲、正面宣传为主，牢牢把握正确的舆论导向，利用群众喜爱的栏目加强对社会普遍关注的热点问题的引导，积极开展舆论监督，有力地批评背离社会主义精神文明的错误言行和丑恶现象。要在各种文艺评价中把是否符合社会主义精神文明作为基本标准，加强对人民群众审美观念的引导，精心组织，加强宣传，吸引群众参与，以健康向上、团结拼搏的氛围，激发人们群众的团队精神和爱国热情。

四、组织群众建设社会主义生态文明

生态文明是在遵守人类、自然、社会基本规律的前提下，解决人类在社会生产和生活实践过程中所带来的人与自然环境的矛盾所创造的物质、精神、制度方面成果的总和。党的十七大首次提出建设生态文明，把生态建设上升到文明的高度，是我们党对中国特色社会主义、经济社会发展规律和人类文明趋势认识的不断深化，是贯彻落实科学发展观、推动经济社会又好又快发展的具体体现。要建设社会主义生态文明，必须加快有利于可持续发展的体制机制建设，进一步健全相关法律法规，推动全社会共同参与，努力形成人人关心、人人珍惜、人人保护的良好氛围。

要高度重视生态文明教育，使之成为社会道德规范。生态文明教育要从青少年抓起，从学校教育抓起，纳入国民教育和再教育体系，使广大学生和青少年从小树立生态道德意识，并使之成为终生的行为规范。要强化生态文明宣传教育，创新宣传方法，运用广播、电视、报刊等新闻媒体，广泛宣传生态文明建设的相关知识，大力推进生态道德教育进工厂、进社区、进农村，将生态文明的理念渗透到全社会的各个领域和生产生活的各个层面。要积极宣传环境污染和生态破坏的危害性,切实增强人民的生态忧患意识、参与意识、责任意识,以创建绿色社区、生态示范基地等多种教育形式,让人民群众亲身体验建设生态文明的重大意义,自觉树立崇尚自然、热爱生态的道德情操。

要大力倡导绿色消费理念,使之成为人们群众的生活习惯。建立和倡导新的消费模式,培育人民群众良好的消费习惯,是积极防止资源浪费和环境继续恶化的有效手段。要广泛利用各种媒体,加大生态消费的重要性和必要性宣传,倡导人民群众树立"节约光荣,浪费可耻"的观念,把节约作为一种生活习惯和自觉追求。要经常以发生在人民群众身边的典型人和事,来充分揭示奢侈性、浪费性消费观念的危害,引导人们主动摒弃过分追求豪华的"高档消费"、随意铺张浪费的"攀比消费"、片面追求方便的"一次性消费"等消费陋习,自觉树立以"绿色、自然、和谐、健康"为宗旨的生态消费观念,做到既满足当代人的消费需求,又不损害子孙后代的生存环境。

要加快形成特色生态文化,使之成为生态文明建设的强大动力。培育生态文化,首先要从领导干部做起,要引导各级党员干部树立科学的发展观和正确的政绩观,树立"保护环境是最大的民生工程"、"保护生态就是创造财富"、"保护生态也是政绩"的观念,做好生态文明建设的领导者和执行者。其次,要充分调动人民群众的积极性和创造性,拓展公众参与渠道,注重生态文化与地方文化有机结合,引导群众创作更多反映生态文明导向的文化作品,以群众喜闻乐见的文化形式,倡导人民群众牢固树立人与自然和谐共处、经济社会与环境协调发展的文明理念,重视发展民间环保组织和环保志愿者的作用,建立和完善相关制度,为他们的志愿服务行为提供支持、保护和保障,推动全社会不断增强生态文明建设的责任意识和奉献意识。

五、组织群众建设社会主义和谐社会

党的十七大报告指出:"深入贯彻落实科学发展观,要求我们积极构建社会主义和谐社会,社会和谐是中国特色社会主义的本质属性。科学发展和社会和谐是内在统一的……要按照民主法治、公平正义、诚信友爱、充满活力、安定有序、人与自然和谐相处的总要求和共同建设、共同享有的原则,着力解决人民最关心、最直接、最现实的利益问题,努力形成全体人民各尽其能、各得其所而又和谐相处的局面,为发展提供良好社会环境。"①

当前,组织群众建设社会主义和谐社会,要从以下几方面入手:

---

① 2007年10月24日,胡锦涛同志在中国共产党第十七次全国代表大会上的报告。

第一,要全面贯彻尊重劳动、尊重知识、尊重人才、尊重创造的方针,不断增强全社会的创造活力。要想方设法激发各行业人民的创造活力,坚决破除各种障碍,使一切有利于社会进步的群众创造愿望得到尊重、创造活动得到支持、创造才能得到发挥、创造成果得到肯定。要全心全意依靠工人阶级,既要充分发挥包括知识分子在内的工人阶级、广大农民推动经济社会发展根本力量的作用,又要鼓励和支持其他社会阶层人员为推动经济社会发展积极贡献力量;既要保护发达地区、优势产业和先富群体的发展活力,又要高度重视和关心欠发达地区、比较困难的行业和群众。

第二,要妥善协调各方面的利益关系,正确处理人民内部矛盾。要深刻认识正确处理人民内部矛盾的重要性和紧迫性,着眼于最大限度地激发社会创造活力、最大限度地增加和谐因素、最大限度地减少不和谐因素,为推动科学发展、促进社会和谐创造良好社会环境。各级党组织必须坚持把最广大人民群众的根本利益作为制定决策、开展各方面工作的出发点和落脚点,正确反映和兼顾不同方面群众的利益。必须高度重视和维护人民群众最现实、最关心、最直接的利益,坚决纠正各种损害群众利益的行为。要教育和引导广大基层干部和群众正确处理个人利益和集体利益、局部利益和整体利益、当前利益和长远利益的关系,增强人民群众的主人翁意识和社会责任感。要根据“民情”,健全正确处理人民内部矛盾的工作机制,完善解决群众信访工作责任制,综合运用政策、法律、经济、行政等手段和教育、协商、调解等方法,依法及时合理地处理群众反映的问题。要逐步建立健全社会利益协调机制,引导群众以理性合法的形式表达利益诉求,解决利益矛盾,自觉维护安定团结。

第三,要加强社会建设和管理,推进社会体制创新。要随着形势发展的需要,深入研究社会管理规律,完善社会管理体系和政策法规,整合社会管理资源,建立健全党委领导、政府负责、社会协同、公众参与的社会管理格局。各级党委和政府在全面建设小康社会的新时期,必须与时俱进,更新管理理念,创新管理方式,拓宽服务领域,发挥基层党组织和共产党员服务群众、凝聚人心的作用,发挥城乡基层自治组织协调利益、化解矛盾、排忧解难的作用,发挥社团、行业组织和社会中介组织提供服务、反映诉求、规范行为的作用,形成社会管理和社会服务的合力,健全社会保险、社会救助、社会福利和慈善事业相衔接的社会保障体系。要随着各种社会组织的建立和健全,同时加强和改进对各类社会组织的管理和监督。

第四,要健全工作机制,维护社会稳定。各级党委和政府必须坚持稳定压倒一切的方针,落实维护社会稳定的工作责任制。要积极探索建立社会舆情汇集和分析机制,畅通社情民意反映渠道。政法战线的基层党组织要注意探索建立社会预警体系，形成统一指挥、功能齐全、反应灵敏、运转高效的应急机制，提高保障公共安全和处置突发事件的能力。司法部门的基层组织，要积极发挥党员的先锋模范作用，有效发挥司法机关惩治犯罪、化解矛盾和维护稳定的职能作用。要坚持打防结合、预防为主、专群结合、依靠群众，加强和完善社会治安综合治理工作机制，依法打击各种犯罪活动，保障人民生命财产安全。在维护社会稳定的工作中，基层党组织要注重激发社会活力，促进社会公平和正义，增强全社会的法律意识和诚信意识，维护社会安定团结。

第五节　服务群众

全心全意为人民服务是我们党的根本宗旨，服务群众是做好新形势下群众工作的核心。胡锦涛同志要求各级领导干部坚持深入基层、深入群众，倾听群众呼声，关心群众疾苦，时刻把人民群众的安危冷暖挂在心上，做到权为民所用，情为民所系，利为民所谋。要通过扎实有效的工作，实实在在地为群众谋利益，带领群众创造自己的幸福生活。[①] 习近平同志强调，做好群众工作必须贯彻全心全意为人民服务的根本宗旨，从人民群众最关心、最直接、最现实的利益问题入手，努力解决学有所教、劳有所得、病有所医、老有所养、住有所居的问题，真心实意为群众谋利益，扎扎实实为群众办实事、办好事。因此，当前全心全意为人民服务就是要找准服务群众的有效抓手，把服务群众的工作做到群众心坎里，做到群众需要的点子上。

一、强化服务群众的意识

意识是思想的启蒙，是行动的先导。只有强调服务群众的思想意识，才能在工作上树立群众观点，坚持群众路线。树立“服务人民群众”的观念，就是实践党的全心全意为人民服务的宗旨，真正解决为谁执政、靠谁执政、怎样执政的问题。胡锦涛同志多次强调，党的各级领导干部必须始终坚持以人为本、执政为民理念，切实贯彻党的全心全意为人民服务的根本宗旨，不断实现好、维护好、发展好最广大人民的根本利益。因此，在当前深层次的社会矛盾突出和社会问题凸显的情况下，各级党组织和领导干部要把服务人民群众作为对人民群众的根本态度问题、感情问题，从世界观、人生观、价值观的高度确立服务意识，实现由“管理者”向“服务者”的身份转变，以全新的服务理念

---

① 《十六大以来重要文献选编》（上），中央文献出版社 2005 年版，第 84 页。

提升服务质量。

同时,对待人民群众要有真心、爱心和细心。要始终做到真心为群众服务,切实关心他们的疾苦,做到想群众之所想,急群众之所急;要始终做到对群众存爱心,怀着一颗爱心,怀着对人民群众的深厚感情,努力解决群众的实际问题;要始终做到细心服务群众,要细致地体会群众的困难,细致地做好说服、教育、宣传、引导工作,细致地帮助群众解决困难。

二、在就业和社会保障方面服务群众

就业和社会保障是民生之本,是关系到社会和谐的大问题。扩大就业和完善社会保障是我国当前和今后一段较长时期内重大而艰巨的任务。党的十七届五中全会指出,要完善保障和改善民生的制度安排,把促进就业放在经济社会发展的优先位置,加快发展各项社会事业,推进基本公共服务均等化,加大收入分配调节力度,坚定不移地走共同富裕道路,使发展成果惠及全体人民。

从我国当前的国情来看,虽然我国在现代化建设中取得了伟大成就,但和发达国家相比较,我国的经济实力、科技实力、国防实力还存在很大的差距。在我国这样一个拥有13亿人口的发展中国家,每年会有2000多万人的庞大就业压力,再加上我国当前还处于从计划体制到市场体制的转型期中,“制度性”就业矛盾也很突出。因此,扩大就业必须深化改革,花大力气解决。当前,应主要集中在以下几点:一是把当前以保障社会稳定为主的政策调整为社会稳定与扩大就业并重的政策。二是要放弃歧视性就业政策,促进城市二元劳动力就业体制的转换,推动农村剩余劳动力的转移和就业,使农民和市民能够公平竞争就业岗位。三是建立必要的劳动力需求管理和劳动力供给管理制度。此外,非公有制经济的快速发展吸纳了大量人员就业,成为新时期我国扩大就业、吸纳农村剩余劳动力的主要方向之一。①

同时,要不断拓宽就业内容,扩大就业途径。一是引导农村剩余劳动力转移。当前各地政府部门应逐渐放宽对农民进城务工谋生的行政限制,并相应改革现行的就业制度、户籍制度以及社会保障制度,加强对进城民工的管理和服务。二是促进中小企业发展。中小企业发展速度快,提供就业岗位潜力大。中小企业多涉足第三产业,具有就业弹性大等特点。各地应采取措施,发挥中小企业扩大就业的作用。三是支持民间创业。实证研究表明,以创业带动就业是解决问题的一条行之有效的途径。为此,政府需强化创业扶

---

① 曹利红:《国内外扩大就业政策研究和实践综述》,《理论研讨》,2010年第11期。

持理念,加大创业支持力度,完善创业服务体系,消除创业壁垒,优化创业环境,加强创业培训,改进创业教育,加强创业引导。

完善的社会保障制度作为现代化社会的一个重要标志,在社会经济运行中起着“减震器”和“安全网”的作用。随着社会主义市场经济的发展,社会保障制度的作用愈来愈重要。我国目前正处在社会体制和经济体制的转型时期,政府对这样大规模的转型并没有任何经验可循,只能采取“摸着石头过河”的办法前进,因此在实际中也必然会遇到一系列问题。2009 年 5 月,胡锦涛在中共中央政治局集体学习时强调,要加快建立覆盖城乡居民的社会保障体系,坚持广覆盖、保基本、多层次、可持续的方针,以社会保险、社会救助、社会福利为基础,以基本养老、基本医疗、最低生活保障制度为重点,以慈善事业、商业保险为补充,统筹协调做好各项工作,实现社会保障事业可持续发展。在我国,农村的社会保障最为落后和薄弱,所以,一定要特别关注这一群体的社会保障问题。可喜的是,当前,农村社会保障体制建设将全面启动。农村的社会保障体制的建立,将是农村一场深刻的社会变革。农村基层党组织和农村基层干部对此一定要有充分的思想准备,要积极探索,勇于创新,在思想认识、资金筹备、教育群众、宣传群众等方面全面关心、支持、配合、帮助农村社会保障体系的建设工作。

就业与社会保障,是考量我们共产党人能否全心全意为人民服务的两个基本问题,无论是为当下的社会稳步发展还是长远的未来考虑,现在都必须勇敢地迈出发展的一步,真正实现社会主义和谐社会所倡导的公平正义,让广大人民享受到改革开放和社会主义体制所带来的好处。

三、在行政、司法援助方面服务群众

随着依法治国历史进程的深入发展,在行政、司法方面服务群众,已逐步成为党的群众工作的一项重要内容。尤其在城市化进程中,包括农民工在内的流动人员,他们的合法权益受到严峻的挑战,特别需要来自行政、司法方面的帮助。各级党委和地方政府要统一领导,努力形成以劳动保障部门为主,民政、司法、公安、教育、建设等部门密切配合,工会、妇联等社会团体和中介组织主动参与,共同维护农民工合法权益的工作格局,共同维护全体人民的合法权益。

第一,制定、完善农民工权益保障的法律法规。例如,尽快制定出台《农民进城务工经商权益保护法》,完善《劳动法》等法规,建立农民工权益保障机制。

第二,加大制裁处罚力度,建立惩罚性赔偿金制度。农民工合法权益受

到用人单位尤其是个体私营业主严重侵害的事件之所以屡屡发生，一个重要原因就是现行劳动法规定的制裁处罚力度较小，所以，一定要加大制裁各种危害农民工权益的处罚力度。同时，要加快建立惩罚性赔偿金制度，加大对农民工保护力度。

第三，要加强劳动保障的监察执法，普遍建立举报制度。当前，农民工在劳动报酬和劳动安全等方面权益受到侵犯带有一定的普遍性，这说明我国对《劳动法》的贯彻执行和监督保障不到位，应在坚持国家监督的基础上，扩大社会监督渠道，通过设立举报等制度，引入群众监督机制，强化监督作用，保障群众权益。

第四，建立一个行之有效的司法救助机制。司法救助机制是衡量一个国家法制是否健全的重要标志，更是衡量一个国家社会文明与进步的重要尺度。“没有救济的权利就不是权利”，司法是社会正义的最后防线，当社会困难群体的合法利益受到侵犯时，也需要在司法制度上给予特殊保护。当前，城市农民工在劳动条件、社会地位和经济收益上都属于社会生活中的困难群体，除了法律和政策的保护之外，还应当得到社会团体的帮助。因此，应该建立一个专门的组织或机构站出来代表他们的利益。这个机构必须具有独立性，其工作不受社会其他方面的影响，能够以自己的名义代表或支持农民工运用法律捍卫自己的利益。

四、加大对社会困难群体的服务

困难群体是由于某些障碍及缺乏经济、政治和社会机会，而在社会上处于不利地位的社会成员的集合，是在社会性资源分配上具有经济利益的贫困性、生活质量的低层次性和承受力的脆弱性的特殊社会群体。其突出特点是经济贫困和权利贫困。① 解决困难群体问题不仅有利于维护社会的稳定发展，而且有利于维护社会的公平和正义。

要解决困难群体问题，最重要的是使其得到社会的关注与帮助，使其利益得到保护和发展。为此，应采取以下主要措施：

第一，改革收入分配制度，实现收入差距适度控制。要进一步深化分配制度改革，确立劳动、资本、技术和管理等生产要素按贡献参与分配的原则，规范个人收入分配的激励、约束、监督机制。要合理调节少数垄断行业的过高收入，消除城乡分割等非市场因素在资源配置中的作用；根除非法收入，依法惩治贪污、受贿、偷税、漏税等违法乱纪行为，维护初次分配的公平、合理，

---

① 王明霞：《我国社会弱势群体问题探析》，《西安石油大学学报（社会科学版）》，2010 年第 3 期。

实现收入差距“适度”控制，有效维护困难群体利益。

第二，建立健全通畅的利益表达机制，及时化解矛盾冲突。关心和扶助困难群体，党和政府要建立健全有效的制度化机制，使党和政府与人民群众特别是困难群体之间在社会问题、改革开放、利益分配等方面进行有效沟通，使他们的利益得到有效表达。党和政府在制定有关政策与措施，特别是与困难群体有关的政策与措施时，要深入到弱势群众中去，了解民意，反映民情，集中民智，使决策科学化、民主化。另外，各级党和政府要高度重视对困难群体的教育与疏导工作，引导困难群体正确对待现实生活中的矛盾和问题，采取有效的调整和干预措施，使其选择理智的反映问题的方式，正确对待改革中出现的风险、挫折与失败，培养乐观向上、积极健康的心理状态。

第三，健全社会保障体系，完善社会服务。社会保障制度作为二次分配的一种形式，应该充分体现公平的原则，这是保障社会经济活动能够正常运行、经济增长速度适度的最基本条件。中央和地方财政要积极探索收入分配的城乡转移支付机制，将城镇的过高收入转移给农村，各级财政支出要提高社会保障支出，适当降低行政管理费的支出。

第四，为困难群体提供知识援助。一要加大农村特别是落后地区的教育投入，缩小教育差别，提高困难群体的整体文化素质。知识经济时代，知识能力素质是社会成员参与社会竞争，提高个人社会地位、增加财富的重要因素。困难群体多处于社会边缘和社会底层，从自身讲，只有不断提高自身素质，才能适应社会发展。二要加强困难群体的技能培训。政府应特别关注，加大力度，提高困难群体的职业技能，使其凭借一技之长实现就业，达到生活安全。

第五，发展社会慈善事业。随着经济的发展，我国已经形成了一定规模的中高收入阶层，这表明我国已经具备了发展社会力量开展慈善救助事业的社会基础。因此，要通过制定合理的制度机制，调动富裕阶层参与社会公共事业、展现自我、实现自身价值的积极性，建设助人为乐的良好社会风尚，大力发展社会慈善事业，为社会困难群体寻求更多的帮助。

第六章　提高领导干部的群众工作能力

改革开放三十多年来,我国的经济发展取得了举世瞩目的成就,各级党员干部在发展经济方面的能力也相应得到了很大的提升。然而,在经济发展的同时,经济社会生活领域中各种矛盾凸显,各种各样的群体性事件层出不穷,极大地考验着党的执政能力。胡锦涛同志在"七一"讲话中尖锐地提出了全党面临的"四大危险",其中就包括"能力不足的危险"。"能力不足的危险",其中就包括领导干部缺乏做好群众工作的能力。群众工作是我们党全部工作的基础。群众工作也是广大领导干部一切工作的基础。在新的历史条件下,对各级领导干部来说,群众工作能力是一项最基础、最核心的能力,是不可或缺的"第一能力"。因此,要加强和改进新形势下的群众工作,就要不断增强群众工作本领,提高群众工作的能力。

第一节　提高保持与人民群众血肉联系的能力

胡锦涛同志在庆祝中国共产党成立九十周年大会上的重要讲话中指出,在新的历史条件下提高党的建设科学化水平,必须坚持以人为本、执政为民理念,牢固树立马克思主义群众观点,自觉贯彻党的群众路线,始终保持党同人民群众的血肉联系。各级领导干部是做好群众工作的重要责任人,面对新的历史条件和新的社会特点,要做好群众工作,首先要提高保持与人们群众血肉联系的能力。

一、提升领导干部的思想政治素质,增强联系群众的自觉性

保持与人民群众的血肉联系一直是我党的优良传统,也是广大领导干部做好群众工作的前提和基础。然而,在实践中,一些领导干部作风漂浮、脱离群众,使得党和群众之间的关系疏远。究其原因,思想意识上不愿意联系群众是重要因素。因此,提高领导干部保持与人民群众血肉联系的能力,就要切实加强思想政治建设,提高党员领导干部思想政治素质,树立正确的执政意识,坚持群众观点,站稳群众立场,真正从思想意识上增强联系群众的自觉

性和主动性。

首先，坚持树立以人为本、执政为民的执政意识。以人为本、执政为民，是我们党根本宗旨的集中体现。我们党自成立以来，一直把全心全意为人民服务作为自己的根本宗旨，党的一切奋斗目标和工作都是为了造福人民。以人为本集中反映了我们党对人民历史主体地位的认识，反映了我们党与人民群众关系的本质，反映了我们党对人民群众的根本态度。执政为民集中反映了我们党在已经成为执政党的条件下，全部执政活动的根本目的就是为人民谋利益。正如胡锦涛同志在十七届中央纪委六次全会上指出的："以人为本，执政为民是我们党的性质和宗旨的集中体现，也是我们党一贯的政治主张和执政理念。"以人为本、执政为民也是指引、评价、检验我们党一切执政活动的最高标准。胡锦涛同志在"七一"重要讲话中强调，以人为本、执政为民是指引、评价、检验我们党一切执政活动的最高标准。以人为本、执政为民是马克思主义政党的生命根基和本质要求，深刻反映了共产党执政规律、社会主义建设规律和人类社会发展规律的共同价值指向，是党的执政理念的最高概括。

领导干部要想做好群众工作，首先就要在思想上树立以人为本、执政为民的执政意识。要根据以人为本、执政为民的要求，坚持把人民利益放在第一位，把实现好、维护好、发展好最广大人民的根本利益作为一切工作的出发点和落脚点，努力做到权为民所用、情为民所系、利为民所谋。要以实现人的全面发展为目标，从人民群众的根本利益出发，不断满足人民群众日益增长的物质文化需要，切实保障人民群众的经济、政治和文化权益，让发展成果惠及全体人民。要紧紧依靠人民，切实造福人民，团结和带领人民群众为实现自己的根本利益奋斗，把人民拥护不拥护、赞成不赞成、高兴不高兴、答应不答应作为检验一切执政活动的最高标准。

其次，牢固树立群众观点，站稳群众立场。坚持马克思主义群众观，是由我们党的性质和国家政权的性质决定的。在新的历史时期，牢固树立群众观点仍具有十分重要的现实意义。其一，新时期牢固树立群众观点，是完成中国特色社会主义事业的根本保证。要建设和发展中国特色社会主义，我们必须依靠群众，团结带领群众共同奋斗。其二，新时期牢固树立群众观点，是巩固党的执政地位的坚实基础。我们党之所以能够从小到大、由弱变强，取得全国革命的胜利，成为社会主义中国的执政党，就是因为得到了人民群众的拥护、支持和信任。当前以及今后，要巩固党的执政地位，仍然需要得到人民群众的拥护、支持和信任。

牢固树立马克思主义群众观点，就是要坚持人民群众是历史的创造者，是推动历史前进的主力军，是党取之不尽、用之不竭的力量源泉。在社会主义制度下，人民是国家的主人，国家的一切权力都属于人民。党是人民群众利益的代表，但群众不是被动地被代表者，而是政治生活的实际参与者。因此，引导群众参与政治生活，可以真正体现人民群众的主人地位，使人民群众了解党，扩大党的执政基础。牢固树立马克思主义群众观点，就是要牢记全心全意为人民服务的宗旨。全心全意为人民服务是我们党的根本宗旨，是中国共产党人永恒的执政理念，它充分体现了中国共产党的执政宗旨和价值取向，深刻揭示了中国共产党以人为本、执政为民的本质。牢固树立群众观点，在实际工作中，还要求广大的党员干部站稳群众立场。胡锦涛同志在党的十七届五中全会上提出，群众立场是决定我们党的性质的根本政治问题。能否坚持群众立场是决定人心向背、事业成败的关键。自觉站在人民群众的立场上，是新形势下做好党的群众工作的根本要求。

二、提升领导干部联系群众的能力，提高服务群众的水平

解决了思想意识上的自觉性和主动性问题，能不能做好联系群众的工作，还要取决于具不具备联系群众的能力。领导干部要想密切联系群众，必须具备以下四种能力：第一，深入群众的能力。第二，调查研究的能力。第三，与群众沟通的能力。第四，组织协调的能力。要提高这些能力，必须加强自身建设，从以下三方面做起：

首先，要勤奋好学。古人云："大志非才不就，大才非学不成。"面对新形势、新任务、新情况，领导干部要密切联系群众，就必须跟上时代的步伐，勤于学习、善于学习，尤其是要善于向群众学习，把学习作为丰富知识、增长才干、提高联系群众能力的重要途径。勤奋学习，就要注重理论的学习。理论学习赋予领导干部的是实践经验的升华，以及进一步实践的有力武器。此外，还要注重其他科学文化知识的学习，以提升自己的文化层次、眼界、境界；并且在勤奋学习的基础上要养成勤于思考的习惯，灵活地运用所学知识，对现实的党群关系、干群关系问题进行理性思考和科学解答，从理论和实践的结合上创新联系群众的方式方法，提高联系群众的实效性。

其次，要在实践中砺炼才能。提高领导干部各种能力最有效的途径就是积极投身于社会实践。毛泽东指出："读书是学习，使用也是学习，而且是更重要的学习。从战争中学习战争——这是我们的主要方法。"①"无论何人要认识什么事物，除了同那个事物接触，即生活于（实践于）那个事物的环境中，是没有法子解决的。"②领导干部要提升密切联系群众的能力，必须深入实际，

---

① 《毛泽东选集》第一卷，人民出版社1991年版，第181页。
② 《毛泽东选集》第一卷，人民出版社1991年版，第286－287页。

深人群众,学会在实践中探索,在实践中发展和提高自己。尤其要多到第一线去,到艰苦地区去工作,担负急难险重任务,以磨炼意志、砥砺品质、增长才干。要善于在群众工作的生动实践中汲取智慧和力量,提高自己的科学决策能力、开拓创新能力;在与群众的交往实践中,提高自己的组织协调能力及沟通能力;在解决各种复杂社会矛盾的实践中,提高自己化解矛盾的能力,从而有意识地从多层面、多领域锻炼和培养自己联系群众的能力。

最后,要善于总结与积累。总结经验是我们党的传统和一贯做法,也是领导干部提升自身能力的重要环节。总结经验的过程,既是一个回顾过去的过程,更是推陈出新的过程。只有善于在实践中总结和积累经验,才能做到与时俱进,不断提高自己联系群众的能力和服务群众的水平。因此,领导干部要不断地从时代要求的高度来反省自己的思想和行为,反思自己以往群众工作实践活动的对错、恰当与否,在思考的基础上,总结出新的经验和教训,以更好地适应形势的发展变化,把握联系群众的规律,用以指导创新联系群众制度、方式的实践。

第二节　提高公正协调各种利益关系的能力

随着改革开放的深入和社会主义市场经济的发展,我国城乡结构、社会结构、就业结构等发生了重大变化。这不仅导致人们思想观念的多样多变,而且带来社会利益格局的深刻调整。一方面,人们更加关注自身利益,更加重视诉求表达;另一方面,不同领域、不同社会群体的利益关系更加复杂,处理难度明显加大。在这种情况下,协调各方面利益关系,推动科学发展,促进社会和谐,就显得尤为重要。胡锦涛同志在十七大报告中明确指出,要"统筹个人利益和集体利益、局部利益和整体利益、当前利益和长远利益,充分调动各方面积极性","既要总揽全局、统筹规划,又要抓住牵动全局的主要工作、事关群众利益的突出问题,着力推进、重点突破",把统筹兼顾作为协调当前利益关系的重要原则,充分考虑不同群体、不同阶层的实际需求,找准多数群众共同利益和部分群众特殊利益的结合点,最大限度地满足社会各方面的利益诉求,使广大人民群众共享改革发展成果。

一、提高领导干部协调各种利益关系能力的必要性

当前,由利益矛盾引起的社会矛盾易发、多发,已成为影响社会和谐稳定的重要因素。领导干部作为党执政活动的组织者和管理者,掌握决策权力,肩负领导责任,其协调利益关系、解决利益矛盾的能力及水平的高低,将直接

影响到党群关系的和谐、改革的深入以及社会主义和谐社会的建设。

首先，当前各种矛盾凸显，要求领导干部提升协调利益关系的能力。随着改革的深入推进，原有的体制不断被打破，而新的体制尚不健全，已经形成的既定的利益格局也因体制的转变而受到冲击，社会利益关系不断地被调整，由利益关系引发的各种矛盾凸显。一是贫富差距拉大，引发社会矛盾。在市场经济推进和发展过程中，人与人之间、地域之间、城乡之间、行业与企业之间的贫富差距都在拉大，一部分人先富起来了，而有些人则陷入赤贫困境，由此引发了较为严重的社会矛盾和冲突。二是道德冲突不断，精神文化领域矛盾凸显。随着中国由计划经济向市场经济、封闭社会向开放社会、传统社会向现代社会、伦理社会向法制社会、集权社会向民主社会的转变，新旧道德观的更替和冲突，人们所赖以为生的资源配置方式的转变，人们的价值观念受到了前所未有的挑战，人们的是非观念也随着社会的转变变得模糊起来。在转型这一巨大的变革面前，一些人道德评价标准迷失，道德价值取向紊乱，一些领域道德失范、诚信缺失，一些社会成员人生观、价值观扭曲，集体主义、爱国主义观念淡漠，个人主义泛滥，社会公信力下降，贪污腐败、以权谋私、权钱交易等违法乱纪现象时有发生，各种不良现象在挑战人们的道德底线。三是社会心态不平衡。在社会转型期，随着社会结构的变迁和利益格局的调整，多重社会矛盾错综复杂。在这一过程中，各个阶层成员的个人情绪、群体心理、社会心态以及思想价值观念都发生了深刻的变化。其中，由于人们对改革以及在改革过程中自身利益变动的评价不同，各种积极的、消极的心态同时产生。在这种变化中，不满情绪极易演化为一种不正常的利益驱动心理，为社会带来消极影响。上述种种矛盾和表现，归根结底，都是由于改革过程中利益分配和协调的不均衡所造成的，在利益的驱使下，人们的道德观念淡漠，社会心态失衡；在利益分配不公的情况下，人与人之间的收入差距进一步拉大，社会贫富悬殊。面对当前前利益矛盾凸显的现状，领导干部只有协调好各种利益关系，才能更好地促进社会公平，促进和谐社会的发展。

其次，巩固党的执政地位要求领导干部提升协调各种利益关系的能力。党的十六大在科学判断党的历史方位的基础上指出，我们党历经革命、建设和改革，已经发生了两大变化：从领导人民为夺取全国政权而奋斗的党，成为领导人民掌握全国政权并长期执政的党；从受到外部封锁和实行计划经济条件下领导国家建设的党，成为对外开放和发展社会主义市场经济条件下领导国家建设的党。党执政六十多年来，一直本着执政为民的理念，以为人民服务为宗旨，使我国经济、社会迅速发展，取得了令人骄傲的成绩。但在发展的同时，党自身也面临着许多新的挑战。党的十六届六中全会《决定》进一步指出:新世纪新阶段,我们面临的发展机遇前所未有,面对的挑战也前所未有。尤其是我国已进入改革发展的关键时期,经济体制深刻变革,社会结构深刻变动,利益格局深刻调整,思想观念深刻变化。可以说,这四个方面的"变局"对我们党而言,一点也不亚于新中国成立时的大变迁提出的考验和挑战。在世情、国情、党情发生深刻变化的新形势下,提高党的领导水平和执政水平,提高拒腐防变和抵御风险能力,加强党的执政能力建设和先进性建设,面临许多前所未有的新情况、新问题、新挑战,执政考验、改革开放考验、市场经济考验、外部环境考验都是长期的、复杂的、严峻的,精神懈怠的危险,能力不足的危险,脱离群众的危险,消极腐败的危险,也都更加尖锐地摆在了全党面前。因此,作为执政党,如果不能很好地协调这些利益关系,势必会影响到国家的长治久安、社会的和谐稳定,也就势必会影响到党执政地位的巩固。

再次,继续深化改革要求不断提升领导干部协调各种利益关系的能力。目前,我国的改革开放已进入攻坚时期和关键阶段,随着改革不断向纵深推进,体制的变革必将引起利益格局的重新调整,利益格局的调整必将触及到一部分人群的实际利益,为了维护自己的既得利益,必会想方设法阻碍改革的顺利进行,协调好当前社会的各种利益关系,就成为继续深化改革的必然要求。我们现在不仅要进一步解决好如何把"蛋糕"做大的问题,而且还要解决好如何把"蛋糕"公平切分的问题。在这种情况下,一些重大改革措施的出台,一方面会使绝大部分群众受益,但也可能会使少数群众的利益受损,导致不同地区、不同行业、不同阶层、不同群体之间的利益矛盾增多,这就需要我们必须高度重视统筹协调各种利益关系,妥善处理各种利益矛盾,以便更加有效地整合各种社会关系,促进各种社会力量良性互动。

另外,构建社会主义和谐社会要求提升领导干部协调各种利益关系的能力。利益关系是社会关系的本质,利益关系和谐是社会和谐的源泉。马克思指出,人们奋斗所争取的一切,都同他们的利益有关。追求利益是人类一切活动的基本动因,而利益差别则是社会矛盾产生的基础。当前,我国社会中存在的不和谐因素,大多与利益问题有关。构建社会主义和谐社会的过程,从某种意义上说,就是一个不断协调各种利益关系、正确处理各种利益矛盾的过程。构建民主法制、公平正义、诚信友爱、充满活力、安定有序、人与自然和谐相处的社会主义和谐社会,需要通过统筹协调各方面的利益关系来实现。利益关系是影响和制约经济社会发展的关键性问题,是当前我国经济社会生活中存在的许多深层次社会矛盾和社会问题。构建和谐社会,必须妥善处理好不同利益群体在不同时期、不同情况下的利益关系。

二、提高领导干部公正协调各种利益关系能力的基本思路

首先要坚持统筹兼顾原则。统筹兼顾是我们党在长期革命、建设、改革实践中形成的一条宝贵经验。早在抗日战争时期,毛泽东同志就提出要军民兼顾、公私兼顾。新中国成立后,又把统筹兼顾作为社会主义建设的一条重要指导方针,强调“我们的方针是统筹兼顾、适当安排”。改革开放以后,邓小平同志进一步强调“必须按照统筹兼顾的原则来调节各种利益的相互关系”。党的十三届四中全会以后,江泽民同志强调:“我们所有的政策措施和工作,都应该正确反映并有利于妥善处理各种利益关系,都应认真考虑和兼顾不同阶层、不同方面群众的利益。”党的十六大以来,以胡锦涛同志为总书记的党中央提出了科学发展观等重大战略思想。深入贯彻落实科学发展观,最根本的就是要正确认识和妥善处理中国特色社会主义事业中的重大关系,切实做到统筹兼顾,既要总揽全局、统筹规划,又要抓住牵动全局的主要工作、事关群众利益的突出问题,着力推进,重点突破。

统筹兼顾,一是要兼顾各利益主体的利益,满足不同主体的合理利益需求。随着改革的推进,社会经济成分多元化、经济结构关系多样化、人口流动和迁徙的不断加剧等诸多因素与合力的综合作用,使得原有的阶层内部发生了分化,并增加了许多新的社会阶层,形成了多元化的社会阶层。每个阶层都有各自的利益诉求,这些利益诉求往往还存在着一定的矛盾和冲突,如何保障每一个阶层的利益需求,就需要坚持统筹兼顾的原则和方法,满足不用主体多元化的利益需求。二是统筹发展,缩小利益差距。从整个利益关系的研究中发现,当前利益关系最为突出的特点是利益差距的扩大化。有学者认为,目前我国的社会收入结构呈顶尖底宽的“金字塔型”结构,在这种结构中,少数人拥有高收入、高地位,而绝大部分人则处于平均线以下,并且各收入阶层从高到低呈现梯度分布。还有学者认为,现在我国的收入结构是“倒丁字型”。从目前我国许多地区居民收入的分布统计状态看,高收入到中等收入者的分布形成一条竖线,而低收入阶层是下面的一条长横线,这种收入分配状况甚至比金字塔型分布还要糟糕。这种社会收入结构的现状就意味着各阶层利益差距呈扩大化的趋势。因此,要统筹各个方面的发展,缩小利益差距,只有真正做到统筹城乡发展、统筹区域发展、统筹经济社会发展、统筹人与自然和谐发展、统筹国内发展和对外开放,才能真正协调好各方面的利益关系。三是向困难群体倾斜,保证社会公平正义。在市场经济优胜劣汰的竞争法则下,由于每个人自身的条件和能力的不同,掌握的信息和资源的不同,必然会在市场竞争中出现优胜劣汰的情况,处于竞争优势的群体成为既得利

益群体，而处于劣势的被淘汰的群体，自然也就失去了自己的利益。为了保证社会的公平正义，政府需要在市场调节中伸出一只有形的手来平衡各方面的利益，在政策支持和最后的利益分配时向困难群体倾斜，以保持社会的和谐稳定。

其次，要提高科学决策利益分配的水平。决策是普遍存在于人类社会生活各个方面的一种活动，是领导干部的基本职能之一。实践证明，能否做到正确有效的决策，既是衡量领导水平高低的重要尺度，同时对一个单位的工作和建设起着重要的作用。因此，面对日趋复杂的社会利益关系，领导干部科学决策水平的高低，直接决定着能否制定出切合实际、符合规律、体现民意的利益分配决策。如果领导者制定的政策不科学、不公平，基层的同志和大多数人民群众再努力也无法解决相关的利益矛盾问题。提高科学决策利益分配的水平，各级领导干部一要从思想上要牢固树立以人为本的科学发展观，推进改革不断深化，牢固树立民主决策的意识，正确处理改革发展稳定的关系，注重把握好改革措施出台的时机和改革的步伐，把改革的力度、发展的速度和社会可承受的程度统一起来；二要全面提高科学发展的素质，增强大局观念和长远意识。利益的和谐是整体的和谐、全面的和谐、可持续的和谐，但在具体实践中，全局利益和局部利益、目前利益与长远利益时常发生矛盾。所以，如何把谋全局和谋一域、谋百世与谋一时结合起来，是各级领导干部必须着力解决的重大课题。在新的历史条件下，利益矛盾问题不是孤立存在的，现象背后的原因是错综复杂的，一个问题的解决往往要以其他诸多问题的解决为前提。如果不从全面出发，或者只从局部出发看问题，解决问题的一方面，就会导致另一个方面问题的出现，新的问题接踵而来，加剧社会利益矛盾。协调利益关系是一项系统工程，涉及方方面面和每个人的利益，牵一发动全身。因此，领导干部在决策时必须树立系统思维，重视多种因素的动态协调，更好地促进社会和谐运行。三要把是否符合最大多数人民群众的利益作为准绳，深入体察民情，集中民智，切实珍惜民力，注重兼顾各方利益，始终以人民群众“高兴不高兴、拥护不拥护、满意不满意”作为评判标准。

再次，要综合运用多种协调方式。一是坚持经济协调。利益矛盾主要是经济的、物质的矛盾，因而经济协调是利益协调的基本手段。要建立健全与生产力发展状况相适应的经济制度和经济体制，用制度协调利益关系，促进经济发展。制度和体制从宏观上规定了各方面利益分配的基本比例，使社会利益总体上保持合理与稳定的格局。要运用经济法规、政策、管理手段和方法处理和调整不同利益主体之间的利益矛盾，如运用价值规律、运用“看不见的手”等。二要使用政治协调。政治是经济的集中体现，政治反映了经济关系中各阶层的根本利益。政治协调机制是利用国家的职能、政治制度以及各种政治手段进行协调。当前,适当的政府干预还是必要的,这就是政府与国家从私权领域退出来,把公权领域中应该做好而没有做好的事情努力做好,如兴修水利、建设道路、兴办教育、提供社会保障、加强治安等,以此来调节社会利益关系。三是学会法律协调。法律协调与政治协调极为密切。任何国家不可能没有法律作为政治的一个部分而存在。按照传统的说法,法律实质上是统治阶级意志的体现,是统治者施政的工具。法律作为基本的行为规范不仅可以作为政治手段,而且可以超越政治的范围,协调人们在各个领域的利益关系。法律协调以权利和义务为特征,通过明确规定人们的权利义务来协调利益关系,维持社会秩序,止纷息争。同时,法律还通过监督社会公共事务的实施,维护全体社会成员的基本利益,如保证公民的人权、财产权等。四是运用道德协调。道德有两个显著的特点:一是广,二是软。广是指凡有人群的地方都会有道德,道德对人们生活的方方面面都可以发挥作用,道德在某些方面与法律还有所交叉。因此,要学会以道德协调方式来协调社会利益关系。软是指道德对利益的协调主要通过习惯、习俗、教育、舆论等来实行。它通过善与恶、真与假、美与丑、诚信与虚伪、公正与偏激、正与邪等道德观念引导人们的言行,以此协调人们之间的利益关系,不具有强制性。

第三节　提高正确处理人民内部矛盾的能力

正确处理人民内部矛盾,是关系改革发展稳定的全局性课题,是促进社会和谐的基础性工作。毛泽东早在 1957 年 6 月就提出了关于正确处理人民内部矛盾的问题。改革开放以来,我国进入新的发展阶段,人民内部矛盾无论在内容上还是在表现形式上都发生了很大变化。提高正确处理人民内部矛盾的能力是各级领导干部做好群众工作的关键环节。

一、认真汲取正确处理人民内部矛盾的实践经验

自新中国成立以来,我们党在各个历史阶段都积累了丰富的处理人民内部矛盾的实践经验,各级领导干部应经常回顾历史,充分挖掘和认真汲取我们党在各个历史时期总结的生动的工作经验。例如,早在 1957 年 6 月 19 日,毛泽东的《关于正确处理人民内部矛盾的问题》一文在《人民日报》公开发表。文章指出,社会主义社会存在两类矛盾:一是敌我矛盾,二是人民内部矛盾。敌我矛盾是在根本利益上不一致的,是对抗性的矛盾,而“一般说来,人民内

部的矛盾,是在人民利益根本一致的基础上的矛盾,是非对抗性的矛盾”①。毛泽东依据不同性质的矛盾采用不同性质的方法处理的原则非常值得我们学习领会。他主张敌我矛盾采用专政的措施,而人民内部矛盾则采用民主的方法、讨论的方法、批评教育的方法和疏导的方法。这些具体的工作经验也是领导干部在工作中要切实汲取和认真实践的方法。

改革开放以来,经济迅速发展,群众生活水平逐步提高,但在市场经济建立和推进过程中,许多新的矛盾也纷纷涌现出来。在诸多矛盾中,物质利益矛盾是最主要的矛盾。对此,邓小平指出:“生产关系和上层建筑的改革,不会是一帆风顺的,它涉及的面很广,涉及一大批人的切身利益,一定会出现各种各样的复杂情况和问题,一定会遇到重重障碍。例如,企业的改组,就会发生人员的去留问题;国家机关的改革,相当一部分工作人员要转作别的工作,有些人就会有意见,等等。”②针对人民内部矛盾的新变化和新特点,邓小平把解放生产力、发展生产力作为化解人民内部矛盾的出发点和归宿。这是解决人民内部矛盾的根本方法。邓小平的思想不仅为领导干部指明了解决人民内部矛盾的基本方向,而且为领导干部提供了最本质、最核心的解决矛盾的办法,值得每一位干部在工作中贯彻落实。

中共十三届四中全会以来,面对错综复杂的新形势、新问题,以江泽民为核心的第三代中央领导集体对新时期人民内部矛盾的特征有了新认识,并在邓小平探索的基础上,对新时期如何正确处理人民内部矛盾提出了新的要求,对领导干部解决人民内部矛盾具有很强的指导作用。在中共十四届二中全会上,江泽民强调指出,在新形势下,正确处理人民内部矛盾,调动一切积极因素,化消极因素为积极因素,仍然是我们国家政治生活的主题,也是维护社会稳定的基础。2001 年,江泽民在“七一”讲话中指出:“我们所有的政策措施和工作,都应该正确反映并有利于妥善处理各种利益关系,都应该认真考虑和兼顾不同阶层、不同方面群众的利益。但是,最重要的是必须首先考虑并满足最大多数人的利益要求,这始终关系党的执政的全局,关系国家经济、政治文化发展的全局,关系全国各族人民的团结和社会安定的全局。”③

二、深刻把握当前人民内部矛盾的表现及其特点

在新的历史条件下,我国的人民内部矛盾不仅依然存在,而且还处于多

---

① 毛泽东:《关于正确处理人民内部矛盾的问题》,《毛泽东著作选读》(下册),人民出版社 1986 年版,第 758 页。

② 《邓小平文选》第二卷,人民出版社 1994 年版,第 152 页。

③ 《江泽民文选》第三卷,人民出版社 2006 年版,第 279 – 280 页。

发时期。在这一时期,人民内部矛盾不仅数量大幅度增加,而且还呈现出新的特点,各级领导干部要深刻把握。

首先,矛盾的表现错综复杂,利益矛盾凸显。在当前诸多的人民内部矛盾中,利益矛盾是所有矛盾中最为明显和最为重要的一个矛盾。据统计,当前由利益矛盾引起的人民内部矛盾已占到社会矛盾纠纷总数的70%~80%,成为我国新时期社会矛盾的主要形式。① 在计划经济体制下,人民内部的物质利益矛盾也同样存在,但由于个人利益的实现由集体和国家直接调控,分配形式实行的是平均主义,所以使得人民群众之间的物质利益矛盾一直处于隐性的状态。改革开放以来,打破了过去的平均主义,大大激发了多种利益主体的竞争力和活力,促进了生产力的快速发展。实行社会主义市场经济以来,利益格局不断调整,经济利益多元化已成为必然的趋势。在这样的背景下,人们在资源分配、生产经营、收入分配等方面的利益矛盾必然凸显出来,使经济利益矛盾由隐性转变为显性。中央和地方之间、集体和个人之间、不同的区域之间、不同的阶层和群体之间等,各种利益矛盾凸显出来。随着我国人与人之间的贫富差距进一步拉大,社会阶层分化日益明显,再加之政策和管理的疏漏,又使得各种灰色收入、不合法收入、行业垄断性收入的数量日趋增大,从而引起了群众的不满,加剧了群众之间在物质利益上的摩擦和矛盾,使得人民内部之间的物质利益矛盾日益突出,成为人民内部矛盾的主导和核心。

其次,矛盾主体呈群体化的趋势。与过去相对自发、分散的社会矛盾相比,目前,我国社会矛盾具有组织化程度较高、发生频率高等特点,矛盾的起因、形式、因素在不断变化转化,不稳定、不确定因素增多。随着改革不断向纵深推进,社会利益日益分化,各种利益群体逐步形成,利益差距进一步扩大。随着利益的分配、再分配和再调整,每个人在利益选择面前往往会为相同的利益集聚起来,使个体矛盾逐步演变为群体矛盾,个体事件逐渐演变为群体事件。在共同利益的驱动下,不同利益群体特别是利益受损群体会形成较强的凝聚力,迅速集结和扩大,形成强大的声势且彼此遥相呼应,从而导致重大突发群体性事件的发生。另外,近年来群体性事件参与人员的成分也越来越复杂,除了事件的最初关联人即利益最初被损害的那部分困难群体成员以外,一些国企和私企在职人员、退休人员以及机关工作人员、事业单位职员,甚至一些高校的大学生、少数党政干部也开始出现在里面,扩大了矛盾主体范围,对事态的发展造成了恶劣的影响。

---

① 李昌民:《瓮安6·28事件引发的思考》,《人民论坛》2008年第14期。

再次，网络助推，影响呈扩大化。近年来，一些社会矛盾在网络等新兴媒体的助推下，有交织放大之势，最后往往演变成群体性事件。而在事件发生和发展过程中，通过手机短信、桌面视窗和网络等新兴媒体传播的各类信息，对事件的进一步发展和恶化起到了推波助澜的作用。在2005年“6·26”安徽池州的严重群体性暴力事件中，不实的传闻、不法分子的煽动、相关部门处置不及时等因素造成了事态的严重恶化，其中起到关键性作用的因素是不实的传闻。在2008年“6·28”贵州瓮安群体打砸抢烧事件中，相关消息通过手机短信、电话、口头交流等方式飞速传播，网上、网下都出现了很多不切合实际的消息，进一步激化了矛盾，最终导致群众上街请愿，引发了一场震惊中外的群体性事件。2009年6月，湖北石首案的起因是一起非正常死亡案，网友借助非正式媒体，发布各种信息，探寻真相，在一网站的贴吧中就出现了近500个相关主帖，还出现了不止一段网友用手机拍摄的视频。在这些群体性事件中，网络发挥了极大的助推作用，而许多地方政府对网络信息传播规律认识不够，对网民回应不明晰、不及时，最终导致小问题引发大热点，造成事态严重恶化。

三、转变思路，提高正确处理人民内部矛盾的能力

群众工作涉及人民群众生活的方方面面，做群众工作也就是做“人”的工作，也就是处理与群众之间关系的过程。在做群众工作过程中，必然会遇到大量的复杂的人民内部矛盾，如何正确处理人民内部矛盾，可以说是群众工作成败的关键。

随着社会主义市场经济的深化，人们之间的社会交往和联系更加频繁、更加紧密，矛盾发生的可能性大大增加，以经济利益为首的社会矛盾凸显。社会转型的激荡，文化价值的多元化，给社会成员的心理带来了极其强烈的冲击，更诱发了文化道德领域的矛盾和冲突；民主进程的推进，人民群众的权力意识和法律意识增强，与原有的体制之间产生了一定的矛盾。在构建社会主义和谐社会的要求下，正确处理当前的人民内部矛盾，成为领导干部面临的一项重要而紧迫的工作，面对当前人民内部矛盾的现状和特点，应转变思路，采取有针对性的措施来解决这一问题。

首先，坚持科学发展观，用发展的方法来解决人民内部矛盾中的利益冲突问题。科学发展观是我国30年来发展实践经验的总结，是我党在马克思主义的指导下，以宽广的世界眼光和深刻的战略思维研究当代世界和当代中国发展问题的重大成果。科学发展观的第一要义就是“发展”，发展是解决社会主义初级阶段社会主要矛盾的唯一手段。坚持科学发展观来解决人民内部

的矛盾,一是坚持“以人为本”,注重解决人民群众普遍关心的利益问题。要以人民群众的根本利益为根本,切实解决人民群众普遍关心的利益问题,如提高劳动报酬,解决就业、自主创业、教育、医疗、养老等。二要统筹兼顾,让全体人民共享发展成果。邓小平早在1987年就指出:“社会主义发展生产力,成果是属于人民的。”①1993年,他又指出:“十二亿人口怎样实现富裕,富裕起来以后财富怎样分配,这都是大问题。题目已经出来了,解决这个问题,比解决发展起来的问题还困难。”②贯彻科学发展观,坚持以人为本,主要的难点就在这里。根据欧西玛指数测量法计算,当前,我国占总人口20%的最贫困人口占收入或消费的份额只有4.7%,而占人口20%的最富裕人口占收入或消费的份额高达50%,最富裕的20%人口与最贫困的20%人口的收入或消费之比达到了10.7∶1。这些数据表明,居民收入增长不协调,经济发展的成果并没有被广大的人民群众共同享用,社会财富的分配不均衡。要解决这一发展起来以后的问题,就必须坚持统筹兼顾,在发展过程中既要统筹城乡发展、区域发展、经济社会发展、人与自然和谐发展、国内发展和对外开放,又要统筹中央和地方关系,统筹个人利益和集体利益、局部利益和整体利益、当前利益和长远利益,让全体人民共享发展成果。

其次,创新社会管理,切实改善民生。要加强和创新社会管理,最为重要的就是做好民生工作。胡锦涛在省部级主要领导干部社会管理及其创新专题研讨班上指出,社会管理,说到底是对人的管理和服务。社会管理要搞好,必须加快推进以保障和改善民生为重点的社会建设。在加强和创新社会管理过程中,一要树立民生优先的理念,必须始终坚持以人为本、执政为民,切实贯彻党的全心全意为人民服务的根本宗旨,不断实现好、维护好、发展好最广大人民的根本利益。二要加大对民生的投入,解决好人民群众普遍关心的问题。要不断提高民生支出在财政支出中的比重,建立与居民可支配收入和地方GDP增长比例同步的保障资金投入增长机制;要进一步把资源向社会保障、医疗就业、教育、保障性住房等公共服务领域倾斜,加大对低收入群体的帮扶力度,深入推进城乡社会救助体系建设,有效构建符合国情的城乡持续发展的基本公共服务体系。

再次,大力弘扬社会主义核心价值体系,以文化建设来解决思想是非问题。中共十七届六中全会通过的《中共中央关于深化文化体制改革推动社会主义文化大发展大繁荣若干重大问题的决定》指出,社会主义核心价值体系是兴国之魂,是社会主义先进文化的精髓,决定着中国特色社会主义的发展

① 《邓小平文选》第三卷,人民出版社1993年版,第255页。

② 《邓小平年谱》(下),中央文献出版社2004年版,第1364页。

方向。大力弘扬社会主义核心价值体系,是解决当前思想是非问题的关键。历史和实践反复证明,没有核心价值体系,一种文化就立不起来、强不起来,一个民族就没有赖以维系的精神纽带,一个国家就没有统一意志和共同行动。只有在推动文化大发展大繁荣过程中大力弘扬社会主义核心价值体系,才能使社会主义核心价值体系真正成为社会精神生活的主旋律,成为社会发展进步的生命线。大力弘扬社会主义核心价值体系,加强社会主义文化建设,一要坚持马克思主义的指导地位。马克思主义是我们立党立国的根本指导思想。在我国社会主义核心价值体系建设中,马克思主义为我们提供了正确的世界观和方法论,提供了正确认识世界和改造世界的强大思想武器。马克思主义是科学,它始终严格地以客观事实为根据,总是随着时代、实践和科学的发展而不断发展。我们坚持马克思主义,是坚持发展着的马克思主义。只有坚持用发展着的马克思主义武装全党、教育人民,才能真正发挥马克思主义认识世界和改造世界的强大思想武器的作用,马克思主义才能真正成为我们的行动指南。这就要求我们把坚持和发展马克思主义自觉地统一于建设中国特色社会主义的实践中,在坚持中发展,在发展中坚持,自觉做到两个"坚定不移"、两个"不能含糊":坚持马克思主义的立场、观点、方法,坚持马克思主义的基本原理,这一点要坚定不移,不能含糊;贯彻解放思想、实事求是的思想路线,坚持勇于追求真理和探索真理的革命精神,这一点也要坚定不移,不能含糊。二要坚持中国特色社会主义共同理想。理想信念,是一个政党治国理政的旗帜,是一个民族奋力前行的向导,是一个国家走向富强的精神动力。建设中国特色社会主义,把我国建设成为富强、民主、文明、和谐的社会主义现代化国家,是现阶段我国各族人民的共同理想。中国特色社会主义集中体现了全国最广大人民的根本利益,表达了党和人民的共同理想与目标追求。党的十七大指出:中国特色社会主义,是当代中国发展进步的旗帜,是全党全国各族人民团结奋斗的旗帜。社会主义文化是中国特色社会主义的重要组成部分,以在中国共产党领导下走中国特色社会主义道路,实现中华民族伟大复兴为奋斗目标,以发展传承先进文化为主要任务,以满足人民群众日益增长的精神文化需求为目的,以人与自然协调发展,实现个体发展与社会发展相统一,促进人的全面自由发展为目标。中国特色社会主义共同理想是最广大人民根本利益与共同愿望的体现,也是实现中华民族伟大复兴的强大动力。因此,加强社会主义核心价值体系建设,必须坚持中国特色社会主义共同理想。三要融入以爱国主义为核心的民族精神和以改革创新为核心的时代精神。民族精神和时代精神,是社会主义核心价值体系的精髓,是中华民族赖以生存和发展的精神支撑,也是社会主义文化建设的内核。胡锦涛同志指出:“民族精神是我们民族的生命力、凝聚力和创造力的不竭源泉。”在五千多年的发展中,中华民族形成了以爱国主义为核心的团结统一、爱好和平、勤劳勇敢、自强不息的伟大民族精神。在改革开放新时期,中华民族又形成了勇于改革、敢于创新的时代精神。在全面建设小康社会、加快推进社会主义现代化的进程中,民族精神和时代精神对于中华民族的凝聚、激励作用越来越突出,已深深熔铸在民族的生命力、创造力和凝聚力之中,成为社会主义核心价值体系中不可或缺的一部分。四要以社会主义荣辱观来引领社会道德风尚。荣辱观是世界观、人生观、价值观的重要内容,树立正确的荣辱观是形成良好社会风气的重要基础。只有分清荣辱,明辨善恶美丑,一个人才能形成正确的价值判断,一个社会才能形成良好的道德风尚。社会主义荣辱观体现了社会主义道德的根本要求,要深入开展社会主义荣辱观宣传教育,弘扬中华传统美德,推进公民道德建设工程,加强社会公德、职业道德、家庭美德、个人品德教育,评选表彰道德模范,学习宣传先进典型,引导人们增强道德判断力和道德荣誉感,自觉履行法定义务、社会责任、家庭责任,在全社会形成知荣辱、讲正气、促和谐的良好风尚。

第四节　提高准确分析判断舆情民意的能力

舆情,简单地讲,就是社会客观情况和民众的主观意愿,即社情民意。社会舆情是“一定时期、一定范围的群众对社会现实的主观反映,是群体性的思想、心理、情绪、意见和要求的综合表现,是社会发展状况的温度计和晴雨表”①。当前,我国的社会舆情表现出四个方面的特点:“一是公众民主意识、法制意识增强,政治参与能力提高。二是媒介生态环境变迁,微博重塑中国社会舆论生态。三是网络舆情影响力积聚放大,影响公共事务和政策议程。四是政府高度重视社会舆情,网络问政方兴未艾。”②当前,网络舆情的冲击力与日俱增,对各级领导干部行政行为的干预力越来越强,已成为影响领导决策的一个重要因素。因此,有必要对其进行研究,了解其对领导工作带来的挑战,分析其具体特点,以便建立健全舆情监控分析机制,提高领导干部的舆情分析能力。

一、网络舆情给领导工作带来的挑战

首先,网络舆情影响着公共决策。一是网络舆情影响着公共决策的模

① 王建龙:《把握社会舆情》,《瞭望新闻周刊》,2002 年第 20 期。
② 谢耘耕:《中国社会舆情与危机管理报告(2011)》,社会科学文献出版社 2011 年版,第 9 页。

式。在传统的政府管理中,公共决策往往是通过政府相关职能部门自上而下地宣布出台的,民众只能通过人民代表大会、听证制度、信访制度和传统媒体报道等几种方式参与公共决策。随着互联网的发展,网络成为公民表达民意的重要渠道,也成为政府了解社情民意的重要窗口,政府决策方式逐渐从以政府为绝对主导的模式,转变为政府主导、民众参与的协商决策模式,这是网络舆情在一定程度上影响政府决策模式的表现。二是网络舆情影响公共决策的程序。网络表达的聚焦和升温,会促成社会公共领域的议论,引发政府等公共管理主体的重点关注,形成社会话题的"公共议程",并使之最终上升为政策议程,成为公共决策的序曲。如孙志刚案中的网络监督,促进了《城市生活无着的流浪乞讨人员救助管理办法》的施行,原来的《城市流浪乞讨人员收容遣送办法》被废止;佘祥林案中网络的热议,推动了死刑案件审判程序的改革;上海的钓鱼执法事件,带来了对"钓鱼执法"的明文禁止;唐福珍拆迁自焚等一系列"被上楼"事件,带来了《城市房屋拆迁管理条例》被推上修订的事议日程;"开胸验肺"事件,推动了卫生部新版《尘肺病诊断标准》的发布与实施;等等。目前,在国内一些公共事件解决过程中,已经形成了一种新的"议程设置"模式,即网络(BBS、微博、博客或手机等)提出议题——传统媒体关注——全社会参与——政府行为的模式。随着中国社会的民主进步和新媒体的发展,网络舆情对公共事务和政策的影响会越发深入。

其次,网络舆情给领导干部带来一定的压力。网络舆情参与人数众多、传播速度快、影响力强等特点,使得网络在公共监督领域发挥着重要作用。与此同时,也给领导干部的工作和自身形象的塑造带来了挑战。2010 年 4 月 20 日,《人民论坛》杂志社联合人民网、腾讯网做了一次主题为"当代中国官员的'网络恐惧'的调查"。3 天时间,5943 名网友参与调查,《人民论坛》记者还通过发放问卷和随机采访的形式,调查 300 名官员和普通民众。调查数据显示,70% 的受调查者表示当代中国官员患有"网络恐惧",在回答"哪一级别的干部最怕网络监督"这一问题时,47% 的受访官员选择"县处"级,列第一位。记者采访发现,"宣传部长和县委书记"这两个群体的官员最怕网络监督。官员们的网络恐惧到了什么程度?调查显示,55% 的受调查者选择"有压力",10% 的受调查者表示"压力很大,让人提心吊胆",严重影响正常工作的开展。由此可见,网络舆情正在以一种非常强大的力量给领导工作带来新的挑战。

二、把握网络舆情的特点

网络舆情是社会舆情在互联网空间的映射,是社会舆情的直接反映。网络舆情主要通过电子邮件、新闻组、BBS、博客和微博等途径传播。如今,微博已经成为舆情传播的主要渠道。与报纸、无线广播和电视等传统的传播媒体相比,网络具有其突出的特点。

首先,网络舆情具有自由性。互联网是完全开放的,它拓展了人们的公共空间,给了所有人发表意见和参议政事的便利,每个人都有机会成为网络信息的发布者,每个人都有选择网络信息的自由,通过 BBS、新闻点评和博客网站,网民可以立即发表意见,下情直接上达,民意表达更加畅通。由于互联网的匿名特点,多数网民会自然地表达自己的真实观点,或者反映出自己的真实情绪。因此,网络舆情比较客观地反映了现实社会的矛盾,比较真实地体现了不同群体的价值。

其次,网络舆情具有交互性。在互联网上,网民普遍表现出强烈的参与意识。在对某一问题或事件发表意见、进行评论的过程中,常常有许多网民参与讨论,网民之间经常形成互动场面,赞成方的观点和反对方的观点同时出现,相互探讨、争论,相互交汇、碰撞,甚至出现意见交锋。这种网民之间的互动性实时交流,使各种观点和意见能够快速地表达出来,讨论更广泛、更深入,网络舆情能够得到更加集中的反映。

再次,网络舆情具有多元性。网上舆情的主题极为宽泛,话题的确定往往是自发、随意的。从舆情主体的范围来看,网民分布于社会各阶层和各个领域;从舆情的话题来看,涉及政治、经济、文化、军事、外交以及社会生活的各个方面;从舆情来源上看,网民可以在不受任何干扰的情况下预先写好言论,随时在网上发布,发表后的言论可以被任意评论和转载。

此外,网络舆情具有偏差性。由于受各种主客观因素的影响,一些网络言论缺乏理性,比较感性化和情绪化,甚至有些人把互联网作为发泄情绪的场所,通过相互感染,这些情绪化言论很可能在众人的响应下,发展成为有害的舆论。

同时,网络舆情具有突发性。网络舆论的形成往往非常迅速,一个热点事件的存在加上一种情绪化的意见,就可以成为点燃一片舆论的导火索。当某一事件发生时,网民可以立即在网络中发表意见,网民个体意见可以迅速地汇聚起来并形成公共意见。同时,各种渠道的意见又可以迅速地进行互动,从而迅速形成强大的声势。

三、建立健全舆情监控分析机制,提高舆情分析能力

党的十七届四中全会通过的《中共中央关于加强和改进新形势下党的建设若干重大问题的决定》明确提出,领导干部要"注重分析网络舆情"。这是

党着眼时代特点和社会发展,对网络舆情重要性作出的战略判断和对各级领导干部提出的任务要求。舆情是民众的呼声,是其诉求的方式和途径,它的本质是通过反映情况,引起相关部门的关注,从而达到治理。但要解决问题、治理社会,单凭舆论传播是远远不够的,各级政府应在舆情发生时通过对舆情的甄别、研判,采取正确的方式处理舆情,以制度化为保证,建立健全舆情监控、研判、引导、预警四大机制,确保舆情平稳。

首先,立体监控,实时追踪舆情发展。有效应对和化解舆论危机,争取工作的主动权,必须构筑覆盖面广、责任明确、渠道畅通、处理及时、研判准确的舆情监控体系。例如,可成立以网站管理中心为重点的专门性网络监控机构,并从各基层单位选配专门舆情监测员,每天分时段对各政府网站、百度贴吧、国内主要门户网站及论坛进行搜索、监测,及时捕捉、收集有关社情民意及可能影响社会稳定的预警性、苗头性的言论动向。同时,各部门还必须加强沟通联系,收集舆情线索,实行舆情即时收集、整理、汇报、反馈制度。

其次,分析研判,准确鉴定舆情性质。社会舆情鱼龙混杂、真假难辨,急需建立分析研判机制,及时对舆情信息进行汇集分析,甄别筛选,预测趋势;掌握规律,提出应对之策。一要成立舆情研判信息中心。鉴于舆情越来越多、越来越复杂,需要建立统一的舆情研判机构,对各类舆情信息进行处理、甄别、研判。政府部门应成立舆情研判信息中心,作为处理舆情信息的中枢机构。二要认真进行分析、研判。舆情工作人员要及时组织召开舆情研判例会,对收集到的舆情信息进行分析、判断、评估,准确查找舆情信息产生的根源、机理,认真核实舆情所反映的问题,对舆情走向作出准确的判断,对舆情可能产生的影响进行客观、全面的评估,借以正确引导舆论方向。三要掌握正确的分析研判方法。要站稳群众立场,善于运用全面的、联系的、发展的、辨证的眼光分析舆情,正视其发展过程中存在的矛盾关系,如主流和支流、顺流和逆流、显流和潜流、常流和变流。

再次,善于引导,积极消除负面影响。一要建立公开透明、及时有效的政府信息发布制度。网络舆情的作用凸现,很大程度上在于他的公开性。惟有公开,才能形成强大的威慑或鼓励的力量。政府信息发布工作,要注意把握好三方面关系:一是时与效的关系。"时",就是要由及时向即时跨越,重大事件一发生,即迅速发布舆情,以敞开的大门发送信息流,堵塞小道消息传播的通道。"效",就是要高度重视效果,注意信息的准确性和客观性,以免弄巧成拙,造成社会公众和网民的误解。二是即时与全面的关系。重大事件发生、发展的总有一个过程,发布信息时既要即时,明确表示政府的态度,也要全面。零零碎碎地传播信息最容易引起误读,特别是一个事件正在进行且会有多个演变方向时更是如此。因此,发布信息必须注意分清事件究竟是阶段性、局部性的,还是已经完结、全面的情况。三是区分不同舆情因变事项,采用不同的信息发布事项。有的需要在舆情因变事项发生之后发布信息,如政府日常工作;有的要与舆情因变事项同时发布,如重大突发事件;有的则要提前预警,如苗头性、倾向性问题。二要讲究引导舆情的方法和艺术。站在平等的地位上进行舆情引导是领导干部做好舆情引导工作的重要前提。有些领导干部,面对舆情尤其是一些偏激的言论,往往火冒三丈,不能保持平和的心态,在引导过程中习惯于以“教育者”的口气,居高临下,不能跟群众站在平等的地位上去协商问题,解决问题,结果,不仅不能对舆情起到有效的引导作用,反而会适得其反,引起民愤。因此,广大领导干部只有始终站在人民群众的立场上,以平等的姿态来对待舆情民意,才能起到良好的效果。灵活运用“炒、发、放、冻、化”等策略,是领导干部做好舆情引导工作的重要方法。“炒”,对于有利于经济建设和改革发展稳定大局的社会舆情,要竭尽全力热炒。“发”,对有利于党委和政府中心工作、有利于宣传思想重点工作的社会舆情,要千方百计地诱发、引发、生发。“放”,对无关大局,一时还难以看清和把握的社会舆情,可以暂时放在一边,静观其变。“冻”,对于不利于唱响主旋律、带有杂音色彩的社会舆情,可采取冷冻措施,逐步消除。“化”,对于在改革开放过程中一些干部群众出现的有疑惑、有怨言、有情绪的社会舆情,要多做解释工作。①

第五节　提高发展社会主义民主政治的能力

胡锦涛在“七一”重要讲话中提出,在前进道路上,我们要继续大力推进社会主义民主政治建设,坚定不移地走中国特色社会主义政治发展道路。民主是社会主义的生命,是建设中国特色社会主义的必然要求。在推进社会主义民主政治发展过程中,广大领导干部要了解当前我国民主政治的现状,把握社会主义民主政治发展的特点,积极推动社会主义民主政治的发展。

一、发展社会主义民主政治的必要性

首先,民主是社会主义的生命。没有民主,就没有社会主义;没有社会主义,就没有真正的民主。民主政治是社会主义的本质要求。马克思和恩格斯在《共产党宣言》中指出:“工人革命的第一步就是使无产阶级上升为统治阶

① 纪红、马小洁:《论网络舆情的搜集、分析和引导》,《华中科技大学学报(社会科学版)》2007年第6期。

级，争得民主。”①可见，争取民主，建立无产阶级的统治，是无产阶级进行社会主义革命的根本使命。我国在经历了数十年的斗争后，取得了新民主主义革命的胜利：对外赶走了帝国主义，争取了民主独立；对内推翻了几千年的封建统治，建立了民主的社会主义国家。人民成为国家的主人，人民民主专政成为我国的国体，真正确立了社会主义的民主政治制度。邓小平曾明确提出：“没有民主就没有社会主义，就没有社会主义的现代化。”②以江泽民同志为核心的第三代领导集体继承和发展了邓小平理论，把有中国特色社会主义民主政治建设作为社会主义建设的重要内容。江泽民同志在党的十五大报告中强调：“进一步扩大社会主义民主，健全社会主义法制，依法治国，建设社会主义法制国家。”党的十六大报告进一步把社会主义民主政治建设作为全面建设小康社会的重要内容。胡锦涛同志在党的十七大报告中指出：“人民民主是社会主义的生命。发展社会主义民主政治是我们党始终不渝的奋斗目标。”

其次，发展社会主义民主政治建设是建设中国特色社会主义的必然要求。建设中国特色社会主义内在地包含了经济建设、政治建设、文化建设、社会建设和生态建设等全方位的建设格局，就是要使经济更加发展、民主更加健全、科技更加进步、文化更加繁荣、社会更加和谐、人民生活更加殷实，朝着全面建设小康社会的目标迈进，最终实现社会主义现代化。要实现这一目标，离不开广大人民群众的参与和积极性的发挥，离不开人民当家做主的主人翁地位的保障。而社会主义民主政治建设以保障人民当家做主为根本政治方向，这就为实现人民当家做主的民主权利提供了民主和法制保障。同时，要达到社会和谐这一体现中国特色社会主义本质属性的状态，更需要推进社会主义民主政治建设，以确保国家各项工作步入制度化、规范化、程序化轨道，为党和国家长治久安提供政治和法律的制度保障。

再次，发展社会主义民主政治建设是时代发展的必然趋势。经过启蒙运动和两次世界大战的洗礼，民主已成为全人类的普遍认同和发展趋势。当今世界，经济全球化深入发展，政治多极化不可逆转，科技革命加速推进，国与国之间的相互依存度日益加深，伴随而来的是政治民主化浪潮席卷全球。西方各国人民通过扩大政治参与范围、发展政党政治等方式，达到维护自身权益、促进社会公平的目的。这种现象也波及到广大发展中国家。虽然许多发展中国家在引进西方资本主义民主政治制度后诱发了贪污腐败、社会动乱、贫富差距拉大等一系列社会问题，但不可否认的是，世界各国政府和执政党

---

① 《马克思恩格斯选集》第一卷，人民出版社 1995 年版，第 293 页。

② 《邓小平文选》第二卷，人民出版社 1994 年版，第 168 页。

仍然将民主政治作为巩固政权的重要支撑点。正如亨廷顿所指出的:“如果一个民主国家实行非民主的做法,阻扰政治参与的扩大,那么,它很有可能引发革命。”①在“和平与发展”两大时代主题背景下,各国人民都期待社会稳定、经济发展、生活幸福,而“民主是和平的保证,是最好的社会稳定器”②。因此,推进社会主义民主政治建设是时代发展的必然趋势。

二、当前我国社会主义民主政治中存在的问题

在取得明显成就的同时,我国民主政治建设存在的问题也影响和制约了社会主义民主政治的发展。这些问题主要表现在以下几个方面:一是社会主义民主制度,尤其是党内民主制度尚不完善。发展社会主义民主政治是我们党始终不渝的奋斗目标,但在如何实现科学执政、民主执政、依法执政方面,我们还面临着不少难题,有待于在实践中逐步探索和推进。在党内民主制度方面,党员的有些权力得不到制度上的保障。此外,在保障党员权力的程序制度上还相对不足,导致有些民主内容流于形式。二是基层民主建设薄弱。改革开放三十多年来,我国的基层民主政治建设取得了长足的进步和巨大的发展。但是,与新形势发展要求相比,基层民主政治建设还存在许多不足。例如,村民自治和村委会选举缺乏制度化、法治化程序化的具体规范,家族势力、宗教势力,甚至某些黑恶势力干涉村委会选举和村委会事务的现象依然存在;城市的社区自治居委会选举还没有普遍展开;企业的职工代表大会还存在许多不完善的地方,尤其是非公有制企业中如何开展企业民主管理活动仍然存在许多障碍。三是公民有效政治参与有待进一步的发展。人民当家做主是社会主义民主政治的本质和核心。近年来,我国公民的政治参与状况较之以前取得了较大的进步,民众的受教育程度进一步提高,同时,民主意识、维权意识、参政意识等也得到了极大的提升。但另一方面,公民的政治参与中还存在着政治参与的发展不均衡,现实中由于公民知情权欠缺,在一些重大决策活动中,民众的政治参与还远远不够,使得公民的决策权、表达权、监督权流于形式,公民政治参与的有效性和有序性缺乏。四是法治建设不健全,依法治国基本方略贯彻落实不到位。法治是民主的保障。没有社会主义法治,社会主义民主就没有保障。我国的法治建设和法治进程,在改革开放以后得到极大地发展,党的十五大明确提出了“依法治国”的基本方略,1999年正式将“依法治国”写进宪法。然而,我国的法治建设还存在很多问题:首先是法律制度不健全。虽然已经形成了以宪法为核心的社会主义法律体系,

---

① 塞缪尔·P. 亨廷顿:《变化社会中的政治秩序》,上海人民出版社2008年版,第229页。

② 蔡定剑:《民主是一种现代生活》,社会科学文献出版社2010年版,第73页。

但随着社会的发展，出现了很多新生事物和新的领域，在这些新的领域，面对新生事务，法制建设往往比较滞后。其次是法律的贯彻落实不到位。有了制度的规定，而没有真正贯彻和落实，那么制度就形同虚设，不能真正体现法治精神。尤其在依法行政过程中，有些地方和部门未能将“法治”精神贯彻落实到工作中，还存在着一定的“人治”现象。

三、领导干部在发展社会主义民主政治中需把握的重点

首先，增强民主意识，发展党内民主。一要在思想认识上树立和增强民主意识。广大领导干部是党内民主建设的重要实施者和推动者，其民主意识、民主作风、民主素质和民主能力直接影响到广大党员民主意识的提高和各项民主权利的实现，直接关系到党内民主风气、民主习惯的形成和党内民主的发展。因此，要想发展党内民主，推动社会主义民主政治的进程，领导干部必须在思想认识上树立和增强民主意识。

要增强领导干部的民主意识，就要对领导干部加强宣传和教育。要把灌输与疏导结合起来，把统一思想与尊重差异、解决思想问题与解决实际问题统一起来，有针对性地解决不同党员群体的思想问题和生活问题，为党员干部的言行施以正确的导向。要准确把握时代发展的本质和规律，紧跟时代步伐，紧密结合我国社会主义改革和建设、国际形势发生变化的新实际，加强对民主意识形态工作的研究和宣传，建立起适应时代要求的民主理论体系，不断增强马克思主义民主理论的说服力和战斗力。此外，民主意识形态输入方式要充分体现“以人为本”的价值趋向。要在尊重人、理解人、关心人的原则下，把理论学习与物质奖励和精神激励相结合，激发领导干部的热情和自豪感，增强党的意识形态输入的互动性和实效性。

其次，创造环境，扩大公民有效政治参与。公民政治参与是表达人民民主权利和满足公民政治诉求的有效形式。随着市场经济的发展，改革开放的深入，社会利益格局日趋多元化，公民对自身利益的关注更加突出，公民的政治参与积极性不断提高。十七大报告提出：要“从各个层次各个领域扩大公民有序政治参与，最广泛地动员和组织人民依法管理国家事务和社会事务，管理经济和文化事业”。如何扩大公民有效政治参与，一要加强公民意识教育，培育积极的政治参与心理。当前，我国的公民意识还相对落后，关于公民意识的教育业相对缺乏。加强社会主义民主法治、公平正义、自由平等观念的教育，在一定程度上能影响到公民的政治参与心理。公民的政治参与心理具有相对的稳定性。参与心理一经形成，就很难发生改变。政治参与心理是政治环境长久作用的产物，与长期的政治社会化关系密切，一定程度上体现

着政治文化的沉淀,不同的政治参与心理表现为不同的政治认知、政治情感和政治动机、政治态度。积极健康的政治参与心理能指导有效的政治参与;反之,就会产生消极、冷漠、被动、简单的服从的政治参与行为。面对当前我国阶层分化导致的不同政治参与心理,政府应注意加强引导,使各个阶层能突破自身的局部利益,自觉地把阶层利益与社会整体利益相结合,与国家利益和集体利益相协调。二要扩展公民政治参与的途径。目前,网络已经成为公民政治参与的重要途径,越来越多的公民通过网络参与到国家的政治生活中,但在广大农村以及经济落后的偏远地区,基于知识水平的偏低和电脑等硬件设施的缺乏,网络参与的缺口还很大,这就需要国家通过政策扶持、价格方面补贴等措施积极推进网络参与范围的扩大。此外,还可以通过选举、协商、对话、听证、公示、上访、手机短信等形式,扩展公民政治参与的范围。三要进一步规范公民政治参与的程序和制度,保障公民政治参与的有效性。公民的政治参与如果没有规范的程序和制度作保障,政治参与就会陷入失序和混乱状态,无法保障公民政治参与的有效性。目前,引导公民政治参与的制度缺失,程序不完善,使得公民政治参与的有效性大大降低,反过来对公民政治参与的心理产生了不良影响。要规范公民政治参与的程序,就要制定相关的法律制度,尤其是互联网管理的相关制度,抵制因互联网的隐蔽性、虚拟性而容易导致无序、不理性、违法等现象的发生,规范公民政治参与的程序,从而提升公民政治参与的有效性,以促进社会主义民主政治的发展。

再次,大力发展基层民主。基层民主是我国民主政治建设的薄弱环节。要加强社会主义民主建设,大力发展社会主义民主政治,就要大力发展基层民主。当前,发展基层民主,要加强农村民主意识的教育宣传,培育农村基层民主文化;要健全基层党组织领导下的基层群众自治机制,推动城乡社区建设成为管理有序、服务完善、文明祥和的社会生活共同体;要进一步完善职工代表大会制度,推动厂务公开;通过深化乡镇体制改革,推动政务公开、村务公开;同时,不断发展基层群众自治组织,增强社会组织的自治功能。此外,发展基层民主,还应把"民主"与"民生"结合起来。"民主与文化程序没有正比关系,民主的关键在于利益关系。在利益关系的驱动下,农民和基层会创造出无数丰富、生动的掌握权力、限制权力、参与权力的制度和办法。"①基层民主的生长和发展,固然需要提高干部与群众的思想认识,但更为重要的是要与广大人民群众的切身利益相结合,让群众从自身经验中体会到,实行民主自治对于维护和增进自身利益具有不可替代的作用。要把民主与民生结

---

① 王振耀:《中国的村民自治与民主化发展道路》,《战略与管理》,2000 年第 2 期。

合起来,要和人民群众关心的税费问题(农民负担过重)、分配问题、土地问题和公共事务如修路、用电等结合在一起,以民主促民生,以民生促民主。

另外,践行依法治国的方针,以法制来保障社会主义民主。民主与法治相互依赖,相互促进,密不可分,共同构成现代政治文明的基础。社会主义民主是社会主义法治的基础,社会主义法治是社会主义民主的保障。只有人民掌握政权,实行社会主义民主,才能把自己的意志上升为国家法律,建立起自己的法律制度。同时,人民的民主权力和公民的基本权力,国家经济、政治、文化和社会生活的各个方面的民主制度、民主结构、民主形式和民主程序,都需要有法律加以确认、规范,并通过国家的强制力来保证实施。因此,发展社会主义民主政治,必须与法治建设相统一,推行依法治国的基本方略,以法治建设来保障社会主义民主。各级领导干部努力践行依法治国的方针应努力做到:一要树立法律的意识,尊重法律权威。法律意识是人们通过对法律知识的理解,上升为思想理性的结果。它是社会意识的一部分,与人们的道德观念、政治观念和世界观密切相连。各级领导干部要树立法律意识,必须树立法治、法律至上和法律面前人人平等三个观念。所谓法治,是指广大人们群众在党的领导下,依照法律规定管理国家事务,保证国家各项工作依法进行,不因领导人的改变而改变,不因领导人注意力的改变而改变。社会主义法律是在中国共产党领导下由最高国家权力机关制定的。它是党的意志和人民的意志的体现。遵守法律就是执行党的意志和人民的意志。因此,法律是高于所有个人意志的。它应当受到任何个人无条件的遵从。法律的尊严和权威不容践踏,不论涉及到谁,只要触犯法律,都要严肃处理,绝不姑息。任何人不论职务高低,都平等地享有法律规定的权力,履行法律规定的义务。没有凌驾于法律之上、超越法律之外的特殊公民。任何人都不能干涉法律的实施,任何犯了法的人都不能逍遥法外。领导干部只有树立这三种观念,才能形成真正的法律意识。二要在工作中要严格依法办事,维护法律权威。领导干部不仅要知法、守法,还要身体力行,带头守法。领导干部带头守法,要重在行动,落到实处。具体来说,就是要依法决策,依法律己,依法行政。

第六节　提高有效应对突发事件的能力

党的十六届四中全会站在全局和战略的高度,作出了加强党的执政能力建设的决定,强调要"提高保障公共安全和处置突发事件的能力"。作为处置突发公共事件的组织者和领导者,领导干部如何认识突发事件,应对突发公共事件的能力如何,都直接关系到突发事件能否得到及时、妥善、有效的解决,关系到和谐有序的社会秩序能否继续维持。

一、突发事件的特点

所谓突发事件,是指突然发生,造成或者可能造成重大人员伤亡、财产损失、生态环境破坏和严重社会危害,危及到公共安全的需要采取应急处置措施予以应对的紧急事件。《中华人民共和国突发事件应对法》把突发事件划分为自然灾害、事故灾难、公共卫生事件和社会事件等四大类。突发事件往往具有突然性、破坏性、紧迫性等特点。在当前社会转型和深化改革的进程中,人民内部矛盾冲突不断,各类突发性事件也频频发生,且呈出以下特点:一是发生频繁,且呈群体化趋势。我国在人均GDP突破1000美元之后,各种矛盾开始突显甚至激化,加上在国际、国内双重因素的影响下,使得近几年来突发事件的发生越来越频繁,且呈群体化的趋势。《2005中国社会蓝皮书》披露,我国的群体性突发事件由1993年的1万起增加到2003年的6万起,增长5倍;规模不断地扩大,参与集体行为事件的人数年均增长12%,由73万多人增加到307万多人,其中百人以上的由1400起增加到7000多起。另据2008年9月的《瞭望》新闻周刊报道:"据有关部门统计显示,1993年我国发生社会群体性事件0.87万件,2005年上升为8.7万件,2006年超过9万起,并一直保持上升势头。"二是"人为"因素增加。在改革开放之前,人们对突发事件的认识往往集中在台风、洪涝灾害等自然因素引发的突发事件上,而且那时候人类对自然的破坏还不十分严重,所以突发事件的发生主要是由一些自然现象所引起的。改革开放之后,利益的分化导致社会成员的分化,人与人之间的矛盾日益复杂。新旧体制之间的矛盾还没有根本消除,新的合理的利益格局还没有形成,导致利益群体严重分化,出现了城乡矛盾、劳资矛盾、贫富矛盾、干群矛盾等,人与人之间的矛盾呈现出交织复杂的局面。矛盾一旦激化,就会引发人为因素的突发事件。此外,为了片面追求经济上的大发展,不顾及生态环境的保护,以牺牲环境为代价来发展经济,引发了严重的人与自然的矛盾;台风、暴雨、暴风雪、沙尘暴等极端性天气日益频繁,引发了人为的公共环境事件。三是信息扩散加快,关注度高。随着科技的突飞猛进,集中了数字化、多媒体和网络化等最新技术的新媒体发展迅速。数字杂志、数字报纸、数字广播、手机短信、移动电视、网络、桌面视窗、数字电视、数字电影、触摸媒体等已经成为人们普遍使用的媒体形式。它们以新技术的应用、海量信息处理及充分互动为特征,给人类的生产、生活、科技、教育事业等带来史无前例的革命。随着这些新媒体工具的运用,关于突发事件的各种消息和说法会在短时间内迅速传播开来,引起广大民众的高度关注。四是波及范围扩大,影响复杂。由于现代社会各种社会经济元素的相互关联性,许多时候许多事情牵一发而动全身,导致一旦发生突发事件,一个领域的不良后果会十分严重地影响到其他许多领域。当年的“非典”,虽说是属于公共卫生领域的突发事件,但很快波及旅游、娱乐、教育、外交等各个方面,可以说是影响深远。此外,由于不同的当事人(或组织)在突发事件中的利益和立场不同,各种真假难辨的说法都会随着现代化的信息工具以最快的速度冲击人们的神经,再加上媒体的渲染和炒作,使得突发事件的影响变得十分复杂。

二、提高领导干部应对突发事件的能力

各种突发公共事件不断考验着党的执政能力,也对各级领导干部综合素质和领导能力提出了更高要求。突发公共事件如果处理不及时或处理不好,就很有可能上升为危机事件,产生更为严重的后果,损害党和政府在人民群众心目中的形象和威信,严重的还可能危及党的执政地位。因此,各级领导干部要高度重视突发公共事件,通过学习和实践,不断增强处理和应对突发事件的能力。

首先,要提高科学预测能力。应对突发事件,预防是关键,正所谓未雨绸缪,防患于未然。科学的预测能力,就是对事物的发展态势进行认真研究,找出可能导致突发事件的可预见因素和难预见因素中的可预见成分,积极采取措施防范的一种能力。虽然突发事件总是通过偶然的、独特的形式出现,但总会有这样那样的迹象。高明的领导者,善于透过偶然性发现深刻的必然性,及时地抓住那些初露端倪的现象,机敏地处理突发事件和突发事件带来的危机,把问题解决于萌芽状态,以避免事态扩大造成的损失。目前,由于缺乏对突发事件处理的经验,一些地方处理突发事件的机制也不健全,导致很多领导干部缺乏危机意识,往往要到事件突发后,才寻求解决之道,抱着兵来将挡、水来土掩的心态来处理突发事件,往往陷于被动之中。

其次,要提高准确的分析、判断和决策能力。突发事件出人意料,常规的办法对于突发事件往往是不适用的。因此,要求领导者对于意料之外的事情要有深刻的洞察力,抓住事件的关键因素,迅速判断事件性质和危害程度。其次,还应迅速查清事件的起因、事态程度、发展趋势、社会影响等情况,掌握实情,当机立断,做出正确的决策,妥善处置突发事件。此外,还应根据事件的不同起因和性质,根据国家的法律法规,采取有针对性的工作措施,留有周旋的余地,根据事件的变化发展,不断作出相应的调整,提高决策的实效性。

再次,要增强信息沟通能力。面对突发事件,人们对信息的需求,尤其是对突发事件信息的需求,比以往任何时候都更为强烈。国际国内的经验都证

明，突发事件及危机发生期间与公众的有效传播沟通十分重要。信息传播失误所造成的真空，会很快被颠倒黑白、胡说八道的流言所占据；犹抱琵半遮面的信息公开，最容易导致公众的猜测和传播。突发事件发生后，及时通过媒体用清晰的语言将突发事件的真实情况主动地、尽可能准确地公布给公众，是争取民心、广泛利用社会资源的重要环节。要告诉公众，组织关心所发生的事件，正在采取有力措施来处理危机，设法使受到危机影响的公众站到组织的一边，确保社会公众对组织的信任。领导干部在媒体中亲自露面，有助于稳定人心，增强公众的信任感。在全球化进程加速的信息时代，信息披露的渠道很多，一般社会成员和各级领导者获取信息的速度几乎是同步的，人们很容易从媒体(包括境外媒体)、网络和其他通讯工具中了解信息，传播信息。领导干部应掌握信息沟通的主动权。

另外，要提升舆论应对能力。由于现在传播工具的发达，各种各样的媒体传播信息的即时性都很强，信息量非常大，在多种多样的媒体传播过程中，公民对于突发事件的关注程度非常高，各种各样的媒体引导着不同的舆论，形成强大的舆论压力，如何应对舆论也是领导干部处理好突发事件的一项重要能力。面对舆论，要主动沟通，第一时间发布事件的最新进展，满足民众的知情欲。对于虚假信息和社会关切，要及时回应。此外，还要组织力量正面引导网络舆论。当发生突发性事件后，一时出现舆论杂音在所难免，但如若任其蔓延下去，局面就很难控制。各级领导干部必须建立健全网络舆情评论队伍，及时组织力量进行正面舆论引导，通过主动出击来影响社会舆论走向。

最后，要增强善后恢复能力。善后恢复能力是指在突发事件发生和对事件本身处置之后，领导者对事件原因的调查，对相关人员的处理和对问题的改进，以及消除事件造成的影响，恢复正常的生产和生活秩序等方面的能力。提高领导者的善后恢复能力，一要对突发事件原因的调查快速全面。既要认真分析造成突发事件的客观原因，又要分析主观原因；既要分析可能的自然因素，又要挖掘存在的人为因素，为下一步工作奠定基础。二要对问题的改进快速有序。这里所谓的问题就是引发突发事件的主观原因，也是工作中存在的缺陷和失误，这也是善后恢复能力的关键和善后工作的重点。对工作中存在问题的改进既要强调及时性，又要注意次序性。引发突发事件的原因可能是多方面的，在纠正过程中可能千头万绪，因此必须注意抓住关键，先解决主要矛盾，再解决次要矛盾。三是对人员处理要快速且合法合理。在不同的突发事件中，有着不同的当事人，如直接责任人、间接责任人、加害人、受害人、事故处理人员、事件组织者、围观者、媒体等，领导者必须根据他们在事件中所产生的作用和承担的责任，依法处理，合理处理。四要进行广泛动员，开展善后工作。在一些对群众生活和生产造成严重破坏的突发事件上,领导者要善于利用国家和全社会的力量,帮助受害或受灾群众解决生活困难,迅速恢复生产。五要要深刻总结教训,杜绝同类事件的发生。每一起突发事件都会暴露出我们工作中存在的不足,同时给我们留下深刻的教训。领导者必须对引发突发事件的原因和问题进行全面的分析和总结,对处理过程中的经验和教训也要进行全面的总结。对教训要引以为戒,防止同类事件在以后或其他地方发生。①

三、领导干部应对突发事件的方法

首先,要注重学习,丰富应急知识。对领导者而言,应对突发事件既是一项领导和管理工作的重要内容,也是一项考验自己执政能力与水平的标准。因此,领导者要认真学习《突发事件应对法》和《国家突发公共事件总体应急预案》,深刻领会党和国家对领导者在应对突发事件能力方面所提出的要求,正确把握应对突发事件的大方向。要广泛涉猎政治、经济、文化、科技、管理、历史等方面的知识,尤其要学习公共危机管理方面的基本知识和基本技能,知晓在应对突发事件过程中的防灾手段和应对模式,研究应对突发事件的成功案例,借鉴国内外处置突发事件的成功经验。

其次,要加强培训,增强应急意识。当前,在突发事件日益频发的背景下,对领导者进行有针对性的培训,不断增强其应急意识十分必要。培训的内容包括应急理论的灌输、法规政策的讲解、应急机制和预案的制定和完善、应急过程的决策和驾驭、应急的心理训练和调适等。在培训过程中,应根据具体的内容和要求,采取有效的培训方式,如理论的灌输、专业知识的传授、法规政策的讲解可以采取课堂讲授和案例分析相结合的方法,应急机制、应急预案的制定和完善可以采取比较学习、考察借鉴的方法,应急方案的制作、应急过程的决策和驾驭、应急的心理训练和调适等可以采取案例分析和情景模拟的方法,等等。

再次,强化演练,提升应急能力。在应对突发事件过程中,程序是使整个应对突发事件预案得以有组织地展开和一切活动有序地进行的重要保证。通过平时的综合演练,一方面,要让领导者感受在紧急状况下的氛围,熟练掌握应急的相关程序和要求,提高领导者的程序意识和应变能力。另一方面,领导者可以在各组织和机构的相互配合过程中,发现运行程序、运作方式等方面存在的不足,然后进行完善,使各种应急流程得到检验。同时,处理突发

---

① 盘世贵:《论提高领导者应对突发事件的能力》,《学术论坛》2008 年第 8 期。

事件既是领导者的事,更是广大民众的事。领导者一定要让广大民众树立突发事件的防范意识,使民众在应急过程中学习到正确的处理方法,提升在危机状态下的自我保护和相互协作的能力。

另外,善于总结,不断积累应急经验。总结的过程就是不断提高的过程,每总结一次都会提高一步。温家宝曾指出:"一个民族在灾难中能够学到比平时多得多的东西。"我们在突发公共事件平息以后,要及时进行回顾反思,既要总结成功经验,为应对可能再次发生的事件提供借鉴,又要剖析失败的教训,针对事件显示出的新问题,研究制定新的机制和办法。要本着求真务实的态度,不掩盖矛盾,不怕丢丑露短,勇于纠正以往不科学的做法,为以后更好地处理突发事件积累经验。

最后,要完善机制,优化应急环境。完善的应急机制,是妥善处理突发事件的基本保障。首先,应建立全面系统的预警防范机制。建立处理群体性突发事件的预警防范机制,实际上就是要建立一套社情民意的迅速反应机制。群体性突发事件往往有一个发生、发展的过程,一套有效、灵敏的预警防范机制能及时有效地反映社会运行情况,将社会现状真实有效地反馈给决策者,以便决策者及早采取相应对策。其次,要形成科学有效的处置机制。群体性突发事件具有时效性,在解决群体性突发事件时,应把握解决问题的有效时机。群体性突发事件发生后,要根据群体性突发事件的规模和影响程度成立相应的地方应急处置小组,统一组织、指挥和协调。最后,还应建立善后机制,尤其要建立健全领导问责制。群体性突发事件具有反复性的特点,如果善后工作没有做到位,很容易造成遗留问题,为下一起群体事件的发生埋下隐患。领导在处理突发事件过程中发挥着重要的作用,建立领导问责制,能够提升领导干部的责任意识,以更快地处理好突发事件。

第七章　继承优良传统　创新方式方法

正确的方式方法是做好群众工作的重要保障。当今群众工作呈现出新的特点，社会结构深刻变化，人们的思想观念日益多样，利益关系更趋复杂，各种社会矛盾凸显，在网络信息时代又面临着新的舆情挑战。要做好当前的群众工作，就要在总结运用成功经验和有效做法的基础上不断创新，综合运用法律、政策、经济、行政等手段和教育、协商、疏导等办法，注重运用现代科技，提高群众工作的针对性和实效性。

第一节　心里装着群众　贴近思想感情

一、思想上尊重群众

做好群众工作，心里装着群众，首先要在思想上尊重群众。领导干部必须明白：人民群众是历史的创造者；人民群众是社会物质财富和精神财富的创造者。毛泽东曾生动地给我们描述了党和人民的关系："我们共产党人好比种子，人民好比土地。我们到了一个地方，就要同那里的人民结合起来，在人民中间生根、开花。"事实也证明，只有高度重视群众工作，尊重群众，充分发挥人民群众的首创精神，才能得到广大人民群众的爱戴和拥护，才能更好地推动党和国家事业顺利发展。党员干部只有时时处处尊重群众，将人民群众利益放到最高位置，切实为群众做实事做好事，才能真正赢得民心，获得拥护，才无愧于"人民公仆"这一光荣称号。

（一）思想上尊重群众，必须牢固树立群众观点

马克思主义唯物史观认为，人民群众是历史的创作者。中国共产党是以马克思主义为指导的执政党，党从诞生之日起就清醒地认识到人民群众的历史主体地位。毛泽东曾说："人民，只有人民，才是创造世界历史的动力。"人民群众推动和创造了历史，而领导干部只不过是人民的"公仆"，服务广大人民群众是领导干部天然的容不得半点含糊的职责。在建设社会主义市场经济的今天，在党长期执政的情况下，一些领导干部对群众观点、群众路线有些

淡忘，对群众的感情有些淡薄。这些都是当前做好群众工作面临的现实挑战，必须引起高度警惕。广大领导干部都应该牢记胡锦涛所说的："相信谁、依靠谁、为了谁，是否站在最广大人民的立场上，是区分唯物史观和唯心史观的分水岭，也是马克思主义政党的试金石。"要牢固树立群众观点，站稳群众立场。

（二）思想上尊重群众，必须树立正确的权力观

马克思主义认为，人民是推动社会进步的力量，党的一切权利来自于人民。我们党的执政地位、社会主义国家的一切权力，都来自于人民。"官"是为人民服务的岗位，"权"是为人民服务的工具。无论"官"多大、"权"多重，都只有为人民服务的义务。邓小平曾说过："领导就是服务，权利就是责任。权利越大，为人民服务的要求越高，所负担的责任越大。权利的两重性告诉我们，既可以用手中的权利施展自己的政治抱负，造福于人民；又有可能由于滥用权力而成为历史和人民的罪人。" 但是在现实中，有些领导干部不能正确看待权力的来源，在权力的主体是谁、领导干部的权力是谁赋予的问题上，没有搞清楚，有人把权力误以为是上级机关和上级领导给的，有人误以为完全是自己奋斗的结果，所以，他们在权力的运用上常常迷茫，犯了错误还浑然不觉。因此，广大党员干部要加强自我教育，牢固树立马克思主义权力观，坚决贯彻党的宗旨，真正做到"权为民所用、情为民所系、利为民所谋"。

（三）思想上尊重群众，必须充分尊重群众的意愿

一是要充分相信群众，把政策交给群众，把事实告诉群众，既不回避问题，也不掩盖矛盾，既不避重就轻，也不敷衍群众，争取群众的理解和支持。二是切实了解民意，充分尊重群众的意愿。在作出决策前、开展工作时，认真了解群众的真实想法，倾听群众的愿望要求，特别是要听取群众的不同意见，以群众拥护不拥护、赞成不赞成作为衡量工作和决策的标尺。三是要从群众的实践中寻找解决问题的办法，始终保持谦虚谨慎的态度，问计于民，向群众学习，真正把群众的积极性、主动性、创造性发挥好、保护好。

（四）思想上尊重群众，必须克服"官本位"的思想

"官本位"思想的突出特点是崇尚官位，迷信权力，以官为本，以权谋私，视人民群众如草芥，置国家民族利益于不顾。"官本位"思想的核心，就是对党和国家的事业不负责，对民族和人民的利益不负责，只对自己或亲属或小团体负责。我们党执政多年来，"官本位"思想已经成为树立正确权力观的大敌，危害极大。为此，我们一定要通过干部制度的改革和创新，激励共产党的干部立志做大事，而不是立志当大官，以立党为公、执政为民作为自己的神圣使命。

二、深入群众，了解群众需求

胡锦涛在庆祝中国共产党成立90周年大会讲话上强调，全党同志必须牢记，密切联系群众是我们党的最大政治优势，脱离群众是我们党执政后的最大危险。要密切联系群众，必须深入群众，了解群众的需求，想群众之所想，急群众之所急。

（一）身入群众，注重调查研究

要身入群众，领导干部就是要走出机关大院，走出文山会海，扑下身子、放下架子，到群众中去。毛泽东曾经指出，“没有满腔的热忱，没有眼睛向下的决心，没有求知的渴望，没有放下臭架子、甘当小学生的精神，是一定不能做，也一定做不好的。”①群众生活在最基层，对党的路线方针政策落实情况感受最深切，也最有发言权，反映的问题往往最真实、最可靠、最准确。通过进村入户，与群众面对面接触、交流，特别是注重走访偏远的村组、困难的群众，了解他们的生产和生活，听取他们的意见，可以掌握最真实、最鲜活的社情民意，可以拉近干群距离。此外，身入群众，最关键的是要注重调查研究。毛泽东曾说过：“没有调查，就没有发言权。”②重视调查研究，历来是我们党的优良传统，是党保持同人民群众密切联系的重要渠道，也是我们党的一项基本工作方法和领导制度。身入群众，做好调查研究，要坚持从群众中来，到群众中去，广泛听取群众的意见。人民群众的社会实践，是获得正确认识的源泉，也是检验和深化我们认识的根本所在。调查研究成果的质量如何，形成的意见正确与否，最终都要由人民群众的实践来检验。领导干部进行调查研究，要深入田间地头和厂矿车间，同群众一起讨论问题，倾听他们的呼声，体察他们的情绪，感受他们的疾苦，总结他们的经验，吸取他们的智慧。既要听群众的顺耳话，也要听群众的逆耳言；既要让群众反映情况，也要请群众提出意见。尤其对群众最盼、最急、最忧、最怨的问题更要主动调研，抓住不放。这样，才能真正听到实话，察到实情，获得真知，收到实效。

（二）心入群众，关心群众利益

领导干部要深入群众，不仅要“身”入，而且要“心”入。就是要真心实意地同群众交朋友，与群众同呼吸、共命运、心连心，时刻把群众的冷暖疾苦放在心上。群众利益无小事，要树立干群一家的理念，把人民群众当成家人，把群众来信当成家书，把群众之事当成家事，把群众工作当成家业，带着真心、带着感情为民办实事，为民谋实利。群众最讲实惠，不需要干部对他们讲大

---

① 《毛泽东选集》第三卷，人民出版社1991年版，第790页。

② 《毛泽东选集》第一卷，人民出版社1991年版，第109页。

道理，也不需要干部和他们不疼不痒地套近乎，而是希望干部能根据他们生产、生活中的合理需要，设身处地地为他们解决实际问题。因此，领导干部要真正为群众利益着想，真正地想群众之所想，急群众之所急，想法设法为他们解决实际困难。

“感人心者，莫先乎情。”真心比黄金更宝贵，真情比实物更重要。对群众没有感情，哪怕给群众送去钱物，群众也不会满意。这就要求基层干部学会换位思考，以情动人。与群众联系时要多一点人情味，少一点官味。只有甘当公仆，尊重群众，与群众平起平坐，平等对话，才能建立起与群众的“鱼水关系”。

第二节　多做调查研究　深入体察民情

调查研究，就是人们深入现场进行考察，以探求客观事物的真相、性质和发展规律的活动，是人们认识社会、改革社会的一种科学方法。在党和政府的群众工作中，就是要求党和政府领导人真正沉下去，不急不躁地深入第一线，掌握第一手资料，对材料进行去粗取精、去伪存真、由此及彼、由表及里的分析，获得对国计民生的准确认识，在此基础上作出关乎国计民生的决策。

调查研究是我党的基本工作方法之一，是党的群众路线的具体体现，是党保持与群众血肉联系的重要方法和途径。只有深入群众生活，进行调查研究，才能真正掌握群众生活的脉搏，才能对群众的疾苦感同身受。马克思主义者历来相信，只有在对社会实际充分了解的情况下，才能提出恰当的解决方案。马克思在对各国工人阶级状况统计调查后，写出《工人调查表》。马克思拟出了近100个问题，囊括了当时工人生产生活的基本信息。巨著《资本论》也是马克思在对资本主义长达40年的调查分析的基础上才得以写成的。在写作期间，他还反复比较了英国调查委员会和各工厂视察员所收集的材料。1842年，恩格斯到纺织厂实习经商，经常到工人休息的地方与工人交流，了解其工作、生活以及斗争状况。同时，他阅读了大量的有关工人阶级的著作，也是在对英国的工人状况和运动情况做了充分了解和周密的研究基础上写出了《英国工人阶级状况》。

我党领导人历来重视调查研究在群众工作中的作用。毛泽东提出的“没有调查，就没有发言权”的论断已经成为我党开展群众工作的经典名言。老一辈革命家每出台政策或作出事关群众利益的决定时，总是先做好充分的调查研究，然后才提出自己的解决办法。

跨入新时代，利益区分越来越细，群众的利益诉求也日益多样化，社会矛盾并发，我们更要运用好调查研究这一法宝，紧紧抓住民生这一要点。这样，才能“任凭风吹浪打，稳坐钓鱼台”。

然而，有些干部群众观念淡漠，认为自己地位高于群众，不愿意深入群众，所谓考察就是迫于体制或制度，走形式，认为群众愚昧，不相信群众，脱离群众，甚至违背群众的意愿。在一些领导干部眼中，深入基层调研只是为了“作秀”，搞“形象工程”，往往是一行人马浩浩荡荡搞调研，基层干部忙忙碌碌搞接待，为的只是“深入调研”四个字的虚名。许多基层干部反映，这样的“调查研究”不但解决不了什么问题，反而让基层同志疲于应付，该刹刹这股“作秀调研风”了。领导干部下基层调研，应该力戒形式主义，统筹兼顾，不能厚此薄彼。既要关注先进典型，总结推广经验，更要对后进的地方关爱有加，追着存在的差距走，追着面临的困难走，脚踏实地到那里解剖麻雀，找出症结，拿出对策，促其发展。你若装腔作势做秀，老百姓就会言非心声。这样的走访座谈将是隔靴搔痒，白费工夫。

要做好调查研究的工作，首先应该抓住群众最为关心的热点问题，把握调查研究的重点。群众关心的问题就是领导干部需要了解和解决好的问题。要了解这些问题，领导干部就要走出机关大院，跳出文山会海，深入基层，深入群众，向一切了解实际情况、有实践经验的人直接调查，找不同意见的人交换意见。要了解人民群众在想什么，盼什么，欢迎什么，反对什么；及时了解各层次群众的情绪和呼声，了解他们的困难和疾苦，了解基层的经验，了解基层的难题。只有这样，才能做到对情况了如指掌，对问题心中有数。此外，调查研究还要抓热点、抓难点、抓亮点。热点是人们议论较多的问题，也是需要及时回答的问题；难点往往是矛盾的关键所在，抓住了难点就抓住了工作的突破口；亮点是希望之所在，抓住了亮点就找到了前进的方向。当前，有些问题比较棘手，比较敏感，成为群众关心的热点、难点。调查研究要敢于攻难点、啃骨头，围绕中心，面对实际，认真梳理出当前出现的各种热点、难点、亮点，以此作为选择调研课题的重点。

其次，要创新调查研究的方式方法。了解实情，是调研的第一要求。怎样透过现象看本质，获取第一手真实可靠的资料呢？这就需要掌握正确的调查方法。调查的方法有很多种。依据调查的内涵，可分为传统调查和现代调查；依据调查对象的范围，可分为普遍调查、抽样调查、典型调查和个案调查；依据调查的目的与作用，可分为探索性调查、描述性调查和解释性调查；依据调查任务的性质，可分为理论性调查和应用性调查。对于任何一个调查活动来讲，不存在单纯的某一类型，可能既有理论性又有实践性，既描述现象也解释现象，因此，应当根据调查的内容来选择适当的调研方法，以收到良好的调查效果。此外,还要在运用座谈会、个别访谈、实地考察和蹲点调查等传统调研方法的基础上,注重利用现代信息网络技术,采用定性和定量结合、宏观和微观结合、静态和动态结合等方法,进行综合分析研究,提高调查研究的效率和水平。某些重大课题,还可通过高校、研究机构等社会力量进行调研。

最后,要将调查和研究紧密结合,注重调研实效。调查研究包括调查与研究两个方面。调查以"求实",研究以"求是",在"求是"的思维中把握"实事",在"实事"的基础上去"求是",这一过程就是理论与实践相结合的过程。有的调查虽然列出了很多情况,但不能提出解决问题的系统思路和切实办法,就是因为没有经过系统的、周密的分析过程,因而问题的面貌还不明晰,还不能做综合工作,也不能好好地解决问题。只研究,不调查,就会脱离实际,造成瞎指挥;只调查,不研究,认识提不高,问题发现不了,因而也就得不出正确的结论。调查一结束就不了了之,其结果便无影无踪,这是调研工作水平低能化的具体表现。因此,没有调查,就没有发言权;没有研究的调查,同样也没有发言权。调查是为了解决问题,而现实生活中的问题往往是比较复杂的,要抓住主要矛盾和矛盾的主要方面,没有对问题的大概分析就盲目调查,往往提不出真知灼见。调查过程中查阅资料、与人交谈、实地考察、问卷、座谈等,也都需要分析、归纳,边看边谈边思考,对重要的问题深究细研。只当"录音机"、"记录本"是不行的。研究,是一个精雕细琢的过程,是一个去粗存精、去伪存真、由此及彼、由表及里、分析提炼、举一反三的过程,是一个不断把握事物真相、性质、规律的过程。多调查少研究,只调查不研究,不叫调查研究。调查研究,既要重视调查,也要重视研究。研究,需要不怕劳神费力、勇于探索的精神,需要"有实事求是之意,无哗众取宠之心"的品格,需要正确的态度和科学的方法。既要有定性的研究,还要有定量的分析,要把质的判断与量的分析结合起来。总结的经验要有普遍意义,值得学习和借鉴;提出的办法要便于应用,可供操作。不仅要研究自身职权范围内解决问题的办法,而且要研究在国家政策调整、外部环境发生变化的情况下,适应新形势的途径和建议。

其实,做好群众工作说难不难,关键是基层工作和服务要"适销对路",密切关注群众的"急、难、愁"问题,适时提出解决方案。要从小处着眼,对于群众的要求,要做到不厌其烦,更不可高高在上,"只可仰望",把自己和群众隔离开来。基层工作要善于在"螺蛳壳里做道场",牢记党的群众路线,"一切为了群众、一切依靠群众"和"从群众中来、到群众中区"是我党多年来的群众工作的宝贵经验,是历史唯物主义的真实体现。

第三节　切实改善民生　多办好事实事

“民生”一词最早出现在《左传·宣公十二年》，所谓“民生在勤，勤则不匮。”这里的“民”，就是百姓的意思。而《辞海》中对于“民生”的解释是“人民的生计”，老百姓的生活来源问题。保障和改善民生，是中国共产党革命、建设和改革的出发点和落脚点。在党的七届二中全会上，毛泽东就特别强调：“从我们接管城市的第一天起，我们的眼睛就要向着这个城市的生产事业的恢复和发展”，“如果我们在生产工作上无知，不能很快地学会生产工作，不能使生产事业尽可能迅速地恢复和发展，获得确实的成绩，首先使工人生活有所改善，并使一般人民的生活有所改善，那我们就不能维持政权，我们就会站不住脚，我们就会要失败”。①

1978 年，邓小平刚复出不久即表示：“我们一定要根据现在的有利条件加速发展生产力，使人民物质生活好一些，人民的文化生活、精神面貌好一些，我们太穷了，太落后了，老实说对不起人民，我们现在必须发展生产力，改善人民生活条件。”②为了抓住机遇，迎接挑战，世纪之交，以江泽民为核心的党中央提出了“三个代表”重要思想。江泽民更强调指出：“改善人民生活，是三个代表要求的根本体现，是正确处理改革发展稳定关系的着眼点和落脚点，也是扩大国内需求，为国民经济持续快速健康发展提供持久动力的重要保证。”③这一论述深刻阐明了改善民生的重大意义，为我国在新世纪的发展提供了重要指导。

2002 年 11 月，党的十六次全国代表大会首次将民生写入党代会的报告，提出就业是民生之本。2007 年 10 月，在党的第十七次全国代表大会报告上，民生部分独立成章，提出：“努力使全体人民学有所教、劳有所得、病有所医、老有所养、住有所居，推动建设和谐社会。”并就教育、就业、收入、社会保障体系、医疗卫生、社会管理六个方面提出了发展的总体要求。2010 年 10 月，《中共中央在关于制定国民经济和社会发展第十二个五年规划》的建议中，再次反复强调了保障和改善民生，坚持把“保障和改善民生”，作为加快转变经济发展方式的根本出发点和落脚点。这里明确提出的“根本出发点和落脚点”，把民生提到了我国“十二五”期间社会经济发展重中之重的地位。

保障和改善民生，提升全体国民的福祉，让百姓过上更加美好的生活，生

---

① 《毛泽东选集》第四卷，人民出版社 1991 年版，第 1428 页。

② 《邓小平年谱》（上）（1975－1997），中央文献出版社 2004 年版，第 380－381 页。

③ 《江泽民论有中国特色社会主义》（专题摘编），中央文献出版社 2002 年版，第 116 页。

活得更有尊严，一直是我党为之奋斗的根本宗旨和目标指向。各级领导干部要切实认识改善民生的重要性，增强服务民生的自觉性和责任感，解决好群众最关心的事，为群众多办实事、好事。

一、解决好老百姓最关心的事

群众利益无小事，民生问题大如天。民生工作只有真心贴近群众、真诚帮助群众，从群众最关心、最直接、最现实的利益问题出发，从老百姓最关注的事情抓起，千方百计为群众解难事、做好事、办实事，才能得到群众拥护。当前，对于老百姓而言，最为关心的事莫过于教育、就业、就医、养老、住房、收入和社会保障等方面的问题。"十一五"期间，千年农业税被废止，农民真正得到了实惠；城镇居民人均可支配收入年均实际增长 10.2%，农村居民人均可支配收入年均实际增长 8.3%；社会保障支出增加逾千亿元，医疗卫生支出增加高达 10 倍；新型农村合作医疗实现全覆盖；面对国际金融危机冲击，出台近 7000 亿元的民生投资计划；就业规模持续增长，2006 年到 2009 年，城镇新增就业年均增长 1100 万人以上。① 在"十二五"规划纲要中，将保障和改善民生作为整个规划的出发点和落脚点，就人民群众普遍关心的就业、住房、医疗、收入分配等问题提出了具体的要求，并首次提出要建立健全公共服务体系。只有解决好老百姓最关心的事，才能从根本上赢得群众的支持和信任，群众工作才能取得成效。要解决好老百姓最关心的问题，必须做到：一要急，急百姓之所急。老百姓最关心的事往往也是急事。领导干部应该急百姓之所急，把百姓的事当作自己的事来办，时时刻刻放在心上，不能无故拖延，知而不办。二要稳，即妥善地解决老百姓最关心的事。老百姓最关心的事情涉及的范围比较广，教育、医疗、社保、就业、养老等，每一个问题的解决往往都是一项复杂的大工程。对于这些问题的解决，不可能一蹴而就，也不可能一下子就全面解决。要解决好这些问题，还必须综合考虑，稳步推进。三要勤，要经常性地深入百姓，善于发现百姓的困扰，勤于解决百姓最关心的问题。

二、改善好困难群体的民生问题

关注民生，更应该关注的是边缘群体和困难群体。改革开放三十多年来，在改革开放允许一部分人、一部分地区先富起来的政策激励下，一部分人、一部分地区通过政策支持和艰苦奋斗的确先富起来了，解决了温饱，实现了小康。然而，还有一部分人、一部分地区仍然处于贫困状态。从生活贫困

---

① 阮春林：《"十二五"期间保障和改善民生的路径》，《光明日报》2010 年 12 月 21 日。

的视角看，国家 2011 年新制定的 1500 元贫困标准，比 2008 年、2009 年 1196 元的贫困标准提高了 25%，贫困人口总数将大增，再回到 9000 多万甚至上亿都有可能。① 如果按照联合国 2008 年制定的人均每天收入低于 1.25 美元的贫困标准，我国贫困人口数字还会更大。正如温家宝所言，一个舰队决定它速度快慢的不是那个航行最快的船只，而是那个最慢的船只。改善困难群体的民生，是我国民生问题的重中之重，关系到整个民生问题能否得到解决。要改善困难群体的民生问题，首先应满足困难群体的基本生活需求。衣、食、住以及其他东西的生产是人类社会的第一个历史活动，没有这样的历史活动，人类社会就会灭亡。在满足基本需求的基础上，还要注重为困难群体创造平等的受教育的机会、平等的就业机会以及基本的医疗、养老和住房条件，解决困难群体的燃眉之急。此外，在解决上述基本问题的同时，政府还要加大对困难群体的帮扶力度。应当看到的是，我国现阶段的综合国力已经实现了巨大飞跃，经济总量跃居世界第二，产业现代化水平大幅度提升，基础设施建设大大加强，国家财政收入 2011 年已超过 8 万亿元，经济、政治、文化管理诸方面体制不断创新，完全有条件和可能进一步关注和着力于困难群体民生的改善。最后，要在政策上适当向困难群体倾斜。在制定政策和实施政策过程中，要更多地关注困难群体，给困难群体以更多的支持，以使其更快更好地解决问题，早日脱离困难处境。

三、发展好群众的精神文化需求

民生问题不仅应该包括教育、就业、医疗、养老和社会保障等物质层面的问题，在更大程度上，还应该包括精神文化层面的问题。尊重人的文化权益、关注人的文化生活、让文化发展成果最大程度地惠及人民群众也是民生。没有文化的民生是不完整的民生，也是不健康的民生，文化需求也是民生需求。

发展好群众的精神文化需求，首先就要从维护人民群众的基本文化权益出发，加强文化基础设施建设，完善公共文化服务网络，构建公共文化服务体系。文化基础设施建设是公共文化服务体系的载体，完善的公共文化基础设施是老百姓共享文化发展成果最为重要的前提条件。面对公共文化体系不健全，城乡、区域建设不平衡，文化基础设施建设不配套，资金投入不足等问题，需要构建以重点文化工程建设为“骨架”，以城乡一体化建设为“经络”，以社区文化基础设施建设为“关节”，以特殊人群文化基础设施建设为“肌肤”，加大资金投入为畅通文化基础设施建设的“血管”，构建完善的公共文化服务

---

① 陆培法：《贫困人口重返 1 亿怎么办？》，《人民日报海外版》2011 年 3 月 31 日。

体系。

其次,发展好群众的精神文化需求,还要用人文情怀关心人、疏导人、引导人,丰富人们的精神文化生活。特别是在经济转轨、社会转型的加速期,人们的思想困惑、精神焦虑不断增多,人文关怀、心理疏导、精神抚慰的任务十分繁重,对精神文化生活的需求也变得多种多样,这就要求我们激发文化创作的生产活力,提高文化产品质量,更好地保障人民群众的基本文化权益,更好地满足人民群众多方面、多层次、多样性的精神文化需求,充分发挥文化引领风尚、教育人民、服务社会、推动发展的作用。此外,要鼓励广大文化工作者坚持以人民为中心的正确方向,创作更多群众喜闻乐见的作品,鼓励文化企业提供多样化的文化产品和文化服务,努力满足不同地域、不同层次、不同年龄人们的精神文化需求。

最后,发展好群众的精神文化需求,还要引导人民群众积极参与,充分调动百姓在文化繁荣发展中的积极作用。人民是推动社会主义文化大发展大繁荣最深厚的力量源泉。要为广大群众成为社会主义文化建设者提供广阔舞台,在全社会营造鼓励文化创造的良好氛围,让蕴藏于人民中的文化创造活力得到充分发挥。

第四节　壮大社会组织　创新社会管理

社会管理主要是指政府和社会组织为促进社会大环境的和谐平稳运行,对整个社会系统的组成部分、不同领域和各个运行环节进行组织、协调、监督和控制的流程。其目的在于协调人与人、人与组织之间的关系,规范社会成员行为,化解社会矛盾,保持社会公平正义,维持社会的顺畅运行。社会组织是指有着共同利益追求的公民自愿组成的非营利性社团,具有非政府性、非营利性、相对独立性和自愿性等四个特点。当前,我国社会管理的主体主要由政府担当。但是,从发达的西方国家来看,社会组织能够在社会管理中发挥重要作用。一是促进公民社会的建立,培养公民的参与意识。社会组织是因为各成员有共同利益才自愿组织起来的。在这个组织中,各成员为了自己的利益会积极参与组织的活动。这种积极的参与,一方面有利于组织成员丰富自己的生活,提高生活质量,另一方面可以培养公民的参与意识。我国是人民民主专政的社会主义国家,人民是国家的主人。在当前的社会改革和快速发展时期,需要广大人民的积极参与,各类社会组织可以为公民参与国家和社会管理事务打造一个广阔的平台。此外,社会组织还可以整合各成员之间的利益,推进群众意愿的有序表达。作为一个团体,社会组织可以整合各成员之间的需求，消解成员之间的矛盾冲突，使之作为一个整体表达共同意愿，减少个体与政府组织及社会营利性组织的无序对抗。最后，各类社会组织还有助于推进互助互惠社会风气的形成。社会组织是由共同兴趣、共同意愿的“同路人”组成的，彼此之间信任度高，便于沟通，利于互惠。社会组织的增多有利于社会互助互惠风气的养成。

当前，我国已经进入经济转型、社会发展的关键时期，急需改革传统的社会管理做法，创造新的管理思路和方法。西方国家利用社会组织加强社会管理的举措，值得我们学习和借鉴。从我国目前社会管理的现状来看，发展和利用好社会组织是创新社会管理的一条重要途径。

中国社会科学院发布的2012年《民间组织蓝皮书》指出，截至2010年底，全国共有民间组织44.6万个；2010年底，基金会发展到2200个，增长速度为19.4%；我国社会团体数增加到24.5万个，比上一年度增长了2.5%；民办非企业单位成为数量增长最多的民间组织类型，总数达到19.8万个。这些组织几乎覆盖了社会的各个方面：科技、教育、文化、卫生、劳动、民政、体育、环保、法律、慈善等公益领域及中介、工商服务，初步形成了较为完整的体系。社会组织在经济、政治、文化、社会、教育、科技等各个领域发挥着独特而重要的作用，已经成为沟通党和政府与人民群众的桥梁和纽带，成为我国经济社会发展中一支不容忽视的力量。

然而，当前社会组织的发展和壮大也遇到了一些瓶颈。要继续培育好、发展好社会组织，充分发展社会组织在社会管理中的作用，需要从以下几个方面着手：

第一，降低准入门槛，简化审批程序，大力扶持社会组织健康发展。根据我国现行的社会组织管理法规，社会组织获得“合法身份”，须先获得行业主管部门审批，才能到民政部门申请登记。在这种管理体制下，完全自发的民间组织是很难在民政部门登记，成为正式的民间组织的。因此，中国目前在民政部门登记的民间组织的数量只占民间组织总数的很少一部分。但是，未登记的非正式性的民间组织在社会活动中又受到种种限制，无法施展手脚。结果就造成登记难，不登记又享受不到许多权利、发挥不了作用的两难局面。

要解决这个问题，可以在审批制度上做出一些改革，改变原来的双重审批制度，直接由民政部门来进行审批。一些地方在审批制度方面已经做出了示范，如北京、上海、广东等十多个省市陆续宣布在体制上先行先试，采取各种方式突破双重管理体制的障碍。广东省自2012年7月1日起，除教育、卫生等须前置审批的少数类别外，对所有社会组织实行民政统一直接登记。这样一来，大大降低了社会组织合法化的门槛，为依法规范社会组织的管理并更好地发挥其积极作用提供了体制保障。

第二,要正确处理好对社会组织的“管”、“放”、“用”。长期以来,我国的社会组织带有浓厚的性质色彩,大多具有官方或准官方的背景,这容易给社会公众造成政府代言人的角色定位,从而难以充分获取公众对其中立地位的认同和信任。此外,一些社会组织的“官办、官管、官运作”的问题,造成了政府对社会组织“管得过宽、管得过细、管得过死”的局面,严重地影响了社会组织作用的发挥。因此,对于社会组织的管理应该学会“放”。一要放心,从思想上重视、接受社会组织。社会组织能不能有效地参加社会管理和服务,关键取决于政府对社会组织的信任和尊重。二要放手。政府要为社会组织参与社会管理和服务让出空间,主动退出社会组织能够进行自我管理和服务的领域,实现政府和社会组织的职能归位,改变遇事设立机构、增设人员、拨款实施的传统做法。

除了正确处理好“管”和“放”的问题以外,最重要的是还要“用”好社会组织,使其能够更好地发挥其在社会管理中的作用。首先,要对社会组织分类对待、管用并举。对经济社会发展需要的,要鼓励发展,加强培育,重点扶持;对合法登记的,要正确引导,积极扶持,善加利用;对违规违纪的,要加强教育,依法规范,严肃查处;对那些少数搞渗透破坏的非法组织,要高度警觉,严加防控,坚决打击。此外,还可以通过政府购买公共服务的方式,将公共服务实行项目化管理,公开招标,“费随事转”,鼓励非营利组织、社会企业、社区工作人员和社会工作者平等竞争。

第三,进一步转变政府职能,规范社会组织的职能。随着政府管理体制从全能政府向“小政府、大社会”管理格局的转变,政府职能转移已成为共识。但是,对于政府职能中哪些职能可以转移给社会组织,我们目前尚缺乏明确的政策和措施,一些行政管理部门向社会组织转移的职能不够。因此,要加大改革力度,促进政府职能的转变,可以将更多的公共事务交给社会组织承担。例如,将微观层面的事务性服务职能、部分行业管理职能、城市社区公共服务职能、农村生产技术服务职能、社会慈善和社会公益职能等转移给社会组织,从而扩大公共服务供给,降低社会管理的行政成本,使社会多样化需求得到进一步满足。

第四,加强法制建设,制定和完善社会组织的有关法律法规。目前,我国已有关于社会组织的法律、法规和规章,具备了依法对社会组织进行引导、监督和管理的法制基础。但总体来看,法律的供给与需求差距较大。一是社会组织无基本法,导致对其地位、功能缺乏基本定位。二是现有法规偏重于程序法,缺少实体法,对社会组织的权利和义务的规范和保护均显不足。要进一步建立和完善社会组织管理法律法规体系，从法律层面规范社会组织的性质、地位、职能、权利和义务、设立条件、审批程序、运行机制等，使社会组织工作规范化；健全社会组织管理规章规定，对相互冲突、不合时宜的规章及条款予以修订或废止，解决社会组织管理法规不完善、不系统、相互冲突的问题。

最后，还要切实加强党对社会组织的领导。要进一步研究和创新在新形势下加强党领导社会组织建设、运行机制、活动方式等问题，最大限度地把群众组织起来，团结在党的周围。要发扬“支部建在连上”的优良传统，加强党的基层组织建设，形成党在各级各类社会组织中的工作网络。

第五节 坚定依靠群众 发挥群众作用

一、坚定依靠群众，尊重群众的主体地位

如何正确认识人民群众的地位和作用，是马克思主义政党要解决的重大问题。我们党从人类社会发展规律出发，坚持唯物史观，认为人民群众是创造历史的动力，是党执政的力量源泉，形成了对待人民群众最基本的政治态度和政治立场，从而使我们党在开展群众工作方面有了正确的指导思想。胡锦涛曾强调：“每一个共产党员都要把人民放在心中最高位置，尊重人民主体地位，尊重人民首创精神，拜人民为师，把政治智慧的增长、执政本领的增强深深扎根于人民的创造性实践之中。”尊重人民主体地位、尊重人民首创精神，是把人民放在心中最高位置的具体要求。在新形势下，尊重群众主体地位，首先要在思想上做到三个“深刻认识”：深刻认识党和人民群众的关系是鱼水关系、血肉关系，离开了人民群众，党就失去了根基；深刻认识人民群众中蕴藏着无限的创造力，是中国特色社会主义事业成功的保证；深刻认识我们手中的权力是人民赋予的，只能用来为人民谋利益，并自觉接受人民监督；把发挥人民群众的主体作用与坚持党的领导有机地统一起来。人民群众在经济社会发展中发挥主体作用，不仅要靠自身的努力奋斗，而且要有坚强有力的领导核心。其次，尊重人民主体地位还应做到三个始终。一是始终把人民利益放在第一位，坚持把实现好、维护好、发展好最广大人民的根本利益作为一切工作的出发点和落脚点，切实做到立党为公、执政为民，坚持问政于民、问需于民、问计于民，多办顺民意、解民忧、增民利的实事。二是始终尊重最广大人民的意愿，坚持把人民拥护不拥护、赞成不赞成、高兴不高兴、答应不答应作为衡量各项决策的最高准则，多深入到社会问题多、群众意见大的地方去，了解群众需要，倾听群众呼声，解决群众困难，化解群众矛盾，全心全

意地为人民服务。三是始终把民生问题放在重要位置，坚持发展为了人民、发展依靠人民、发展成果由人民共享，从人民群众最关心的实际问题出发，从解决人民群众最直接、最现实的利益问题入手，全力推进以保障和改善民生为重点的社会建设，进一步完善保障和改善民生的制度安排，把促进就业放在经济社会发展的优先位置，加快发展教育、社会保障、医药卫生、保障性住房等各项社会事业，推进基本公共服务均等化，加大收入分配调节力度，坚定不移地走共同富裕道路，努力使全体人民学有所教、劳有所得、病有所医、老有所养、住有所居。

二、发挥群众作用，尊重群众的首创精神

人民群众中蕴藏着巨大的智慧。毛泽东曾经教导我们：群众是真正的英雄，而我们自己则往往是幼稚可笑的。不了解这一点，就不能得到起码的知识。尊重人民的主体地位，发挥群众的首创作用，就要虚心学习，从他们身上汲取营养和力量。尊重群众的首创精神，充分发挥亿万群众的积极性和创造性，才能把中国特色社会主义事业不断推向前进。比如“苏南模式”和“温州模式”。苏南地区通过发展乡镇企业，走出了一条先工业化、再市场化的发展路径；温州一带则通过发展个体私营企业，利用市场化来促进工业化。两种模式都体现出农民兄弟伟大的首创精神。同时也表明，如果不是当地党组织和政府尊重群众的首创精神，无论什么“模式”都成不了气候。

尊重人民首创精神，集中人民群众智慧，充分发挥人民群众在创造历史中的伟大作用，这既是发展取之不尽的力量源泉，也是一种执政能力、一条宝贵的成功经验。尊重群众首创精神应做到三个必须。一是必须坚持走群众路线，充分发挥人民群众的主体作用。要高度重视并切实做好新形势下的群众工作，做到谋划发展思路向人民群众问计，查找发展问题听人民群众意见，落实发展任务靠人民群众努力，衡量发展成效由人民群众评判，充分调动群众的积极性，最大限度地凝聚群众的智慧和力量。二是必须紧紧依靠人民，充分发挥人民在创造历史中的伟大作用。人民群众的意见和经验，是党制定政策的基础。在决策的制定和实施过程中，要坚持密切联系群众，做到始终相信群众，最充分地调动人民群众的积极性、主动性和创造性，善于从人民群众中汲取智慧和力量，总结人民群众的发明和创造，依靠广大人民群众的创新性实践开辟认识新境界。三是必须改进工作作风。改善领导方式，确保同人民群众的血肉联系，一切从实际出发，求真务实，虚心学习。只有不断地向实践学习，才能眼界开阔、思路开阔，增长解决问题的本领。问政于民，问需于民，问计于民，把自己摆在学生的位置上，才能倾听民声，反映民意，使自己

少犯错误,少走弯路,搞好工作。四是必须积极稳妥地推进政治体制改革,坚定不移地发展社会主义民主政治。从根本上说,推进政治体制改革就是为了进一步加强和改善党的领导,增强党和国家活力,保证人民群众享有管理国家、管理社会、管理经济的民主权力,切实保障人民群众当家做主的权利,最大限度地激发人民群众的积极性、主动性和创造性,使全社会的发展活力充分释放。

第六节　坚持以理服人　做好思想工作

做好人民群众的思想政治工作是我党的优良传统,也是建设中国特色社会主义的重要政治保障。做好人民群众思想政治工作的前提是深入理解“以理服人”的传统做法。思想政治工作的本质在于说理,做思想政治工作的过程就是讲道理的过程。以理服人从字面上讲就是用道理去说服人。站在理论角度,以理服人的“理”是指真理,即主体对客体的认识同客体的本质和规律相符合或相接近。“理”从现实上看是主观的,但“理”的内容是客观的。以理服人不仅要求“理”本身的正确性、客观性,而且要求说理方法的科学性,只有既坚持“理”的科学性、客观性,又注意说理方式的合理性,做好群众的思想工作才能事半功倍,才能在新形势下取得新的成果。

一、坚持以人为本,注重个体差异

以人为本是做好群众工作的根本原则。坚持以人为本,就是要把人民的利益作为一切工作的出发点和落脚点,不断满足人们的多方面需求和促进人的全面发展。具体地说,就是要在经济发展的基础上,不断提高人民群众物质文化生活水平和健康水平,包括公民的政治、经济、文化权利;就是要不断提高人们的思想道德素质、科学文化素质和健康素质;就是要创造人们平等发展的局面,充分发挥广大群众的聪明才智,营造和谐稳定的良好社会环境。

一是做群众工作必须坚持以人为本,对不同的群体采取不同的方法。首先,要从人民群众的愿望出发,带着对人民群众的深厚感情去做工作。其次,既要坚持教育人、引导人、鞭策人,又要注意尊重人、理解人、关心人。要多走出办公室,深入到群众中去,跟群众沟通,了解他们的衣、食、住、行,做到想群众之所想,急群众之所急。在和群众的交流中,即使群众有不同看法,也要心平气和、以理服人,而不能自以为是、以权压人。

二是要学会运用风趣的语言,营造宽松的氛围。风趣的语言可以创造亲切、愉快的气氛,促进领导者与群众感情的交流和思想的沟通。风趣的语言可以增添欢悦情趣，活跃气氛，使听众的情绪轻松、愉快，从而激发听众的兴趣和注意力。

三是要注意语言表达方式。因为表达方式不同，效果会迥异。在群众工作实践中，领导干部要注重积累，勤于思考，积极锻炼思维的敏捷性、深刻性、全面性、独特性，讲究表达的艺术，精心选择最佳的表达方式。要善于用通俗的语言表达艰深的理论问题，运用群众语言，力争化繁为简。

四是要掌握随机应变的艺术，善于以变应变。改革开放越深入，各种社会矛盾就越处于易发、多发、高发的态势。领导干部必须学会随机应变，根据矛盾的特殊性，结合实际，具体问题具体分析，灵活处理，努力做到以变应变。

二、坚持情理交融，注重情理并施

以情感人和以理服人是做群众思想工作最主要的方法。然而，一些同志只注重"以情感人"，忽略了"以理服人"；也有一些同志只讲大道理，忽略了"以情感人"。二者都不能收到理想的效果。弄清思想政治工作中"情"与"理"的辩证关系，真正做到以"情"为基础，以"理"为向导，寓情于理，情理并施，才能更好地做好群众的思想工作。

一要做到以真情换真心。情理并施，首先要做到一个"情"字，要带着"真情"去做工作。思想政治工作要入情入理，推心置腹。要讲真心话，说实话，切不可说大话、空话和套话。要紧密联系实际，经常深入第一线，贴近职工，及时解决职工的生活困难，不断沟通思想。要以身作则，与群众同甘苦、共命运。只有这样，群众才能把你当知心朋友，才能与你有真正的共识，领导与群众之间才能建立起深厚的感情。

二要以礼相待。在平时的工作中，领导干部应该做到以诚相待，以礼待人。对待人民群众，应该秉持谦卑的姿态，尊重群众，平等地对待群众，千万要放弃那种高高在上的姿态，不要盛气凌人地、自以为是地去做群众的思想工作。只有做到以礼相待，平等相交，才能更好地与群众建立深厚的情感，也才能真正从感情上打动群众。

三要以理服人。做思想政治工作，如果一味地去讲私情，脱离科学理论和原则，那么，这种感情就只能是狭隘的江湖义气。所以说，"情"必须符合"理"，必须服从和服务于"理"。以理服人，其核心是一个"理"字，就是要坚持真理，坚持原则。马克思曾说过："理论只要说服人，就能掌握群众；而理论只要彻底，就能说服人。"领导干部只要把道理讲得入耳、入脑、入心，相信就一定能真正做好群众的思想工作。

三、坚持深入调查，注重交心、沟通

做好思想政治工作，其目的之一也是为他人解决思想问题。因此，思想政治工作是服务人民群众的一项工作。做好政治思想上的服务工作，一要调查研究，了解基层群众的思想现状，增强服务的预见性和针对性，在做思想政治工作之前，必须作深入细致的调查工作。要善于抓住主要矛盾和问题焦点，经常了解基层同志的思想动态和工作情况。只有如此，才能透过现象看到本质，使思想政治工作做到有的放矢。二要把他人的沟通与自我疏通相结合，诚心服务，真心交流。只有这样，才能达到解决思想问题的目的。帮助基层的同志解决思想问题，切忌不切实际的空谈和不负责任的承诺，以免给领导带来麻烦和不必要的尴尬，而必须摆事实，讲道理，以理服人。摆事实，就是对发生的时间和事实不夸大、不缩小，做到实事求是。讲道理，就是联系工作、学习、生活的实际，用通俗易懂的道理、深入浅出的分析，让受教育者明辨是非。以理服人，就是切忌强制灌输，更不能以势压人。对基层的同志一时难以接受和理解的问题和事情，要引导基层的同志反复思考，自我改造，自我提高，通过反思而明理。三要注意思想上的交心与生活上的关心相结合，这是把政治思想工作服务到家的关键。我们党的宗旨是全心全意为人民服务，关心基层同志生活，解决基层同志的实际困难，是每个领导干部应尽的职责和应尽的义务，也是思想政治工作的最终归宿和落脚点。对在与基层同志谈心、交心中所反映的每个确实存在的实际困难，要及时向单位领导如实反映，献计献策，当好参谋。对一时不能解决的困难和问题，应建议单位制订出限期解决的方案；对一些确实难以解决或不能解决的困难和问题，领导干部有责任通过正常渠道说明原因，避免产生不必要的误解。领导干部要通过自己的工作，使上下级之间、党的组织和人民群众之间架起一道心灵的桥梁，把思想政治工作落实到基层干部职工每个人的心坎上。

四、坚持换位思考，注重理利相济

当前，许多领导干部长期身处机关，很少下基层，由于缺乏第一手鲜活资料，在做人民群众思想政治工作时，往往容易犯主观主义、官僚主义的错误。特别是不切实际的说教，基层的群众是不欢迎的，甚至会有逆反心理。在新时期，党的各级干部应善于站在不同的位置、不同的角度去考虑问题，即通常所说的“换位”。重视物质利益，是历史唯物主义的一个基本理论问题。邓小平曾经指出：“不重视物质利益，对少数先进分子可以，对广大群众不行，一段时间可以，长期不行。”因此，作为党的干部，在做群众思想工作时必须坚持理利相济。忽视物质利益的说理者,不是真正的马克思主义者。重视物质利益,就要关心群众生活。人们的很多思想问题是由实际问题引出来的,如工作中遭到误解而关系紧张,离婚失恋感情受挫,经济困难,住房紧张,就业、子女上学入托困难等。我们在做这些同志的思想工作时,就要注意同解决这些实际问题结合起来,不能仅仅表示同情,还要尽心尽力帮他一把。重视物质利益,提倡理利相济,并不意味着对个人主义的纵容,以"利"去换取廉价的欢愉和贪心的满足,和对"越轨"现象的迁就。领导干部所言的"利",应该是连通心灵的桥梁,通过"利"的催化,使人受"理"的教化。此外,还要讲究一点语言表达技巧,理靠"说"而达于心。从实际效果来看,直说、干说,有时不如巧说、趣说。领导干部要把道理融思想性、知识性、趣味性于一体,运用生动的事例、鲜明的对比、恰当的比喻、精到的典故,通过周密严谨的逻辑力量和隽永凝练的语言,去启迪人们的思想,循循善诱,深入浅出,把抽象的概念具体化,把深奥的理论通俗化,使大家听之有趣,学之有识,思之有理,行之有据,情通意达。

第七节 保持沟通协调 勇于让步妥协

做好群众工作,需要领导干部具备多方面的能力,采取多种有效的方法。其中,与群众保持良好的沟通协调,就是做好群众工作的基本方法之一。然而,有些领导干部一贯的自以为是、趾高气昂,即使做错了事、说错了话也不愿低头认错,使得与群众的沟通陷入僵局,严重影响到群众工作的效果。因此,在适当的时候勇于向群众道歉认错,让步妥协,也是做好群众工作的重要方法。

一、主动沟通,拉近与群众的距离

如何缩小与群众之间的距离,与群众打成一片,真正做群众的贴心人,主动沟通是打开沟通屏障、拉近与群众距离的第一步。然而,有些领导干部久居"庙堂"之高,离群众十万八千里,怎么跟群众进行面对面的沟通?或者借口公务繁忙,等着别人来找你;或是等问题出现了,再出面解释。这些做法只能使自己和群众之间的距离越来越远,与群众之间的关系越来越陌生。

做好主动沟通,一要发扬民主作风,加强政务公开,鼓励群众政治参与,形成与群众的有效互动。民主,一直以来都是我党开展工作的基本原则。政务公开也是民主政治的一种表现。做好政务公开,将政务活动透明化,使得更多的群众了解并关注政府的活动,是主动沟通的态度体现,也是打开沟通大门的第一步。此外,在日常工作中,要充分发扬民主作风,在决策的制定、执行过程中,应该多听取人民群众的意见和心声,并将群众的意见反映在决策中来,给群众以反馈,这样会大大激励群众参与社会管理的积极性。领导干部主动与群众沟通,需要双向的互动,一方面要主动公开自己的工作,使群众了解自己,另一反面就是要倾听群众的意见和心声,使自己更加了解群众的需求。只有做到这两点,主动沟通才能形成良性互动,才能在无形中拉近与群众的距离。

做好主动沟通,二要构建和打造良好的沟通平台,使沟通更加顺畅。在新媒体迅速发展的今天,与群众沟通的方式越来越多,短信平台、手机微博、网络论坛、博客等都可以实现与群众之间的无界化沟通。这些新媒体的出现和普遍使用,使得群众很愿意在这些网络平台中自由表达自己的见解,吐露自己的心声。因此,领导干部应正确利用这些新媒体手段,及时、有效地与广大群众进行沟通。然而,在利用现代新媒体进行沟通的同时,也不要忘记最直接、最便捷的沟通方式,那就是面对面的沟通和交流。应将这两种方式紧密结合在一起,实现沟通零障碍。

二、善于沟通,提升与群众沟通的效果

1. 相互尊重,平等对话

尊重群众是做好新形势下群众工作的前提。尊重群众,首先要把自己同群众放在一个等高线上,做到"朋友式交往接近,平等式相互交流,协商式尊重谦让,亲人式关爱照顾"。只有做到尊重群众,才能真正实现平等地与群众进行对话。在与群众对话时,最要不得的就是自以为比群众高明,讲起话来居高临下,盛气凌人,总是用教训人的口气说话。领导干部要明白,即使在对话中有不同看法,也要心平气和,以理服人,而不能自以为是,仗势欺人,以权压人。在同群众对话时,面对不同观点的碰撞,领导干部要有虚心听人讲话的胸怀和度量,不要一听到不同意见,就感到难以接受。对于不同意见,要通过充分的摆事实、讲道理,达到沟通的目的。如果真是自己的认识脱离了实际,或者对某些问题的认识出现了偏差甚至错误,就要勇于面对,敢于承认。现实中,有的领导干部表面上做出一种要与群众平等对话的架势,而一旦听到不同意见,特别是听到对自己的批评意见,马上就发作起来,或者记恨在心,找机会报复。这样做的结果只能是群众再也不敢讲真话、说实话了,领导干部也就听不到群众的真实想法,自己把自己的言路给堵塞住了。

2. 要注重情感交流

加强沟通,很重要的一个方面,就是与群众加强情感上的交流。“只有我们把群众放在心上,群众才会把我们放在心上;只有我们把群众当亲人,群众才会把我们当亲人。”很多领导同志都有这样的感慨:你对群众投入多少感情,就能从群众那里获得多少支持和认可。只有怀着深厚的感情去关心群众,耐心地向群众说明情况,群众才能相信你,把你当成自己人。带着感情与群众进行沟通,比任何华丽的词藻、美妙的语言都更为真切,更为深刻。如果像有的干部那样,以“做秀”的态度来与群众进行沟通,所谓的“深入群众”,声势造得很大,记者带了一大堆,所到之处,满足于下下指示、讲讲话,遇到百姓的难处,就装腔作势地“嘘嘘寒问问暖”,其实感情上离群众很远,也就达不到真诚沟通的目的,群众也最反感这样的做法。而真正一心为民的好领导,就要像焦裕禄、牛玉儒那样,对群众有着深厚的感情,真正地深入群众,真心给群众办实事。只有讲真话、讲实话,也才能听到真话和实话,与群众实现心贴心的交流和沟通。

3. 善于倾听

倾听是有效沟通的前提。有调查认为,一个成功的领导者应花65%的时间去倾听、25%的时间发言、10%的时间阅读和写作。当前,很多领导干部都注重了“说”,而忽略了“听”的重要性,从而导致沟通效果的不理想。因此,领导干部要经常花相当多的时间,倾听群众的声音。在倾听中,要做到静心、虚心、专心、诚心、留心、耐心,还要换位思考,将心比心,尽量去揣摩说话者想要表达的意思,而不是个人理解的意思,尽量保持信息传递的完整性。

4. 要学会运用语言艺术,增强沟通效果

领导干部与群众进行沟通,首先要让群众听得清楚,听得懂,这需要领导干部不断提高驾驭语言的能力。群众的语言是生动的,也是鲜活的,领导干部要提高语言表达能力,就要注意向群众学习,用群众熟悉的语言跟群众交流。在民主革命时期,毛泽东就严肃地批评那些把字写得让人家不认识、把话说得让人家听不懂的做法,提倡要用大众的语言,要善于把深刻的道理用浅显通俗的语言说出来。邓小平也在这方面为我们做出了榜样,如“发展是硬道理”、“科学技术是第一生产力”等思想的表述,凝炼而通俗,老百姓不但听得懂,而且记得住,容易达到相互沟通的效果。现在,有的领导干部热衷于讲官话,讲大话、套话、空话,长篇大论,云山雾罩,把非常简单的道理绕来绕去,结果是不讲群众还明白,越讲群众越迷糊。这些领导要么是语言驾驭能力较差,离开稿子就讲不成话;要么是故弄玄虚,人为地设置沟通障碍。这些做法都会影响沟通的效果。因此,要提高语言沟通的能力,就要以群众关注的话题、容易理解的语句和乐于接受的方式与群众交流，让群众感兴趣、听得进、听得懂，从而感染群众、凝聚群众，调动群众的积极性。要“原汁原味”，多接触各个阶层的群众，多存储合适的话题；要“看菜吃饭”，在了解民情时多说家常话，化解矛盾时多说体谅话，教育群众时多说知心话，实现与群众的良性互动与真诚沟通；要“润物细无声”，讲清、讲透、讲深道理，通过有效沟通，解决问题，化解矛盾；要“言之有物”，空洞的说教启发不了别人，不切实际的口号指导不了工作；要忌说“官话”，忌打“官腔”，而要用群众耳熟能详的句子，拉近与群众的心灵距离。最后，如果能够说上几句得体的风趣幽默的话，缓和紧张的气氛和群众拘谨的情绪，进而打开群众话匣子，则会大大增强沟通的效果。

三、勇于妥协，游刃有余地做好群众工作

1. 辩证地认识“妥协”

在现实中，我们往往把“妥协”作为一个贬义词来看待，甚至把“妥协”和“投降”相提并论。其实，这是对“妥协”的一种片面的理解。在汉语的语义解释中，所谓“妥”，一般是指“妥当”、“妥善”、“稳妥”，即比较合适的意思；而所谓“协”，常常是指“协调”、“协同”、“协作”、“协助”、“同心协力”等。按《现代汉语词典》的解释，“妥协”就是用让步的方法避免冲突或争执。因此，对于妥协的理解通常是指一种方法或手段，是指矛盾冲突主体间通过谈判、对话、协商以及互谅互让等方式，避免因直接外部冲突而造成严重后果，以实现冲突各方的最基本权益的利益整合。

妥协是一种避免激烈外部冲突或非强制方式解决矛盾冲突的手段，是一种双赢的方式。妥协作为一种化解矛盾的智慧和方法，经常被人们所采用。列宁曾精辟地指出：“马克思主义者对历史的曲折道路的态度，同它对妥协的态度在实质上是一样的。任何曲折的历史转变就是妥协，是已经没有足够的力量完全否定新事物的旧事物同还没有足够的力量推翻旧事物的新事物之间的妥协。马克思主义并不绝对否定妥协，马克思主义认为必须利用妥协。”①列宁认为，妥协是达到革命的重要手段之一，是“为了更好地一跃而后退”、“在布尔什维克主义全部历史中，无论在十月革命前或十月革命后，都充满着对其他政党，其中包括资产阶级政党实行机动、通融、妥协的事实”。② 中国共产党在领导中国革命的过程中，两次与中国国民党建立统一战线，同样是一种成功妥协的范例，充分地体现了中国共产党人的政治智慧。在统一战线内，中国共产党从国家、民族利益的大局出发，同国民党

---

① 《列宁选集》第一卷，人民出版社 1995 年版，第 6 页。

② 同上，第 6 页。

既斗争又合作，努力做到和而不同、求同存异，使统一战线成为中国革命胜利的重要法宝之一。党的十一届三中以后，邓小平坚持解放思想、实事求是的思想路线，针对一些疑难问题、遗留问题和有争议的问题，大胆地提出了“一国两制”、“搁置争议”、“共同开发”等一系列重要思想和论断，这些思想和论断都蕴含着坚持原则与理性妥协相结合的政治智慧。

妥协是矛盾论辩证法在新形势下的继承和发展。在伦理认知上，妥协有时被理解为“牺牲原则”，但实际上，在许多情况下，妥协并不意味对原则的牺牲。从表面上看，妥协是向对方的让步，但从另一个角度看，妥协其实是以非根本利益、非根本原则上的让步来保证对根本利益、根本原则的坚持。妥协并不是对原则的牺牲，在许多情况下，妥协本身就是一种斗争方式，是一种坚持原则、稳步实现既定目标的适当斗争方式，是辩证法在新的历史条件下的继承和发展。

2. 勇于妥协，善于妥协

很多领导干部在处理与群众的矛盾和纠纷当中，往往不愿意低头，不善于认错，结果导致与群众之间的矛盾尖锐化，干群关系紧张。之所以出现这种情况，主要原因不在于妥协的操作，而在于官员头脑中的“官情结”。在一些人心目中，民必须听官员的话，服从官员的拍板；官就要在民面前展示其高高在上的派头。这种“官本位”的思想和情结使得很多领导干部，即使做错了事情，也不敢于承认错误，向群众低头认错。勇于妥协，就要求领导干部摒弃“官本位”思想，牢固树立群众观点，始终牢记自己是人民的公仆。勇于妥协，还要求领导干部更新执政理念，大力发扬民主，加强政治协商，在经济和社会管理中少些行政命令，多些民主协商，转变工作方式。

善于妥协是一种智慧，更是一种心态。要做到善于妥协，首先在心理层面上要宽容。妥协的个性特征是大度，它要求领导者在利益交锋中宽容，顾全大局。当代社会利益关系的复杂性还常常把领导者直接卷入利益冲突当事人的一方，处理不好的话，领导者还会深陷利益矛盾的中心而难以自拔。受传统观念的影响，一些领导者习惯于替民做主、代民做主，其领导行为一旦受到公众质疑、民意反对就难以接受。其实，党政领导者所掌握的公共权力之所以具有权威性，就是因为它的公共性本质，即它维护的是公共利益，提供的是公共服务，承担的是公共责任，实现的是公平公正。领导者心理的宽容性带来的是行为方式的民主性。其次，善于妥协，就要做到不与民争利，让利于民。在种种矛盾和纠纷中，利益冲突往往是最为常见和最为尖锐的。当与群众面临利益纷争时，领导干部应该时刻谨记“全心全意为人民服务”的宗旨和“权为民所用、情为民所系、利为民所谋”的执政要求，严格做到不与民争利，让利于民。最后，妥协还可以是一种具有长效性、稳定性的机制。对领导者来说，一方面，要充分利用现有的制度来调节和保障公民的合法权利、基本利益；另一方面，要发挥领导的影响力，把和解、宽容、协商、共赢等元素与民主、法制结合起来，融入制度创新中，使利益协调制度化、长效化。如果当今的公共政策、行政程序、公共治理都能体现出制度和解、制度妥协、制度协调的话，它的社会效应将远远超过领导者个人的行为效应。

第八节 始终以身作则 树立良好形象

领导干部要做好群众工作，最为关键的一点就是要从自身做起，以身作则。领导干部的以身作则具体体现在三个层面：即在工作上求真务实，在生活上艰苦奋斗、勤俭节约，在作风上秉公用权、廉洁从政，勇于同腐败堕落作斗争，以严格的要求约束自己，树立良好的形象。

一、求真务实，树立良好的工作形象

求真务实，是我们党一以贯之的优良传统和作风，是党的各项事业不断取得新胜利的根本保证。在新民主主义革命和社会主义建设时期，以毛泽东为主要代表的中国共产党人，坚持把马克思主义基本原理同中国革命和建设的具体实际相结合，在求真务实的艰辛探索中，形成了新民主主义革命的理论、路线、战略和策略，并领导全国各族人民经过长期艰苦卓绝的斗争，夺取了新民主主义革命的伟大胜利，建立了新中国。党的十一届三中全会以来，以邓小平为主要代表的中国共产党人，继续坚持和发扬求真务实的科学精神，从社会主义初级阶段这个最基本的国情出发，把科学社会主义的基本原理与中国具体实际和时代特征相结合，丰富和发展了党的基本理论，形成了“一个中心、两个基本点”的基本路线，开创了中国特色社会主义的崭新道路。党的十三届四中全会以来，以江泽民为主要代表的中国共产党人，坚持党的求真务实的优良传统不动摇，坚持党的基本理论和基本路线不动摇，坚持走中国特色社会主义道路不动摇，领导全国各族人民，开创了马克思主义的新境界，取得了改革开放和社会主义现代化建设的新胜利。早在党的十五届六中全会通过的《中共中央关于加强和改进党的作风建设的决议》中，中共中央就提出要“重实际，说实话，办实事，求实效，努力在全党形成求真务实的风气”。胡锦涛指出，求真务实是党的活力之所在，也是党和人民事业兴旺发达的关键之所在。求真务实是我们党各项事业不断取得胜利的保证，也应成为每位党员干部道德和精神品质的核心要素，从而推动工作的落实和进步。

1. 加强学习，提高求真务实的能力

古人云："非学无以广才，非志无以成学。"当今社会是知识经济时代，学习的重要性对每个人来说都不言而喻。对党员、干部而言，学习更是安身立命的根本，也是广大党员干部做好工作的基本前提。注重学习、善于学习是我党的优良传统。在庆祝中国共产党成立90周年纪念大会上，胡锦涛发表重要讲话时进一步强调："全体党员、干部要把学习作为一种精神追求。"加强学习，一是要加强马克思列宁主义、毛泽东思想和中国特色社会主义理论的学习，学会用历史唯物主义和辩证唯物主义的世界观和方法论来指导本职工作。二是要善于向群众学习。人民群众中蕴含着无穷的智慧和力量。广大领导干部要做好群众工作，必须永远保持谦虚谨慎的态度，低下头来，不耻下问，向广大人民群众虚心求教，倾听广大群众的心声，了解广大群众的需求。向群众学习，就要视人民群众为老师，始终保持谦虚谨慎的态度，摆正心态、放下架子，深入实际、深入基层，诚恳地与人民群众进行交流，从人民群众的鲜活思想中汲取营养，从人民群众生动的实践创造中提炼经验，不断完善工作思路，改进工作方法。正如邓小平指出的："只有首先善于做群众的学生的人，才有可能做群众的先生，并且只有继续做学生，才能继续做先生。一个党和它的党员，只有认真地总结群众的经验，集中群众的智慧，才能指出正确的方向，领导群众前进。"①三是要勤于实践。在理论学习的同时，还要注重实践锻炼。要将从书本和群众那里学习来的知识和经验，形成理论和方法，并将这种理论和方法用于指导实践。只有注重实践，才能学有所用；只有勤于实践，才能检验学习的效果。四是要善于总结。经过理论的学习和实践的检验，被证明是正确的路线、方针和政策，要坚持下来；被实践证明是不符合实际情况的做法要取消，要在实践的检验中善于总结，取其精华，不断提升求真务实的能力。

2. 注重调查研究，掌握求真务实的方式方法

调查研究是广大党员干部要掌握的一种重要的工作方法。毛泽东曾说过："没有调查，就没有发言权。"②重视调查研究，历来是我们党的优良传统，是辩证唯物主义认识论的基本要求，是党保持同人民群众密切联系的重要渠道，也是我们党的一项基本工作方法和领导制度。做好新形势下的调查研究工作，一要坚持以中国特色社会主义理论体系为指导，紧紧围绕党的路线方针政策和中央重大决策部署的贯彻执行，坚持解放思想、实事求是、与时俱进，深入研究广阔的社会实际，全面了解各种新情况，认真总结群众创造的新经验，努力探索各行各业带有规律性的东西，积极提供相应的对策，使调查研究工作同中心工作和

---

① 《邓小平文选》第一卷，人民出版社1994年版，第218－219页。

② 《毛泽东选集》第一卷，人民出版社1991年版，第109页。

决策需要紧密结合起来，更好地为各级党委和政府科学决策服务，为提高党的领导水平和执政水平服务。二要掌握一定的方法，坚持从群众中来，到群众中去，广泛听取群众的意见。人民群众的社会实践是获得正确认识的源泉，也是检验和深化我们认识的根本所在。调查研究成果的质量如何，形成的意见正确与否，最终都要由人民群众的实践来检验。既要听群众的顺耳话，也要听群众的逆耳言；既要让群众反映情况，也要请群众提出意见。尤其对群众最盼、最急、最忧、最怨的问题更要主动调研，抓住不放。这样才能真正听到实话，察到实情，获得真知，收到实效。三要坚持调查研究常态化，建立固定的调查研究制度。中共中央办公厅印发的《关于推进学习型党组织建设的意见》明确要求："建立健全调查研究制度，省部级领导干部到基层调研每年不少于30天，市、县级领导干部不少于60天，领导干部要每年撰写1至2篇调研报告。"这些具体的要求，就是将调查研究的工作以一种制度的形式固定下来，使领导干部能够坚持做到深入调研。

3. 真抓实干，把握求真务实的精髓

真抓实干，贵在真抓，重在实干。抓是干的前提，干是抓的目的。抓必须是真抓、实抓、紧抓、牢抓。毛泽东曾指出："抓而不紧，等于不抓。"①干就必须想干、大干、真干、实干、苦干，时时刻刻想干事，事事处处找事干。真抓实干就是想问题、办事情，干工作要实打实、真对真，绞尽脑汁，用对方法，放下架子，求真务实。马克思曾经讲过："一个行动胜过一打纲领。"一部中国共产党的历史，就是一部领导中国各族人民革命、建设和改革的实干史。毛泽东曾大力倡导"实事求是，力戒空谈"；邓小平多次指出"世界上的事情都是干出来的。不干，半点马克思主义也没有"；江泽民警示全党"空谈误国，实干兴邦"；胡锦涛反复强调，要"求真务实、真抓实干"。真抓实干，一要有务实的作风。作风决定落实，落实反映作风。转变作风与狠抓落实紧密相连。有些干部存在着作风漂浮、工作不实的现象；有的干部缺乏危机意识，看不到存在的问题；有的同志缺乏信心，丧失斗志；有的人热衷于做表面文章，搞"形象工程"，结果既不能发展大业，又拉大了与群众的距离。真抓实干，要求各级领导干部既要讲速度、讲进度、讲力度，又要求质量、求精细、求最佳，不能等待观望、听天由命、怨天尤人，更不能束手无策、推诿扯皮、贻误时机。二要在抓好落实上狠下功夫。定下来的事情就要雷厉风行、抓紧实施，督促检查、一抓到底。领导干部要身先士卒，靠前指挥，抓紧抓好，要有"一沉到底"的扎实作风。领导干部要服务基层、服务群众，真正把工作落实到最基层、最细节处、

① 《毛泽东选集》第四卷，人民出版社1991年版，第1442页。

最实处。广大党员干部要比奉献、争优秀、当先进。要严格落实工作责任制、领导问责制，加大治庸、治懒的力度，引导广大干部察实情、干实事、求实效，敢于真碰硬，勇于克服困难，主动解决问题。三要率先垂范。领导干部的工作作风如何，是调动广大人民群众积极性的关键。要真正做到真抓实干，广大领导干部必须做好示范。凡是要求群众做到的，自己必须率先做到、做好。

二、勤俭节约，树立良好的生活形象

艰苦奋斗、勤俭节约是中华民族的传统美德，也是我党的传家宝。中华民族历来以勤劳勇敢、不畏艰苦著称，历来讲求勤俭持家，勤俭办一切事情。我们党是靠艰苦奋斗成长壮大、成就伟业的，是靠勤俭节约发展事业、建设国家的。艰苦奋斗是我们党的优良传统和作风，是我们党保持同人民群众血肉联系的一个重要法宝。早在新中国成立前夕，毛泽东在党的七届二中全会上就要求全党在胜利面前保持清醒头脑，在夺取全国政权后要经受住执政的考验，务必使同志们继续地保持谦虚、谨慎、不骄、不躁的作风，务必使同志们继续保持艰苦奋斗的作风。邓小平指出，艰苦奋斗是我们的传统，艰苦朴素的教育今后要抓紧，一直要抓六十至七十年。江泽民指出，要在全党全社会大力提倡高尚的社会主义思想道德和中华民族的优良传统，以艰苦奋斗、勤俭朴素为荣，以铺张浪费、奢侈挥霍为耻。以胡锦涛为总书记的中央领导集体高度重视大力发扬谦虚谨慎、艰苦奋斗的优良传统。党的十六大胜利闭幕后不久，胡锦涛和曾庆红等中央书记处的同志来到革命圣地河北省平山县西柏坡学习考察，回顾党带领人民进行伟大革命斗争的光辉历史，重温毛泽东在党的七届二中全会上的重要讲话，并指出，历史和现实都表明，一个没有艰苦奋斗精神作支撑的民族，是难以自立自强的；一个没有艰苦奋斗精神作支撑的国家，是难以发展进步的；一个没有艰苦奋斗精神作支撑的政党，是难以兴旺发达的。

改革开放以来，我国经济实力日益增强，综合国力明显提高，人民生活逐步改善，广大党员和干部始终保持着共产党员艰苦奋斗、勤俭节约的本色。但应当看到，近年来，讲排场、比阔气、挥霍浪费的现象在我们的队伍中有所滋长，艰苦奋斗、勤俭节约的优良作风在一些党员干部那里被淡忘了。在他们看来，"现在还提倡艰苦奋斗、勤俭节约，与大环境不相协调，不合时宜"；"发展经济搞建设，讲点排场是必要的"；"自己为党和人民作了不少贡献，过点舒服日子也理所应当"。这些认识是错误的，也是有害的。广大党员干部要继续发扬艰苦奋斗、勤俭节约的精神，必须始终牢记我国目前还处于社会主义的初级阶段，我国社会的主要矛盾仍然是人民日益增长的物质文化需要同落后的社会生产之间的矛盾。虽然我国的经济总量已经跃居世界第二，但我国人口众多，人均国民生产总值还比较低，全体人民的生活还不富裕，全面建设小康社会的任务尚未完成。因此，继续发扬艰苦奋斗、勤俭节约的作风，是当前和今后要一以贯之的重要原则。大力倡导艰苦奋斗、勤俭节约的风气，广大党员干部要树立三种意识。一是树立“传家宝”的意识。在新的历史条件下发扬艰苦奋斗、勤俭节约的精神，要在思想上牢记党的性质、宗旨，始终坚持崇高的精神追求，保持旺盛的革命意志，培育高尚的道德情操，坚决抵制各种不良思想和风气的侵蚀。二是树立习惯意识，将艰苦奋斗、勤俭节约变成工作和生活的习惯。艰苦奋斗、勤俭节约不仅仅是一种思想境界，更要成为一种良好的工作、生活习惯，体现在实实在在的行动上。要在各项工作中贯彻勤俭节约原则，精打细算，严格把关，真正把有限的资金和资源用在刀刃上，使艰苦奋斗、勤俭节约成为一种时尚、一种习惯、一种精神、一种美德，把艰苦奋斗、勤俭节约精神贯穿于学习、工作、生活全过程。三是树立表率意识。榜样的力量是无穷的。好的榜样会产生良好的影响，对广大人民群众的行为会产生积极的影响，反之亦然。党员干部是人民群众的领头羊，在工作和生活中能否保持艰苦奋斗、勤俭节约的作风，广大人民群众拭目以待。因此，领导干部在工作和生活中，必须牢记“两个务必”，把艰苦奋斗、勤俭节约作为一种崇高的责任来担当，作为一种纪律来遵守，作为一种良好习惯来培养，带头发扬艰苦奋斗、勤俭节约的精神，带头反对铺张浪费和大手大脚，带头抵制拜金主义、享乐主义和奢靡之风，争做艰苦奋斗、勤俭节约风尚的传播者、示范者、实践者。也只有这样，才能产生积极的示范效应。

三、廉洁奉公，树立良好的公仆形象

廉洁奉公是我党的优良传统。在战争时期，“抗联”英雄杨靖宇将军、我党优秀干部方志敏烈士，为了国家和民族的解放，廉洁奉公，清贫如水，不为敌人所威逼利诱，英勇顽强地与敌人斗争，不惜牺牲，保持了共产党人的应有气节和品德。正是因为有了这些优秀领导干部的廉洁奉公、艰苦奋斗、不怕牺牲的高尚品质，我们的民族解放事业才赢得了广大人民的全力拥护和支持，最后取得了新民主主义革命的胜利。和平建设时期，我党许多优秀领导干部在和平环境里始终保持着廉洁奉公，艰苦奋斗的优良作风。“人民的好总理”周恩来、“党的好干部”焦裕禄、“党的领导干部的楷模”孔繁森都是廉洁奉公的典范，为广大人民群众树立了良好的公仆形象。

然而，一段时期以来，在市场经济大潮的冲击下，有些领导干部自我约束力不强，未能经得起腐朽思想的侵蚀，忘记了手中的权力来自于人民，忘记了党全心全意为人民服务的宗旨，忘记了人民公仆的身份，贪污受贿，以权谋私，挥霍公款，奢侈浪费，腐化堕落；有的为了自己的私利，甚至到了疯狂敛财的程度；还有的党员干部追求剥削阶级的腐朽生活方式，摆阔气，讲排场，大肆挥霍国家和人民的财产。这些人虽然是极少数，但其行为危害巨大，影响恶劣。他们的所作所为严重败坏了党在广大人民群众心目中的美好形象，损害了党和政府的威信，挫伤了广大人民群众对党和政府的信心，破坏了社会主义现代化建设的正常发展秩序，影响了社会的安定。如果听任这些丑恶现象蔓延下去，继续侵蚀党和国家政权的肌体，就会严重损害党群关系和干群关系，党就可能失去民心，最终丧失政权。因此，要大力加强领导干部的党风廉政建设，重塑廉洁奉公的良好公仆形象。

树立廉洁奉公的公仆形象，一要正确看待权力，正确使用权力。要做到为官一任，造福一方，恪尽职守，廉洁自律。胡锦涛在庆祝中国共产党成立90周年大会的讲话中指出："我们手中的权力是人民赋予的，只能用来为人民谋利益。行使权力就必须为人民服务、对人民负责并自觉接受人民监督，决不能把权力变成牟取个人或少数人私利的工具。各级干部都要自重、自省、自警、自励，讲党性、重品行、作表率，做到立身不忘做人之本、为政不移公仆之心、用权不谋一己之私，永葆共产党人政治本色。"二要加强制度建设，完善有关权力的运行和监督机制。邓小平曾说："制度好可以使坏人无法任意横行，制度不好可以使好人无法充分做好事，甚至走向反面。"①针对我国目前腐败现象有可能蔓延的趋势，必须加强有关制度建设，加强党内监督，切实保障党员享有党章规定的权利。要建立健全党内民主监督的程序和制度，健全党员干部定期报告工作和廉洁从政情况的制度。要改革和完善党的纪律检查体制，健全举报制度，进一步加强法律监督、群众监督、民主党派监督和舆论监督。要建立结构合理、配置科学、程序严密、制约有效的权力运行机制。三要树立公仆意识。公仆意识是工人阶级政党的执政意识。工人阶级政党掌握政权以后，只有牢固树立公仆意识，防止社会公仆变为社会主人，才能保证工人阶级不丢失政权，保证工人阶级政权不改变颜色。各级干部特别是领导干部能否增强公仆意识，直接关系到我们的党风和党在人民群众中的形象，关系到党的性质和前途。江泽民曾经告诫各级领导干部要牢记自己是人民的公仆。胡锦涛也提出要进一步增强公仆意识，始终牢记全心全意为人民服务的宗旨。因此，广大党员干部只有牢固树立公仆意识，本着全心全意为人民服务的宗旨，才能真正做到廉洁奉公，也才能树立良好的个人形象。

---

① 《邓小平文选》第二卷，人民出版社1994年版，第333页。

第八章 创新体制机制 做好群众工作

中国正处于快速转型的历史时期，政治、经济、社会和文化发展等方面的体制、机制都发生了巨大变化。通过体制机制的健全和完善做好群众工作，及时化解矛盾，调动广大人民群众的积极性，切实维护群众的根本利益，是经济社会发展的重要课题，也是贯彻和落实科学发展观、构建社会主义和谐社会的题中应有之义。新时期的群众工作，要深入分析群众工作的新特点、新情况，不断创新和完善群众工作体制机制，创新群众工作方式方法，形成政府、社会、个人的多方合力，多渠道渗透，综合运用指导、服务、计划、行政、监督等手段，“正确处理人民内部矛盾，建立健全党和政府主导的维护群众权益机制，畅通和规范群众诉求表达、利益协调、权益保障渠道”①，不断创新社会管理和群众监督体制机制，及时化解群众之间的利益矛盾，充分调动广大群众在社会改革、发展和建设中的积极性、主动性和创造性，确保社会既充满活力又和谐稳定。同时，要更好地尊重群众的主体地位，满足群众需求，切实保护群众利益。

第一节 创新群众利益协调机制

马克思认为，人们奋斗所争取的一切，都同他们的利益有关。做好群众工作，首先要从满足群众的需求，从协调群众的利益着手。我国处于社会主义初级阶段，资源的有限性致使人民群众之间的利益分配存在差距，因而要建立公正合理的利益协调机制，把群众利益的表达控制在体制内。党中央一贯高度重视群众利益的协调，妥善协调各方利益关系，及时化解社会矛盾和社会冲突，努力构建公平公正的利益格局。邓小平在1979年就提出利用统筹兼顾的原则来调节各方利益。江泽民指出：“我们所有的政策措施和工作，都应该正确反映并有利于妥善处理各种利益关系，都应认真考虑和兼顾不同阶

① 《坚定不移沿着中国特色社会主义道路前进 为全面建成小康社会而奋斗》，人民出版社2012年版，第38页。

层、不同方面群众的利益。”①胡锦涛强调:“制定和实施的各种方针政策,都要把实现好、维护好、发展好最广大人民的根本利益作为依据,都要统筹兼顾,妥善处理各方面的利益。”②要重视建立公平利益格局的重要性,健全完善的利益协调机制,构建公平正义的利益分配机制,以科学合理的利益调节推进社会稳定。

一、合理调节收入分配

分配制度是事关社会利益公平与否的关键因素。改革开放以来,随着国民经济的持续快速健康发展,我国城乡居民收入有了较大幅度的增长,人民生活总体上达到小康水平,社会保障制度改革取得长足进展。同时,我国收入分配领域也存在一些不容忽视的问题,城乡之间、地区之间、行业之间的收入差距居高不下,分配秩序未能根本理顺,出现了新的社会不公平现象,导致一定程度上的社会心理失衡和民众对社会的不满。我国现阶段实行以按劳分配为主体、多种分配方式并存的分配制度,初次分配中兼顾公平与效率,再次分配中更加注重公平。这一分配制度在改革开放初期基本保障了社会利益的公平分配,但随着社会主义市场经济的进一步发展,各种生产要素参与分配,这一分配制度所存在的缺陷也日益显露。社会现实要求对现有分配制度进行适当调整,其重要内容是“规范收入分配秩序,保护合法收入,增加低收入者收入,调节过高收入,取缔非法收入”③;在市场体系供求关系的基础上,理清理顺劳动与资本、管理、技术等生产要素的关系,改变劳动力价格在初次分配中的弱势状态。政府要加强对各要素市场的管理及整理,尽快规范初次分配次序。在充分调研的基础上,要通过行政手段,对企事业单位的工资予以指导,使劳动力价格的增长跟上经济增长和企业效益增长的步调,培育工资集体协商制度,加强工会在企业中的作用,正确处理和调整劳资关系,实现职工的根本利益。改革和完善收入分配体制,是正确处理各方面经济利益关系和矛盾、实现利益和谐乃至社会和谐的关键所在。

二、及时调处利益矛盾纠纷

随着社会主义市场经济体制改革的不断深入,社会利益矛盾纠纷出现新情况。当前,社会矛盾纠纷出现了一些新的表现形式,因土地征用、房屋拆

---

① 江泽民:《在纪念建党八十周年大会上的讲话》,人民出版社 2001 年版,第 22 页。

② 《党员干部关注的 14 个重大理论和实践课题》,人民日报出版社 2004 年版,第 125 页。

③ 《坚定不移沿着中国特色社会主义道路前进 为全面建成小康社会而奋斗》,人民出版社 2012 年版,第 36 页。

迁、企业转制改制等以利益为核心造成的矛盾纠纷呈增多趋势。在当前国内社会矛盾凸显期，建立健全社会矛盾纠纷调处机制，对于有效缓解社会矛盾、促进社会和谐稳定有重要的现实意义。

第一，全面整合体制内外的各种组织资源。要形成化解矛盾的社会整体合力，明确各党政部门和司法机关在化解矛盾纠纷中的责任，避免推诿扯皮，做到各尽其责。和谐劳动关系是和谐社会的重要基础，构建和谐劳动关系，有利于改善企业用工环境，提高企业竞争力。当前，部分企业劳动合同内容不规范、不对等的问题比较突出，企业片面追逐利润，损害劳动者的合法权益；企业内部劳动纠纷处理的调解机制不完善，部分非公有制企业以及改制企业劳动合同在一定程度上流于形式。为此，要建立劳动争议信息交流平台，依法处理职工维权案件，畅通职工维权渠道。

第二，健全矛盾纠纷调处解决的工作责任制度。要确保对矛盾的受理、梳理、处理等环节处处有章循、事事有人管，完善各级法律援助与服务机制，为合法权益受到侵害的困难职工提供及时有效的法律服务和法律援助，引导职工通过理性合法的方式表达利益诉求。多年来，江苏省苏州市各基层人民法院根据当地实际，健全完善做好群众工作的制度机制，引导和规范干警把心思放在抓好工作上，通过化解纠纷，把工夫下到察实情、出实招、办实事上。常熟市把诉讼服务中心打造成化解纠纷的“枢纽”。吴中区设立巡回审判点、特约调解点、诉讼服务点，通过卓有成效的群众工作机制建设，不断满足群众对司法的新需求新期待，提高诉讼效率，减轻当事人讼累，取得明显的效果。

再次，通过思想政治工作加以引导。要善于通过行之有效的宣传、教育、示范等方式，引导群众正确看待利益差异，妥善处理利益矛盾，有效疏导群众的消极情绪。同时，还要“加强法制教育，提高群众的法制意识和依法维权的素质和能力，避免以违法、过激手段来满足个人利益”①，形成良好的社会心理，创设良好的社会环境。

三、全面实施利益补偿和社会保障

目前，贫富差距成为群众工作不可忽视的一方面，各个阶层不能公平地享有经济发展的成果。为维持社会和谐，就要根据损益规律来制定政策，对困难群体给予利益补偿，积极发展社会政策，建立完善社会保障机制，进一步强化政策调控，优化资源配置，逐步解决群众在就业、住房、教育、医疗等方面的难题。

---

① 李青魁：《创新群众工作机制构建和谐党群关系》，《中共山西省委党校学报》2012 年第5 期。

第一,对受损群体进行倾斜。在二次分配中,党和政府应在税收调节、转移支付、社会保障、社会福利等方面对受损群体进行补偿。在教育事业方面,应“大力促进教育公平,合理配置教育资源,重点向农村、边远、贫困、民族地区倾斜,支持特殊教育,提高家庭经济困难学生资助水平,积极推动农民工子女平等接受教育,让每个孩子都能成为有用之才”①。在劳动就业方面,应“贯彻劳动者自主就业、市场调节就业、政府促进就业和鼓励创业的方针,实施就业优先战略和更加积极的就业政策”②。要加快建立和完善就业服务体系,千方百计扩大就业,加强就业信息服务,解决好失业人员再就业难、大中专毕业生就业难、农村劳动力转移就业难等问题。为提高失地农民素质,增加其就业和市民化进程,应在失地农民补偿机制中加强教育培训力度,加大教育培训专项资金的投入。政府应履行相应的教育培训职责,改变教育内容和方式。

第二,实现补偿常规化和公平化。我国群众利益补偿机制必须在常规化、固定化和公平化上下功夫,特别是关系广大群众切身利益的社会保障,应“坚持全覆盖、保基本、多层次、可持续方针,以增强公平性、适应流动性、保证可持续性为重点,全面建成覆盖城乡居民的社会保障体系”。② 特别要“改革和完善企业和机关事业单位社会保险制度,整合城乡居民基本养老保险和基本医疗保险制度,建立兼顾各类人员的社会保障待遇确定机制和正常调整机制”;③加快建立和完善社会保障体系,扩大养老保险、失业保险、医疗保险覆盖面,做到应保尽保、应补尽补;加快建立和完善弱势群众专项救助机制,建立帮扶救助统计、调度、督查机制,建立和完善医疗、教育、住房、司法等专项救助制度,发展慈善事业,动员社会力量参与扶老、助残、救孤、济困、解难等救助工作;保证每个利益损害体的尊严和权益,让群众心平气顺,减少社会冲突。

在健全群众利益协调机制的过程中,要重视均衡各方面利益,坚持公平正义、合理有序,制定国民收入初次分配和再分配政策,遵循维护大多数人利益的准则,特别关注困难群体的现实需要和利益。政府只有通过完善利益协调机制,构建比较完善的利益协商、利益补偿、利益约束和利益矛盾疏导体系,才能促进不同利益群体的动态的利益均衡,化解社会矛盾,使我国长期保持社会稳定。

---

①② 《坚定不移沿着中国特色社会主义道路前进 为全面建成小康社会而奋斗》,人民出版社2012年版,第35页。

② 同上,第36页。

③ 同上,第36-37页。

第二节　创新群众诉求表达机制

现阶段,伴随着广泛的社会利益关系调整,民众的利益诉求表达意识日益觉醒,广大群众用各种方式反映自己的意见和建议,表达自己的利益诉求,表现出较强的政治参与需求。同时,不同社会群体利益诉求的表达能力和渠道存在着差异,如果没有高效公平的机制,就有可能忽视困难群体的诉求,这必然会引起不同利益群体之间的矛盾和冲突。畅通民意表达渠道可以释放民怨、反馈民情,使党和政府及时、准确、全面地掌握群众意愿,使群众感到党委、政府和社会对他们的关注以及解决他们生活问题的态度,就能为解决问题打下良好的基础。

一、促进利益诉求表达的培育

创新群众诉求表达机制,首先要着重培育相应的社会主体和社会环境,为诉求表达机制的有效运作创造基本条件。要主动和人民群众沟通,建立以群众利益为主导的平等平台上的信息沟通机制,在身份主体平等的基础上,创新沟通渠道,构建良好的沟通表达环境。

第一,培养主体。社会需要理性的利益诉求表达,理性的利益诉求表达取决于诉求表达主体的成熟程度。要提高社会文化教育水平,培育公民的利益诉求表达意识,促进公民的认知和分析能力,提高其利益诉求表达的主体意识,为公民参与政治生活、实现民主政治权利奠定必要的文化基础。要在公民中普及利益表达的政治法律知识,提高表达的效能,在表达诉求时更多地凭借理性而不是感情用事。在表达方式的选择上,应注意合法性和有效性。要进一步推动社会的组织化程度,着力培育独立的利益诉求表达社会团体,使它们充分表达和维护个体利益,为民众的利益表达提供多样化的形式和渠道。

第二,创设环境。要构建提升民主决策机制,坚持民主执政,增强人民群众利益表达的信心,增强构建和谐社会的内在动力,调动人民群众在构建和谐社会中的主动性与创造性。要构建法治化的利益表达机制,建立政府信息披露制度、专家咨询制度、社情民意反映制度及重大事项的社会公示制度,并实行决策的论证制和责任制,防止决策的随意性,而这些“都需要建立在法制完备的基础上,从而将制度化与法治化紧密结合起来,使民众的利益表达与政府权力的行使在法制的轨道上运行”①。

二、推进党、政府与群众间的沟通

党对人民群众的影响力来自于党对人民群众利益诉求的回应力，建立健全民意表达机制可以使党和政府充分了解群众的利益诉求，扩大公共政策的覆盖面和代表性；同时，“群众由于参与公共决策的制定过程，对相关政策的意图和精神也容易产生支持和认同，这样可以大大减少和化解由于信息不对称而产生的矛盾纠纷”②。

第一，促进党、政府与群众全方位的沟通。要建立健全民意表达机制，通过座谈、走访、信访、社会调查、征求意见等多样化的方式拓宽民意表达渠道；健全和完善领导干部、党代表、人大代表、政协委员联系人民群众、反映社情民意的工作机制；推行政务公开，对事关群众切身利益的重大决策实行公示、听证和信息披露制度。要建立起畅通、便捷、高效的“下情上达”和“上情下达”渠道，充分保障人民群众的知情权、参与权、话语权和监督权，建立起良性互动的党群关系；尤其是要给予困难群体更多的利益表达渠道和机会，倾听他们的具体要求和想法。政府要通过宏观政策的倾斜以及社会资源的再分配，缩小贫富差距；规范社会强势群体的利益表达行为，防止他们通过体制外的渠道左右公共决策或霸占大众传媒的话语权，保护困难群体的权益不受或少受损害。

第二，重视政府回应具有特殊意义。政府回应是政府在公共管理中，对社会公众提出的各种需求和问题及时做出反应和回复的过程。政府回应既是西方公共管理的实践过程，也是系统的政府管理理论和行政理念的意义延伸。新的公共管理理论认为政府要以社会公众为导向，及时和有效地对其诉求做出回应。诉求表达机制是党和政府依靠机制和制度发现问题的过程。当前，群众诉求表达机制存在非均衡性特点突出、政府职能部门服务意识不强、群众诉求反馈与权益保障缺失等问题，政府回应是减少群众猜疑、安抚群众情绪、做好群众工作的关键点。政府与群众的部分冲突起源于群众要求相关领导对话但得不到回应，群众采取极端措施。因此，应增强政府职能部门的服务意识，建立公正的利益诉求平衡机制和诉求反馈与责任追究制度。在有关事件发生后，政府回应也需要技巧：一是要谨慎使用警力，防止激化矛盾。要公开利益冲突的起因和整个发展过程，向公众讲清事实。二是要及时安抚群众，当地政府派出有关领导做好安抚工作。做好群众工作，党和政府

---

① 卿红：《关于完善利益诉求表达机制的思考》，《求知》2012 年第 8 期。

② 李青魁：《创新群众工作机制 构建和谐党群关系》，《中共山西省委党校学报》2012 年第5 期。

与群众的沟通必不可少，要了解群众呼声，维护群众利益，约束政府主动回应社会关切，回答公众疑问。

三、拓宽群众诉求表达渠道

要根据时代的发展，充分利用原有利益表达渠道，清除利益表达的障碍，理顺不同渠道和不同环节的关系，让利益表达主体畅通地进行利益表达。

第一，构建社会协商平台，充分进行利益表达。要通过开展多层次、多形式、多渠道的社会协商对话，使人民内部的各个阶层、集团、利益群体、各方面人士充分表达自己的意见，使国家机关既能及时向群众通报情况，又能迅速了解群众的意愿，及时对国家政治、经济、文化发展中的一些重大问题互相交换意见，达到增进了解、消除误会、取得谅解的目的。① 目前，面对分配不公、官员腐败、收入差距过大、环境污染以及医疗、教育、住房费用过高等一系列社会问题，群众时有不满和抱怨。要建立健全基层组织的机构和职能利益诉求机制，发挥各级人大、政协、信访部门的作用，建立党委、政府和人大代表、政协委员联系群众制度，社会各阶层将自己的要求、意见反映到决策层，沟通政府与不同阶层及其成员之间的联系，使各阶层之间的利益关系得到协调和规范，以利于党和政府更好地代表广大群众的根本利益。对涉及经济社会发展全局的重要法规、重大决策，应充分征求群众和社会各界的意见，将群众的利益诉求体现在各项决策之中，使群众的现实需要与经济社会发展目标同步实现。上海市闵行区于2008年底开始推出“三联四会”制度，“三联”指区委委员联系区党代表、基层党委（党工委）委员联系基层党代表和党代表联系党员群众，“四会”指区委常委会议事会、基层党委（党工委）议事会、基层党（总）支部议事会和基层党员群众代表议事会，通过多方面沟通交流以畅通上级党组织与下级党组织、党组织与党员群众之间的联系渠道。

第二，不断丰富诉求表达渠道。要建立有力的群众利益表达和政府回应机制，最大限度地克服国家、行政机构的不良作风，及时疏导和化解矛盾冲突。要保证群众利益表达机制的畅通，发挥上访制度、人民代表、人民政协的作用，党的基层组织的作用，工会、共青团、妇联等事业团体的作用，从政绩和绩效考核上下功夫，使其真正为民请命，权为民所用，情为民所系，利为民所谋；同时，应创新利益表达机制，扩大利益表达渠道。现今，视频、微博、论坛、门户网等多种媒体的出现，使党和政府有了了解群众真实想法的更宽广的领域。要用制度的方式把群众接待日、热线电话、网上在线交流、电子政务、博

---

① 卿红：《关于完善利益诉求表达机制的思考》，《求知》2012年第8期。

客论坛、民意调查、社会听政会、领导信箱等新的民意表达渠道及其方式肯定下来，凡涉及群众切身利益的重大问题，都要提前向社会公告，事先和群众通气。创新群众利益民意表达机制，要“继续开展社情民意征集、行风评议、设立热线电话、接收手机短信等形式，使群众话有处说、怨有处诉、难有处解，使之成为长效机制”①。

第三，切实加强非政府组织的话语权。现代社会管理是建立在治理和善治理论基础上的管理活动，它以强调公民社会为特征，不仅要利用政府的管理效能，还要发挥公众参与的作用，通过合作、协商、伙伴关系、确立共同的目标等方式，实施对社会事务的共同管理。非政府组织代表民间利益，谋求建立公民秩序和维护社会公正，是政府与企业之外的重要社会力量。社会独立性组织的健全和完善，可以动员社会力量，组织更多的民众参加到社会事务管理的群体之中，使民众成为社会事务管理的主体，还可实现政府与群众的高度合作，实现全社会的协同合作功能。如果没有农民自己的组织维护农民的自身利益，农民的自身利益就很难得到保障。农会作为基层群众组织，有效保护农民的切身利益，通过利益表达机制实现自己的合法利益，巩固和维护党的执政地位。可设立职业群众利益代言人，加快建设谈判制度。在许多涉及群体利益的案例中，当地政府希望与群体利益的相关人沟通来解决问题，但群体中的个体只关注自己的个体利益，难以形成统一的群体意见。群体可选择自己认可的专业代言人，专业代言人将担任为民请命的角色，深入群众，掌握百姓真实的内心需求，全面调查矛盾的缘起，凭借专业知识，帮助群众提出合理合法的群体解决方案。专业代言人可以熟练运用主流工具与政府谈判，增加谈判的分量，减少以个体身份与政府的谈判，以更有效的方式、更低的社会成本维护群众利益。

四、创新群众诉求表达形式

第一，充分利用新媒体等现代信息技术。在现代信息技术日新月异的今天，新媒体作为在数字技术和网络技术支撑下的媒体形态，具有非线性、交互性、超时空、个性化、虚拟性等特征，它代表一种新的科技生产力。作为社会公共权力的执掌者，政府应坚持平等合作、对话共识和柔性阳光等新思维，适应信息化时代社会转型的要求。随着信息互动和共享的民主化的趋势日益明显，信息管理权力与方式也必须随之改变。在群众工作中，多媒体支持自下而上的利益表达途径，让每个人成为信息的发布者和传播者。做好群众工

① 许青云：《新形势下群众工作的特点与对策》，《前沿》2012 年第 15 期。

作，政府应主动利用论坛、政府网站、微博、视频、网络热线来随时关注民生，在网上征求群众的意见和建议，给群众以平等的渠道来发表自己的见解，围绕拆迁、失业、社会保障等问题，让群众来一起参与。如在公开的权威性论坛设立“每日民生”等论题，解答老百姓提出的问题，以新媒体为契机，与群众进行情感沟通、平等对话、理性讨论，达成共同的见解、判断或者结论。四川省广元市于2008年率先在省内成立市互联网管理中心，实行市、县一体化管理体制，建立完善书记市长信箱、市级部门信箱和县(区)委书记县(区)长信箱，建成综合性门户网站——广元新闻网，并开设“市民留言”和“有话对网络新闻发言人说”栏目；及时开办“建言献策”论坛，把人民网“地方领导留言板”和其他网站开辟的“有话对市长书记说”等栏目作为社情民意平台的补充，纳入书记市长信箱同步办理；全天候收集整理国内网站新闻、论坛、博客、播客、QQ群、手机短信等涉及广元的信息，并分类办理；加强和完善网上群众来信、网上领导批办工作制度，保证及时回应，妥善处理，按时办结，取得了很好的社会效益。

第二，科学整合传统媒体和新媒体，构建信息共享机制。新媒体解放了个体，个人不再被淹没在普遍性中，更多公民具有了自我实现和被尊重的强烈需要，法治和维权意识不断增强。相对于新媒体，传统媒体的体制机制更完善。政府应树立平等合作的管理意识，通过新媒体与传统媒体的优势融合，搭建利益表达和沟通机制，实现公民的知情、参与和监督以及政府与社会组织之间的协同合作，构建两种媒体之间的信息共享机制，通过新媒体保障政府与公民之间的平等，充分调动和尊重公民个体的积极性和创造性，让国家权力更多地向社会回归。同时，要克服新媒体的无序性，利用传统媒体的权威性和法制性，依据新媒体的行业性质实行监督和管理，把新媒体信息最大限度的规制在有序范围内。

第三节　创新群众监督机制

群众监督是人民当家做主的组成部分和重要形式，也是社会主义民主政治的重要属性，在整个民主监督体系中具有主体地位。马克思在总结巴黎公社的经验和教训时，提出对无产阶级国家政权需要加强监督的重要思想：“行使这些职能的人已经不能够像在旧的政府机器里面那样使自己凌驾于现实社会之上了，因为这些职能应由公社的勤务员执行，因而总是处于切实的监督之下。”①主张无产阶级政党必须把自己的工作置于群众的监督之下，领导

---

① 《马克思恩格斯文集》第三卷，人民出版社2009年版，第222页。

干部受党员群众的广泛监督,听取批评意见和建议。改革和完善各项体制机制,为群众监督创造有利条件,对执政的中国共产党来说,就是要创造一切可能的条件,让人民群众来监督我们党和政府,监督全体党员。这就要求我们在体制机制上不断改革和完善,顺应人民群众更好地行使民主监督权利的要求,切实抓好党务政务公开、民主评议、质询听证、民主治理等制度的落实。"建立健全权力运行制约和监督体系。坚持用制度管权管事管人,保障人民知情权、参与权、表达权、监督权,是权力正确运行的重要保证。"①因此,要进一步完善政务、厂务、村务等公开办事制度,建立健全同群众利益密切相关的重大事项社会公示制度和社会听证制度,把广大党员干部和人民群众的积极性、创造性充分调动起来。

一、提高公民权利意识

公民有监督国家机关及其工作人员的权利,应通过立法途径把国家机关接受监督法律化。国家机关政务公开在不涉及国家机密的前提下,应把相关部门的政务公之于众,使之成为一个透明的政府。美国政治家杰斐逊曾说:阳光可以防腐,路灯可以防贼。人民大众对国家机关及其工作人员知情,更好地进行监督,才能积极主动地参与。要"坚持科学决策、民主决策、依法决策,健全决策机制和程序,建立决策问责和纠错制度。凡是涉及群众切身利益的决策都要充分听取群众意见,凡是损害群众利益的做法都要坚决防止和纠正"②。在讨论监督的话题时,各界谈论较多的是权力监督。我国宪法明文规定:公民有批评、建议、控告的权利;作为人大代表,人民还享有质询权、罢免权。我国公民享有的权利是广泛的。人们常说:没有权利的监督是腐败的遮羞布。真正可行的利益协调机制必须切实强化公民的监督权利,避免公民监督流于形式。参与型的政治文化和公民政治权力保障是群众参与的两大抓手,要"健全和完善决策的规则和程序、建立社情民意反映制度、建立与群众利益密切相关的重大事项社会公示和社会听证制度、完善专家咨询制度、实行决策论证制等,把决策纳入民主化、科学化的轨道"③,进一步完善决策保障机制,以科学的思想、制度和方法对群众中的问题进行决策。

---

① 《坚定不移沿着中国特色社会主义道路前进 为全面建成小康社会而奋斗》,人民出版社2012年版,第28-29页。

② 同上,第29页。

③ 许青云:《新形势下群众工作的特点与对策》,《前沿》2012年第15期。

二、规范政府权力运行

政府权力是最典型的公权力,是人民所让渡和赋予的。随着市场经济的发展,政府的权力运用需要进一步规范,建立相对公平的利益格局,杜绝政府与民争利的现象。行政权力对经济的不当干涉,权力的市场化,造成不同利益体在市场中的不同地位。部分单位和个人将公权私用,进行权钱交易,各种各样的权力寻租把政府推向了群众的对立面,造成政府公信力的下降。要规范政府权力运行机制。规范政府权力不仅仅是要求政府不与民争利,不被利益集团所俘虏和左右,还要求政府权力公开公正地运行。政府要严格按照行政规章制度办事,增加人民监督权力运行的方式和方法,加大政务公开力度,保证权力在阳光下运行。政府自身要扩大自身的透明度。除特殊政务外,应公开涉及民生的政务,让民众知道政府在做什么、为何这样做、怎么做的、花费多少、负责人都是谁、要达到什么目标,让公示制度、听证制度、项目论证制度成为群众支持的工具。在公示制度中,要做到真心实意想让民众知道,时间上要保持足够的提存量,给予信息传播需要的时间、民众理解和消化信息的时间、民众做出反应的时间、足够的辩论和提出意见建议的时间。在消息发布方面,除了政府网站外,还需多渠道发布信息,在群众聚集的论坛和网站多方面发布,力求让更多的群众了解,扩大公众的关注度和参与度。在听证制度和论证制度上,要给予群众更大的决定权,比如参与听证的人员,可以由涉及利益的成员组成,也可以由被涉及利益成员集体选举的代表组成;参与论证的人员和学者,可以部分由群众选出,以最大限度地减少群众的猜疑。要创造条件让人民批评政府、监督政府,同时充分发挥新闻舆论的监督作用,让权力在阳光下运行。

三、探索群众监督有效形式

第一,增强群众参与监督的自觉性、积极性和主动性。在探索群众监督形式进程中,要充分发挥舆论、党代表、职工代表、党风联络员、特邀监督员、党风信息员等在监督党员和党的干部特别是领导干部权力运行中的作用,不断完善群众监督机制,使领导干部在行使人民赋予的权力时依法、公正、透明,使权力处于一个良性的运行环境中,充分发挥群众监督范围广、渠道多、视角全的特点,使得我们的党员时刻牢记党的宗旨,当好人民公仆,全心全意为人民服务,为民办实事,时刻接受人民群众的监督,还权于民,使群众乐于监督。要真正把知情权、参与权、监督权还给群众,并通过新闻媒介等形式广泛宣传党在干部监督方面的路线、方针、政策,营造浓厚的群众监督氛围,通过典型事例,宣传群众监督的成果,以此来增强群众参与监督的自觉性、积极性和主动性。

第二,拓宽群众监督的途径,组织群众参与监督的操作方法和程序。我们已经初步建立起一些行之有效的监督制度、途径和形式,如已经推行的政务、村务公开制度,重大决策咨询、听证、公开制度,领导干部公开述职述廉、民意测评、民主考核、任职公示制度等。这些都大大强化了群众监督的力度,在新时期应该充分地、有效地利用这些已有的途径和形式。同时,要采取随机抽查、暗访、专题调查、网上调查等行之有效的方式,进一步完善组织群众参与监督的操作方法和程序。比如,在当前群众监督机制还不健全、监督体系还不够完备的情况下,采取信访举报方式是群众参与监督的有效途径。在信访举报方面,应在严格规范受理和处理程序的同时,大力推行网络举报、密码举报等,充分发挥现代科技在群众监督中的作用。在参与调查方面,要严格各类群众代表产生的程序和办法,充分发扬基层民主,使群众代表具有广泛的群众基础,代表群众的意愿。

第三,完善民主党派沟通机制。建立完善的利益表达机制,不仅需要相应的组织机构,还要在制度层面上保障和规范民主党派的职责和权利,使相应的组织团体和机构在通过法律规范自身行为的同时,拥有合法畅通的途径进行利益表达。中国共产党领导的多党合作与政治协商制度,是中国人民历史的选择,符合我国的基本国情。中国各民主党派作为中国民主政治建设的一支重要力量,由于它的成员来自不同阶层和团体,能够更多地代表和反映所联系的那部分群众的利益与要求。民主党派在参政、议政过程中能够更好反映自身代表的那部分群众的利益与要求。民主监督可以使党的决策更加客观、科学,我们要进一步实现党代表的人民群众的根本利益与不同阶层的具体利益之间的有机协调。进一步发挥各民主党派参政、议政的作用,通过法律来规范各民主党派的行为,明确各民主党派的基本权利和义务。

四、完善信访举报制度

信访举报是公民通过申诉、控告和检举等方式来监督国家机关工作人员的行为。信访举报是党和政府体察社情民意、倾听群众呼声的重要渠道,是缓和人民内部矛盾、稳定社会秩序的有效环节。要建立和完善适应我国现阶段社会发展的高效、实用、法制化的信访举报制度,充分发挥其维护社会稳定的功能,有效协调和缓和社会冲突。

第一,提高办事效率。信访主管部门在接到群众信访以后,往往委托下级机关办理,而受委托的机关又下转到下级机关。这样,信访问题的处理被一级一级地下转，不仅拖延了时间，影响了办事的效率，而且有可能也会影响到问题处理的结果。接到信访举报的机关应该就地解决，减少下转；如就地不能解决问题的，应向群众说明原因，并由政府机关移交相关部门，告知群众问题解决的时间，帮助群众解决当下的生产生活难题。

第二，有效保护群众。对关系到公民利益的腐败行为进行检举，应予以奖励。举报是群众监督的一种具体方式，是惩治腐败、强化法治、激浊扬清、揭露犯罪的有效手段。公民举报之后，应享有被保护的权利。应鼓励举报人对社会上的腐败行径进行揭露，鼓励公民热心于社会事业，培养他们的社会责任感。

五、加强对群众监督的保护

不论是从国际反腐败斗争的实践，还是从实际情况来看，要想真正增强群众监督的实效，必须严格保密规定、严打报复行为，制止和纠正群众监督中出现的打击报复事件，给群众提供完善的保护机制，解除人民群众的后顾之忧，如完善举报奖励机制，保障其人身、财产、生活等方面的安全，不能因为参与监督而遭受经济损失，对于因参与监督而遭报复、迫害者实行经济补偿等。另外，健全对举报人的非刑法保护机制也是一项很重要的举措，包括举报人的生产、生活、工作、学习诸多方面，涉及多个机关部门，可重新安排工作、更换住所等，使保护措施具有预警性、长期性，从根本上避免对举报人的打击报复。

在我们国家的政治权力运行中，应该充分发挥公民监督的作用以制约政治权力的滥用。随着国家政治体制不断地被完善，法律不断得到健全，公民监督在制约政治权力方面起着越来越重要的作用。要健全公民监督体制机制，在经济发展、政治体制完善的同时，提升公民强烈的社会责任感，使之热心于政治生活，把提高自身政治参与意识和素质作为社会主义政治文明建设中的一大目标。

第四节　创新社会预警机制

社会预警机制是防范和解决社会矛盾的基础，是社会稳定和发展的指示器。建立社会预警机制，就要建立多层次、覆盖整个社会面的情报信息网络系统，将工作触角延伸到各个领域、各行各业，及时、准确地掌握社会矛盾和不安定因素的动态。建立全方位的社会预警机制，形成指挥统一、功能齐全、反应灵活、运转高效的应急机制，提高保障公共安全和处理突发事件的能力，既是政府全面履行职能,特别是加强社会管理和公共服务职能的一项重要工作,也是构建和谐社会的一项重要任务。特别要加强群体性事件源头的预防,完善应急预案,建立社会稳定风险评估机制、处置突发事件和群体性事件中的群众工作机制,切实维护社会稳定。

一、进行社会矛盾排查

建立社会预警机制,就要建立完善社会矛盾纠纷排查化解处理机制,建立多层次、覆盖整个社会面的情报信息网络系统,将触角延伸到各个领域、各行各业,及时、准确地掌握社会矛盾和不安定因素的动态。

第一,缜密建立社会矛盾排查机制。各级领导干部要增强政治敏锐性,对排查工作亲自部署,对排查出的问题亲自分析研究,亲自推动化解;通过定期召开联调会议,协调解决复杂矛盾纠纷;建立信息采集机制和职工思想动态分析预警机制,以解决职工深层次的思想问题;建立职工思想动态分析预警管理机制,及时发现、分析和解决职工的思想问题,妥善处理企业内部矛盾,保持企业和谐稳定,增强企业凝聚力、向心力。在矛盾排查过程中,要重视进行深入细致的调查研究,通过深入调查,了解基层社会矛盾纠纷的类型、特点和形成原因,了解当地排查化解矛盾纠纷的做法、经验和具体措施。在深入调查过程中,对矛盾双方了解得详细、分析得透彻,处理问题就能够争取主动,就能把社会的暴风骤雨转为风调雨顺。

第二,切实以调查研究为基础。在现实工作中,如果遇事不作认真的调查研究,仅凭有关方面汇报上来的只言片语就瞎指挥、乱决策,矛盾纠纷就很难解决。毛泽东说,没有调查,就没有发言权。当前,还存在党政部门缺少深入调查,就出台相关政策、制度导致群众利益受损的现象。深入调查,就要坚持蹲点调研,真正深入群众,了解群众疾苦,抛弃走马观花式的视察形式,选取具有典型意义的基层单位蹲点调研,深入了解基层群众生产、生活的现状和困难,深入了解不同群体的不同际遇和问题,深入了解各个社会阶层群众的生存状态和差异,对比分析,增强把脉问题的准确性;就要坚持面上调研,深入不同部门和单位,了解当前利益格局的特点和问题,坚持问计与民,从中寻找解决问题的方案和对策,从体制上、机制上加以调整和规范。

二、加强社会风险评估

从政府本身来说,侵犯群众利益现象现阶段主要集中于土地征用、劳资纠纷、房屋拆迁、政府滥用权力为己谋利、对涉及特殊群体利益的部分管理不善等方面,激起民愤,导致事态扩大。政府应对涉及多人的社会重大工程进行社会稳定风险评估，对可承受范围内的动荡和反弹及时做好准备，预先设定多种风险评估方案。

预先风险评估包括专家访谈、专家咨询、抽样调查、实地勘探、听证会等，主体是政府的职能部门。政府机关工作人员要发挥工作的积极性和主动性，对评估事件的科学性、合法性、可控性和可行性及其他问题进行全面分析预测，对实施后可能出现的不稳定因素进行分析预测，以及对这些不稳定因素可能涉及的人员数量、范围和激烈程度进行分析预测。职能部门人员需要深入第一线，到群众中去联系群众、了解群众。

第一，完善蹲点流程。党政部门要真正深入群众，了解群众疾苦，了解群众真正关心的问题。我国有人大代表制度，人大代表专门负责听取民众心声，是党和国家在民间的触角；政协制度时刻对社会热点、重点问题进行调研，发挥参政议政的功能，为民解忧；工会是广大工人阶级的贴心人，维护工人利益；妇联维护妇女利益；信访制度让民众表达自己的意愿。对有关部门的调查要有严格规定，要求其对改革发展中的敏感点、热点、难点进行适时监控，对相关指标数据定期汇总、分析与评估。

第二，领导干部要真正沉得下去。群众工作永远是第一线的实践性工作，直面群众，不能怕麻烦。群众自身和其利益要求都在不断变化和重组，思想独立性和民主意识以及维权意识和过去不可同日而语。领导干部也要跟进时代，实实在在地解决群众“愁、急、难”的问题。

完善社会预警机制，时刻离不开广大人民群众的支持。在政府的调查还没有涉及到或相关部门的目光还没有关注到时，群众要及时联系相关部门维护自己的权益，这是防止矛盾激烈爆发的预警起点。从社会层面来讲，要争取群众支持，就要增强群众自身的参与意识，培育整个社会的参与型政治文化，鼓励公民积极参政，强化公民的监督权力，强化社会大众的监督行为，提高公民的政治参与，形成积极、理性的群众监督社会生态环境。

第五节　创新社会管理机制

群众路线是我们党的根本政治路线，社会管理过程就是做群众工作的过程。加强和创新社会管理，必须坚持走群众路线，健全服务群众制度，积极推动社会管理体制机制创新，充分发挥党组织和党员在服务群众中的带头、推动、督促、保障作用，“健全基层党组织领导的充满活力的基层群众自治机制，以扩大有序参与、推进信息公开、加强议事协商、强化权力监督为重点，拓宽范围和途径，丰富内容和形式，保障人民享有更多更切实的民主权利”①,构建党委领导、政府负责、社会协同、公众参与的社会管理体制。“提高社会管理科学化水平,必须加强社会管理法律、体制机制、能力、人才队伍和信息化建设。”②要进一步健全民主制度,丰富民主形式,拓宽民主渠道,从各个层次、各个领域扩大群众有序政治参与,广泛动员和组织人民依法管理经济、文化和社会事务。

一、发挥党的领导核心作用

党的基层组织是我们党领导和执政的重要基础,是党的全部工作的基础。密切党与人民群众的联系,基层党组织在其中发挥着不可替代的作用。当前,国际国内形势不断变化,基层党组织在工作中面临着新矛盾和新问题。做好群众工作是基层党组织的核心工作,基层党组织必须发挥好在群众工作中的主导性作用,加强和改进新时期党的建设,高度重视加强基层组织建设,要“落实党建工作责任制,全面推进各领域基层党建工作,扩大党组织和党的工作覆盖面,充分发挥推动发展、服务群众、凝聚人心、促进和谐的作用,以党的基层组织建设带动其他各类基层组织建设”③,加大基层党组织办公活动场所和党员群众服务中心规范化建设力度,加强基层党组织各项办公配套设施建设,做到党员工作有阵地、有设备、有保障,群众找党员有时间、有地点、有目标。组织活动场所应成为党员群众的议事厅、教育群众的大课堂、面向基层的服务点、文娱健身的主阵地,确保基层党组织服务群众的能力和积极性。找准基层服务的着力点,发挥基层党组织联系群众的功能,完善信息沟通机制,其核心是改善民生,为民解忧,“发挥基层各类组织协同作用,实现政府管理和基层民主有机结合”④。满足公众需求是社会管理的核心价值理念,就是满足群众合理的不断丰富的利益诉求。

要建立完善党员联系和服务群众工作机制,建立党支部定期听取群众意见建议和向群众通报制度。支部应定期召开群众座谈会,或采取个别访问的形式,听取党外群众的意见和建议,重大事项及时向群众通报、宣传、教育,接受群众的评价和监督。要建立党员联系群众工作责任制。党支部应根据每个党员的活动能力、专业特长和各自的具体情况,采取组织决定和个人自愿相结合的方法,联系群众或群众家庭进行帮扶。党支部要制定切实可行的考评办法,考评结果作为民主评议党员的重要依据;对联系群众不到位的要提

---

①④ 《坚定不移沿着中国特色社会主义道路前进 为全面建成小康社会而奋斗》,人民出版社2012年版,第27页。

② 同上,第38页。

③ 同上,第53-54页。

出批评和整改要求，对成绩显著的要给予表彰奖励。①

二、突出政府的主导作用

第一，政府找准好定位。从我国国情来说，社会建设必须依靠政府这只“看得见的手”来推动。政府通过社会建设的财政投入、政策引导和驱动、规划编制、标准制定以及对社会建设项目和社会建设主题的监督，形成政府主导、市场进入、社会参与的民主导向的社会管理机制，既拒绝做保姆式的政府，又防止公共服务的过度市场化而导致政府控制失灵。亨廷顿在《变革社会中的政治秩序》一书中提出：现代性带来稳定，现代化带来动荡。公民希望对政治过程施加影响，但由于制度的缺失，他们在内在参与要求的驱动下，开始寻找制度外的参与途径。这种非制度化的参与危及国家的社会稳定和政治发展。

第二，引入竞争机制。要采取市场化手段，引入竞争机制，培育竞争性的公共服务机制。要吸纳其他国家公共服务市场化的经验，其可借鉴的有合同出租、特许权经营、公私合作、使用者付费、凭单制等多种形式。政府还应“拓展多种方式，改善社会管理，比如租赁、政府补贴、法令委托、出售、清算、政府推出、放松管制等方式”②。在公共服务市场化的改革中，政府应通过外包、民营化的方式，将自己做不好或社会可以做好的服务，交由市场主体来承担，形成“社会性市场”③。在此过程中，政府必须掌握好度，以最终实现“深入推进政企分开、政资分开、政事分开、政社分开，建设职能科学、结构优化、廉洁高效、人民满意的服务型政府”④。

三、重视社区参与的重要作用

社区在社会管理中发挥着不可忽视的作用，是政府与公民的连接点。在群众工作中，社区起着媒介和桥梁的作用。有效的社区服务有助于群众适应政治和经济发展而出现的社会结构的变化，保持社会秩序。整合社会资源，能够更好地为民服务，建立社会保障网络和服务网络，维持居民正常生活。随着市场经济的发展，社会矛盾日益复杂，社区的运行存在着一些有待解决的问题：用行政机关的眼光来衡量社区，没有把社区看作是群众自己的组织；

① 雷玉林，李德良：《对新形势下健全群众工作机制的思考》，《经济研究导刊》2012 年第25 期。

② 万军：《社会建设与社会管理创新》，国家行政学院出版社 2011 年版，第 73 页。

③ 钟坚：《深化改革开放必须坚持市场化和民主化方向》，《南方日报》2010 年 9 月 6 日。

④ 《坚定不移沿着中国特色社会主义道路前进　为全面建成小康社会而奋斗》，人民出版社 2012 年版，第 28 页。

职能分工不明确，导致社区的职能大幅超载，社区带上浓重的行政色彩，影响群众的主人翁意识；社区居民参与意识淡漠，在一些具体的事务上，需要增加社区事务的决定权、管理权和监督权。此外，社区工作人员结构老化单一，人员素质参差不齐，缺乏专业的社区工作者和年青的社区工作人员。为此，要十分重视发挥社区参与在群众工作中的特殊作用。

第一，提高社会居民参与度。居民参与度不高是由多种多样的原因形成的。要学习国外成熟社区的经验，将社区工作重心集中在社区服务和生活支持、社区文体活动以及社区的安保工作上。每个社区都有相应的困难群体和生活方面的急事、难事，如下岗工人、残疾人、老人、小孩等需要照顾，社区在这方面做好后勤保障工作。创新群众工作、市民劝导队工作机制，是北京市公安机关遵循“民意主导警务”理念、创新群众工作的新举措，有利于进一步整合社区群防群治力量，充分发挥党员、志愿者、小区楼门院长、居民代表及老干部、老战士、老专家、老教师、老模范的重要作用，汇集各方资源，组成市民劝导队，共同维护良好的社会秩序。根据居民需要开展的相关文化和体育活动，可充分利用社区图书馆、活动中心、音乐室、咖啡厅等，把居民召集起来，多交流、多参与，给居民以温馨、安心、和谐的人居环境。

第二，增强社区社会自治性。增加社区经费，要有多元化的经费渠道。当然，一部分经费还必须有街道等国家基层组织给予，不再是以前单纯的拨付，而是作为类似服务费用的收取，不是作为上下隶属关系，而是平等的交易主体。2010 年 11 月公布的《关于加强和改进城市社区居民委员会建设工作的意见》明确指出，要普遍推行社区公共服务事项准入制度，凡属于基层人民政府及其职能部门、街道办事处职责范围内的事项，不得转嫁给居民委员会；凡依法应由社区居民委员会协助的事项，应当为社区居民委员会提供必要的经费和工作条件；凡委托给社区居民委员会办理的有关服务事项，应当实行权随责走、费随事转。社区承担的模式，是政府通过向社区购买服务来满足居民的需求，这将是未来我国社区经费的主要来源，有助于社区在群众心目中的角色定位，有助于社区职能的划分。

第三，构建专业化职业化社区工作队伍。目前，我国社区工作人员参差不齐，年龄偏大，来源于各行各业。改革开放带来了城市社区人口结构的巨大变化和困难群体的增多，群众的利益区分越来越复杂，群众的心理需求越来越细化。社区工作还涉及“社会福利、社会救助、社会慈善、残障康复、优抚保障、社区建设、司法矫正、教育卫生等领域，从事困难救助、矛盾调处、权益维护、心理疏导、行为矫治等社会管理和社会服务工作”。[①] 社区现有的工作人员部分是公务员身份，或者参照公务员管理，能否承担这样的重任，是否有足够的能力和资质来满足群众的日常需要，都值得我们研究和关注。构建专业的社区工作队伍已迫在眉睫：一是公开选举，严格换届选对人。社区选举应按照公平、公开、竞争、择优的原则，严格程序，规范行为，全程透明公开。在换届选举过程中，不必拘泥于一种方式，可以考虑多种组合采用组织推荐、党员及群众推荐和自荐提名的方法，保证选民的提名和自荐权，使政治素质好、思想觉悟高、奉献精神强、业务能力专的人才选拔调整到社区两委班子岗位上。二是搭建好社区工作者发展平台。要实行按需培训，以全面提升社区工作者的素质为目标，建立健全经常性培训的教育机制，注重培训内容的针对性和吸引力。要针对社区工作者自身情况，以人为本，制定培训计划。在培训安排上，要做到理论学习和实践锻炼相结合，集中办班和分散自学相结合，全面历练和提升社工队伍的能力。三是完善机制管好人。要针对社区工作的实际情况，找准问题的核心，大胆探索和实践，制定社区工作者任期承诺、民主评议、岗位监督、量化考核、优胜劣汰等相关制度，按照能者上、庸者下的要求，进一步规范社区工作者的日常行为，提高队伍整体水平。

四、始终扩大群众参与

加强和创新社会管理，力量在基层，基础在群众。社会管理创新离不开每一个公民的参与，每个人都应该形成高度的参与感、责任感和主人翁责任感。各级领导要充分认识到公众参与社会管理创新的紧迫性，全社会应致力于增强公众参与社会管理的自觉性，不断创新公众参与社会管理的机制，保护好公众参与社会管理的热情。“改进政府提供公共服务方式，加强基层社会管理和服务体系建设，增强城乡社区服务功能，充分发挥群众参与社会管理的基础作用。”[②]

第一，把群众参与作为工作的核心问题。我国目前正进入矛盾多发期，政府的权威和信任度都受到不小的挑战，群众工作必须有新思路，不能一味地使用传统的下命令、定指标的工作方式。从根本上说，现代政府必须把不同阶层的民众意见和利益要求加以聚合、综合，变成政府的政治主张和政策。如果群众政治参与的广度和宽度达不到一定的量，政府决策偏差的可能性就将大大增加，同时，群众对自身利益的不安全感就会加剧，对政府会产生情绪

---

① 万军：《社会建设与社会管理创新》，国家行政学院出版社 2011 年版，第 180 页

② 《坚定不移沿着中国特色社会主义道路前进　为全面建成小康社会而奋斗》，人民出版社 2012 年版，第 38 页。

化、焦虑化的表现并加以传播。长期以来,党和政府一直致力于培养群众的政治意识,培养群众的政治参与热情,民众拥有了更多自主表达利益诉求的渠道和途径。然而,受制于体制和话语权限制,民众利益表达依然障碍重重,离政府的期望尚有不小的差距。离开群众参与,群众工作的信息沟通机制只能成为摆设。在双方相互信任、畅所欲言的前提下,沟通才能达到应有的效果。

第二,培育民间非政府组织,发挥第三域在群众工作中的协同作用。20世纪60年代以来,随着非营利组织、自愿组织的兴起,在我国的群众工作中,第三域的协同作用不可忽视。从第三域在西方国家的发展及其在社会救助方面的所作所为来看,第三域有助于群众问题的解决:作为困难群体,群众有了平等的机会去争取自己的权利,去改变自身的困难地位,有利于建立一个政府与群众沟通的良性渠道。凭借其处于一线,贴近民众的优势,第三域成为困难群体利益表达的渠道,能够靠其与政府机构的特殊关系表达和实现群众的利益,并为他们争取更多的权利。社会组织可以最大限度地激发社会热情,调动社会资源。社会组织大多由有共同理想或使命感的人组成,在面对群众需要时,能够满怀责任心、充满热情地为群众服务,在整个过程中不需要外在的监督和激励。应付突发事件时,第三域能够大量节约社会资本。社会组织因其中立性,在心理上对群众有着天然的亲和力,其舆论主张很容易得到群众的认同。第三域在开展社会活动时会吸纳大量具有相同特征的困难群体,缓解政府在解决困难群体就业方面的压力。要充分利用第三域的作用,促进公民政治参与,做好新时期的群众工作。

——扩大第三域的活动领域。我国现今的干群关系紧张,在一定程度上与我国的“大政府”传统有关,政府掌管社会所有资源,涉及民众生活的方方面面,群众时时与政府打交道。政府应学会放手,对一些社会组织可以办好的事,政府可适当授权,让社会组织“前台唱戏”,减少政府与民众的正面冲突,维护良好的群众关系。我国社会组织还处于初期阶段,以社会慈善、扶贫救助为主。政府应放宽对社会组织的限制,引导其在人民生活的多个方面有所作为,如教育、文体、商业、农村、权益维护、法律援助等。这些涉及老百姓具体生活的社会组织的存在,将会大大减少政府的负担。农村更为迫切需要社会组织。农民由于整体文化水平偏低,维权意识虽在觉醒,但维权能力偏弱。农村致富途径狭窄,需要知识和技术的帮扶,这些社会组织都大有可为:农村专业经济协会是新时期的“合作社”形式,能够促进农民自主集中组织起来应对市场的风险,共同提高农业技术,共同寻找市场,共同生产、加工、销售,共同面对各种风险。城市主要有行业协会和社区服务组织与慈善组织。

行业协会引导行业发展，制定行业规则，调节行业矛盾，防止恶性竞争、行业欺诈等非公平行为，协调行业内部资源和信息以及行业与外在组织的事务，面对国际竞争，应对国际贸易规则。社会中介组织的普遍建立，可有助于提高公民参与政治的积极性，减轻政府直接面对公民的压力。社会中介组织承担政府向社会转移的本应属于社会的职能，有助于人民当家做主。同时，公众意愿能够有顺畅的渠道向政府表达出来，促进大众广泛而理性地参与政治。

——注重自身修炼，提高实际能力。没有优秀人才的参与运作，社会组织的成长将变得非常困难。国际上有名、有影响的社会组织，如国际红十字会组织、国际和平组织、绿色和平组织等，无不集聚了本领域的大量人才。从定位来说，我国社会组织要脱离群众心目中的“二政府”形象。社会组织的立身之本就是其非政府性，中立性使其能办到政府不能办到的事，引导社会舆论。定位不准，将使其脱离群众，无法发挥其应有的作用。要加强第三域组织之间的交流合作，彼此之间有合适的交流方式，相互之间帮忙协助，无形之中提升自身在与政府谈判时的分量，更有力量地为群众辩护和维权。

五、社会管理过程程序化

可运作的合法程序是民主实现的保障。群众可以在程序中学习运用自己的权力，感觉法治的神圣，实现自己的意愿，人人参与到社会管理活动中，成为真正的参与性的力量。这是管理过程程序化所要达到的目的。不仅行政管理的程序化很有必要，而且行政程序的公开也必须常规化，这样才能最大限度地抑制公权力的膨胀和侵害。全民参与监督权力的运作，比如现行的听证会制度、说明理由制度、申辩和质证制度就是程序化管理的例证，听证会制度中又有价格听证、立法听证等形式。通过这些制度，人们可以更多地表达自己的利益，获得表达自己意见的机会。提高社会管理科学化水平，必须建立健全以党组织为核心、自治组织为主体、综治组织为依托、社会组织为补充的社区组织体系，提高基层干部社会管理的创新能力。要带着深厚的感情开展群众工作，创新群众工作方式方法，完善群众工作体制机制，切实解决群众利益问题。

六、健全对群众的教育引导

宣传教育、组织动员群众是我们党的政治优势。营造和谐的党群干群关系，就要继承和发扬党的优良传统和政治优势，不断改进群众工作方式，提高宣传引导和动员激励群众的能力；加强理想信念和民主法制教育，用中国特色社会主义理论体系武装群众，使群众理解并拥护党的路线方针政策，提高知法、守法和依法办事的自觉性；深入开展社会主义荣辱观教育，使群众明辨是非，具有正确的价值追求；深入开展科技、文体、法律进社区、进农村、进学校活动，广泛开展群众性文明创建活动，提升文明社区创建水平。要探索新形势下思想政治工作的新途径、新方法，从尊重、理解和关心人出发，与群众进行经常性的思想沟通，使群众自觉地支持改革、支持建设。要完善心理疏导机制，“把弘扬思想政治工作的优良传统、运用现代科技手段与心理疏导结合起来，不断提高心理疏导的科学化水平”①，注重培育人们的法治精神，建设法治文化。

随着社会主义政治文明的发展和基层群众自治实践的推进，推进群众工作体制机制创新越来越成为做好群众工作的重要保障。要在全面把握群众工作存在的主要矛盾和主要问题的基础上，全面推进群众工作体制机制创新，在建构群众工作组织领导体系、健全群众工作制度、充实群众工作力量、优化群众工作环境等方面进行改革创新，使各项体制机制相辅相成、共同促进，形成组织健全、运行高效的群众工作体制机制，以进一步密切党群关系，使党的领导方式和执政方式更加体现人民群众的根本利益。

① 雷玉林、李德良：《对新形势下健全群众工作机制的思考》，《经济研究导刊》2012年第25期。

参考文献

【专著类】

《马克思恩格斯选集》第一卷,人民出版社 1995 年版。
《马克思恩格斯全集》第一卷,人民出版社 1956 年版。
《马克思恩格斯全集》第二卷,人民出版社 1957 年版。
《马克思恩格斯全集》第十九卷,人民出版社 1960 年版。
《马克思恩格斯文集》第三卷,人民出版社 2009 年版。
《列宁选集》第一卷,人民出版社 1995 年版。
《列宁选集》第四卷,北京人民出版社 1995 年版。
《列宁全集》第三十一卷,人民出版社 1984 年版。
《毛泽东选集》第一卷,人民出版社 1991 年版。
《毛泽东选集》第三卷,人民出版社 1991 年版。
《毛泽东选集》第四卷,人民出版社 1991 年版。
《毛泽东选集》合订本,人民出版社 1968 年版。
《毛泽东文集》第七卷,人民出版社 1999 年版。
《毛泽东著作选读》(上下册),人民出版社 1986 年版。
《建国以来毛泽东文稿》第十二册,中央文献出版社 1998 年版。
《刘少奇选集》上卷,人民出版社 1981 年版。
《刘少奇选集》上卷,人民出版社 2004 年版。
《邓小平文选》第一卷,人民出版社 1994 年版。
《邓小平文选》第二卷,人民出版社 1994 年版。
《邓小平文选》第三卷,人民出版社 1993 年版。
《邓小平年谱(1957—1997)》(上下册),中央文献出版社 2004 年版。
《江泽民文选》第一卷,人民出版社 2006 年版。
《江泽民文选》第三卷,人民出版社 2006 年版。
《江泽民思想年编(1989—2008)》,中央文献出版社 2010 年版。
《江泽民论有中国特色社会主义》(专题摘编),中央文献出版社 2002

年版。

江泽民:《论“三个代表”》,中央文献出版社 2001 年版。

江泽民:《论党的建设》,中央文献出版社 2001 年版。

江泽民:《在纪念建党八十周年大会上的讲话》,人民出版社 2001 年版。

胡锦涛:《在庆祝中国共产党成立九十周年大会上的讲话》,人民出版社 2011 年版。

胡锦涛:《高举中国特色社会主义伟大旗帜 为夺取全面建设小康社会新胜利而奋斗》,人民出版社 2007 年版。

《十六大以来重要文献选编》(上),中央文献出版社 2005 年版。

《十六大以来重要文献选编》(中),中央文献出版社 2006 年版。

《十六大以来重要文献选编》(下),中央文献出版社 2008 年版。

《十七大以来重要文献选编》(上),中央文献出版社 2009 年版。

中共中央文献研究室:《建国以来重要文献选编》第二册,中央文献出版社 1992 年版。

《中国共产党中央委员会关于建国以来党的若干历史问题的决议》,人民出版社 1981 年版。

《党的群众工作大辞典》,中共中央党校出版社 1992 年版。

冯同庆等:《中国职工状况——内部结构及相互关系》,中国社会科学出版社 1993 年版。

林伯渠:《陕甘宁边区抗日民主制度的实施》,见《延安民主模式研究资料选编》,西北大学出版社 2004 年版。

《党员干部关注的 14 个重大理论和实践课题》,人民日报出版社 2004 年版。

陆学艺主编:《中国社会阶层研究报告之二:当代中国社会流动》,社会科学文献出版社 2004 年版。

聂肇正:《新时期执政党建设纲要》,中国石油大学出版社 2005 年版。

韩震:《社会主义核心价值体系研究》,人民出版社 2007 年版。

《中国卫生统计年鉴 2007》,中国协和医科大学出版社 2008 年版。

李毅、肖蕾著:《中国社会分层的结构与演变》,安徽大学出版社 2008 年版。

王树增:《解放战争》上卷,人民文学出版社 2009 年版。

蔡定剑:《民主是一种现代生活》,社会科学文献出版社 2010 年版。

李慎明:《全球化背景下的中国大党建》,人民出版社 2010 年版。

《中共中央关于制定国民经济和社会发展第十二个五年规划的建议》,人民出版社 2010 年版。

陆学艺主编:《中国社会阶层研究报告之三:当代中国社会结构》,社会科学文献出版社 2010 年版。

中宣部思想政治工作研究所:《群众思想工作案例选编》,学习出版社 2010 年版。

万军:《社会建设与社会管理创新》,国家行政学院出版社 2011 年版。

李强:《农民工与中国社会分层》(第二版),社会科学文献出版社 2012 年版。

中共中央宣传部理论局:《论党的群众工作——重要论述摘编》,学习出版社 2011 年版。

《群众工作》编写组:《新时期党的基层组织工作实务:群众工作》,中共党史出版社 2011 年版。

董振华:《新形势下做好群众工作干部读本》,中共中央党校出版社 2011 年版。

祝灵君、齐大辉:《新形势下做好群众工作的艺术与方法创新》,中共中央党校出版社 2011 年版。

洪远朋:《利益关系总论——新时期我国社会利益关系发展变化研究的总报告》,复旦大学出版社 2011 年版。

《正确处理新时期人民内部矛盾做好新形势下群众工作党员干部学习读本》,人民日报出版社 2011 年版。

谢耘耕:《中国社会舆情与危机管理报告(2011)》,社会科学文献出版社 2011 年版。

赵丽江主编:《政治学》(第二版),武汉大学出版社 2012 年版。

赵虎吉主编:《政治学基本问题》,中共中央党校出版社 2012 年版。

孙津主编:《中国近现代政治思想史》,高等教育出版社 2012 年版。

《坚定不移沿着中国特色社会主义道路前进 为全面建成小康社会而奋斗》,人民出版社 2012 年版。

〔美〕约翰·罗尔斯著:《正义论》,中国社会科学出版社 1988 年版。

〔挪威〕斯坦因·U. 拉尔森主编:《政治学理论与方法》,上海人民出版社 2006 年版。

〔美〕塞缪尔·P. 亨廷顿:《变化社会中的政治秩序》,上海人民出版社 2008 年版。

〔美〕沃恩·凯斯特(Vaughan Kester):《公平与不公平》,世界图书出版公司 2010 年版。

〔美〕罗伯特·A·达尔著:《论民主》,中国人民大学出版社2012年版。

【学位论文】

张怀海:《新形势下党的群众工作理论研究》,中共中央党校博士学位论文。

【报纸类】

中国社会科学院《要报》2002年专题研究报告之十:《我国目前社会阶级阶层调研报告》。

《中共中央关于加强党的执政能力建设的决定》,《人民日报》2004年9月27日。

胡锦涛:《扎实做好正确处理人民内部矛盾工作 为经济社会发展创造良好社会环境》,《人民日报》2010年9月30日第1版。

钟坚:《深化改革开放必须坚持市场化和民主化方向》,《南方日报》2010年9月6日。

阮春林:《"十二五"期间保障和改善民生的路径》,《光明日报》2010年12月21日。

陆培法:《贫困人口重返1亿怎么办?》,《人民日报》海外版2011年3月31日。

胡锦涛:《在十七届中央纪委六次全会上的讲话》,《人民日报》2011年1月11日第1版。

习近平:《腐败问题越演越烈最终必然会亡党亡国》,新华社北京11月18日电。

栗战书:《群众工作九法》,《新华文摘》2011年第20期。

习近平:《人民对美好生活的向往就是我们的奋斗目标》,《人民日报》海外版2012年11月16日。

【期刊类】

武艳红:《党群干群关系存在问题的原因分析》,《山西高等学校社会科学学报》第16卷第11期。

王振耀:《中国的村民自治与民主化发展道路》,《战略与管理》2000年第2期。

吴潜涛、马先辉:《正确认识社会主义改革实践对人们思想的影响》,《高校理论战线》2001年第2期。

王建龙:《把握社会舆情》,《新闻周刊》2002 年第 20 期。

王武龙编译:《从工业社会到风险社会》上篇,《马克思主义与现实》2003 年第 3 期。

黄荣清、庄亚儿:《人口死亡水平的国际比较》,《人口学刊》2003 年第 6 期。

朱丽翔:《巩固党的群众基础要注重提高全民素质》,《学校党建与思想教育》2004 年第 12 期。

徐学庆:《相信谁、依靠谁、为了谁——判断马克思主义政党的试金石》,《社会主义研究》2004 年第 1 期。

姜辉:《积极推进理论创新 加强马克思主义执政理论建设》,《求是》2005 年第 8 期。

戴雪梅:《和谐社会与公众参与问题研究》,《求索》2006 年第 8 期。

龚海艳:《略论社会风气与荣辱观》,《科技信息》2007 年第 18 期。

纪红、马小洁:《论网络舆情的搜集、分析和引导》,《华中科技大学学报》(社会科学版)2007 年第 6 期。

李昌民:《瓮安 6·28 事件引发的思考》,《人民论坛》2008 年第 14 期。

盘世贵:《论提高领导者应对突发事件的能力》,《学术论坛》2008 年第 8 期。

周德翔、铁亚刚:《坚持党的群众路线与做好新形势下的群众工作》,《中共云南省委党校学报》2009 年第 1 期。

姬信昌、姬明忠:《做好新形势下基层群众工作的方法探究》,《中共云南省委党校学报》2009 年第 3 期。

王凤青:《新民主主义革命时期毛泽东对群众工作的理论实践探索》,《理论学刊》2009 年第 2 期。

张秀丽、韩立梅:《新时期党的群众工作新理念探析》,《延安大学学报》(社会科学版)2009 年第 4 期。

张丽娜:《论社会转型时期多元价值观的整合与引导》,《兰州交通大学学报》2009 年第 2 卷第 5 期。

钟其:《腐败问题是导致干群关系紧张的主要原因——当前干群关系与社会稳定调查报告》,《观察与思考》2010 年第 5 期。

曹利红:《国内外扩大就业政策研究和实践综述》,《理论研讨》2010 年第 11 期。

王明霞:《我国社会弱势群体问题探析》,《西安石油大学学报》(社会科学版)2010 年第 3 期。

王永凤:《新时期群众工作的新特点新要求》,《思想政治工作研究》2010

年第12期。

程亚平:《和谐社会视角下党的群众工作创新研究》,《世纪桥》2010年第13期。

李春华:《创新群众工作模式 促进社会和谐稳定》,《学校党建与思想教育》2010年第29期。

王双印:《中国共产党领导群众工作的优良传统和历史经验》,《思想政治工作研究》2010年第12期。

李伟杰:《建立健全党的群众工作新机制》,《中共山西省直机关党校学报》2010年第1期。

张荣臣:《党的群众工作:经验、问题和对策》,《理论学刊》2010年第9期。

罗文东、张钊、李艳艳:《党开展群众工作的历史经验及其创新》,《重庆社会科学》2011年第5期。

张旭团:《切实发挥基层党组织在群众工作中的主导性作用》,《云南社会主义学院学报》2012年第3期。

陈秀兰:《新形势下做好群众工作的策略探讨》,《云南社会主义学院学报》2012年第5期。

李青魁:《创新群众工作机制构建和谐党群关系》,《中共山西省委党校学报》2012年第5期。

卿红:《关于完善利益诉求表达机制的思考》,《求知》2012年第8期。

许青云:《新形势下群众工作的特点与对策》,《前沿》2012年第15期。

雷玉林、李德良:《对新形势下健全群众工作机制的思考》,《经济研究导刊》2012年第25期。